Herausforderung Ruhestand – Krise oder Chance?

Iris Juliana Schneider

Herausforderung Ruhestand – Krise oder Chance?

Strategien für mehr Lebensqualität im Un-Ruhestand

Mit 7 Abbildungen

Iris Juliana Schneider
Marburg, Deutschland

ISBN 978-3-658-22668-8   ISBN 978-3-658-22669-5 (eBook)
https://doi.org/10.1007/978-3-658-22669-5

Die Deutsche Nationalbibliothek verzeichnet diese Publikation in der Deutschen Nationalbibliografie; detaillierte bibliografische Daten sind im Internet über http://dnb.d-nb.de abrufbar.

© Springer Fachmedien Wiesbaden GmbH, ein Teil von Springer Nature 2019
Das Werk einschließlich aller seiner Teile ist urheberrechtlich geschützt. Jede Verwertung, die nicht ausdrücklich vom Urheberrechtsgesetz zugelassen ist, bedarf der vorherigen Zustimmung des Verlags. Das gilt insbesondere für Vervielfältigungen, Bearbeitungen, Übersetzungen, Mikroverfilmungen und die Einspeicherung und Verarbeitung in elektronischen Systemen.
Die Wiedergabe von Gebrauchsnamen, Handelsnamen, Warenbezeichnungen usw. in diesem Werk berechtigt auch ohne besondere Kennzeichnung nicht zu der Annahme, dass solche Namen im Sinne der Warenzeichen- und Markenschutz-Gesetzgebung als frei zu betrachten wären und daher von jedermann benutzt werden dürften.
Der Verlag, die Autoren und die Herausgeber gehen davon aus, dass die Angaben und Informationen in diesem Werk zum Zeitpunkt der Veröffentlichung vollständig und korrekt sind. Weder der Verlag noch die Autoren oder die Herausgeber übernehmen, ausdrücklich oder implizit, Gewähr für den Inhalt des Werkes, etwaige Fehler oder Äußerungen. Der Verlag bleibt im Hinblick auf geografische Zuordnungen und Gebietsbezeichnungen in veröffentlichten Karten und Institutionsadressen neutral.

Umschlaggestaltung: deblik Berlin
Fotonachweis Umschlag: © Brian Lasenby/stock.adobe.com

Springer ist ein Imprint der eingetragenen Gesellschaft Springer Fachmedien Wiesbaden GmbH und ist ein Teil von Springer Nature
Die Anschrift der Gesellschaft ist: Abraham-Lincoln-Str. 46, 65189 Wiesbaden, Germany

Für meine Tochter Lara und alle Menschen, die sie auf ihrem Lebensweg unterstützen werden.

Vorwort

Das Thema **Selbstfürsorge** gewinnt im dritten Lebensabschnitt eines Menschen eine zunehmende Bedeutung. Insbesondere nach dem Berufsausstieg gilt es, neue Bewältigungsstrategien zu entwickeln, um die ureigene persönliche Lebensqualität auch dauerhaft bewahren zu können. Zu den besonderen Herausforderungen dieser Zeit zählt die Auseinandersetzung mit den folgenden Fragen: Wie gestalte ich möglichst Freude bringend meine letzte Lebensphase? Aber auch: Wie gehe ich am besten mit dem Tod von geliebten Menschen oder mit der zunehmenden Gebrechlichkeit meines eigenen Körpers um?

Dieses Buch verfolgt das Ziel, den Lesern ein psychologisches Strategiewissen zu den benannten Themen und Fragestellungen zu vermitteln, die anhand von Fallbeispielen aus meiner Berufspraxis erläutert werden.

Im ersten Kapitel geht es um die Aufklärungsarbeit. Der Eintritt in den „Ruhestand" enthält mehr Veränderungen als nur den Wegfall des Arbeitslebens. Die Berufsaussteiger werden somit für die Wandlungen ihres Lebens sensibilisiert.

Das zweite Kapitel erläutert das Wesen des Alters. In diesem Zusammenhang werden zwei psychologische Konzepte vorgestellt, wie eine Anpassung an die Herausforderungen der dritten Lebensphase gelingen kann.

Das dritte Kapitel dieses Buches widmet sich der Entwicklung von neuen Perspektiven für die Zeit des Ruhestandes. In der Biografiearbeit erhalten die Leser gezielte Anregungen, die zur Innenschau und Selbstüberprüfung anregen sollen. Es wird hierbei um die Beantwortung folgender Fragen gehen: Wie kann für mich eine optimale Gestaltung meines letzten

Lebensabschnitts aussehen? Durch welches Ruhestandsprojekt erfahre ich altersunabhängige Glücksgefühle?

Die zunehmenden Verlusterfahrungen im Nacherwerbsleben begünstigen die Entstehung der unangenehmen Gefühle: Trauer, Angst und depressive Verstimmungen. Wie ein beruhigender Umgang mit diesen Emotionen erreicht werden kann, erfahren die Leser im vierten Kapitel dieses Buches.

Das fünfte Kapitel offenbart, welche Neuerungen auf eine bestehende Partnerschaft mit dem Eintritt in den Ruhestand zukommen werden. Hierzu werden die typischen Konfliktfelder, aber auch die dazugehörigen Lösungsmöglichkeiten aufgezeigt. Neben der Neuorganisation der häufigsten Klärungsanliegen werden auch verschiedene Gesichtspunkte zur Qualitätssteigerung des Miteinanders verdeutlicht.

Ich hoffe, dass ich mit diesem Buch einen kleinen Beitrag dazu leisten kann, dass die Leser ihre nachberufliche Lebensphase mit mehr Freude und weniger Leiden erfahren werden.

Mein Dank gilt an erster Stelle meinem Mann, Dr. Andreas Schneider, sowie Dr. Thomas Röhrl, die mir immer wieder mit ihren konstruktiven Anregungen bei der Erstellung dieses Buches behilflich waren. Die Zusammenarbeit mit dem Springer-Verlag hat viel Freude bereitet. Sehr sorgfältig hat in dem Zusammenhang das folgende Team bei der Bearbeitung des Manuskripts mitgewirkt: Frau Eva Brechtel-Wahl, die Programmplanerin, Frau Renate Schulz als Projektmanagerin und natürlich die hervorragende Lektorin, Frau Stefanie Teichert. Danke auch meiner Freundin Britta, die mich seit meiner Schulzeit stets in allen Lebenslagen verstanden und unterstützt hat. Auch gilt meine ganze Hochachtung meinem jüngeren Bruder Boris, der sich mit so einer großen Tapferkeit der Behandlung seiner Krebserkrankung gestellt hatte. Er gestaltete mit einer besonders hohen Achtsamkeit sein letztes Lebensjahr.

Natürlich verneige ich mich auch vor allen unzähligen lieben Menschen, die mich durch ihre Äußerungen immer wieder zum Verfassen dieses Buches inspiriert haben.

Marburg Iris Juliana Schneider
im Juni 2018

Inhaltsverzeichnis

1	**Der Berufsausstieg**	1
	1.1 Ausstieg aus dem Arbeitsleben	1
	1.2 Historischer Rückblick	3
	1.3 Neue Fragestellung in der dritten Lebensphase	5
	1.4 Grundlegende Bedürfnisse	7
	1.5 Acht neue Schwierigkeiten, die mit dem Berufsausstieg eintreten könnten	11
	1.6 Neuer Lebensstil	15
	1.7 Anmerkungen zu den statistischen Daten	18
	Literatur	20
2	**Bedeutsame Entwicklungsschritte für ein gelingendes Altern**	23
	2.1 Genuss und die Ausschöpfung der Narrenfreiheit	24
	2.2 Empfehlenswerte Herangehensweisen an die entstehenden Veränderungen	32
	Literatur	52
3	**Perspektivenentwicklung – Themen der persönlichen Selbsterkundung**	55
	3.1 Altersunabhängige Glücksgefühle	55
	3.2 Entwicklungsstufen des reiferen Menschen	64

3.3	Lebensrückblick und Perspektivenentwicklung für den dritten Lebensabschnitt	69
3.4	Kontakt zum inneren Kind	85
Literatur		97

4 Krisenbewältigung von unangenehmen Emotionen — 99

4.1	Die erneute innere Selbstbegegnung	100
4.2	Trauerbewältigung – Trost finden	107
4.3	Umgang mit einer Depression – Lebensfreude entwickeln	118
4.4	Anregungen zur Angstlinderung vor Krankheiten, Operationen und dem Tod	129
4.5	Humor – eine besondere Ressource gegen Stresserfahrungen	144
Literatur		156

5 Die Neuorganisation der Partnerschaft — 161

5.1	Die erhöhte Komplexität der Verhandlungsebenen in einem Paargespräch	162
5.2	Die Entwicklungsaufgaben und möglichen Konfliktfelder in der nachberuflichen Partnerschaft	163
Literatur		175

6 Schlusswort — 177

1 Der Berufsausstieg

Thema des ersten Kapitels dieses Buches ist die Aufklärungsarbeit. In diesem Zusammenhang werden folgende Fragen behandelt:

- Welche Veränderungen kommen auf die Berufsaussteiger zu, wenn sie ihre Arbeitsstelle verlassen?
- Worauf müssen sie sich innerlich einstellen?

Ziel ist es, die Betreffenden für die bevorstehenden Wandlungen in ihrem Leben zu sensibilisieren. Hierauf aufbauend werden in den weiteren Kapiteln einzelne Gestaltungsmöglichkeiten für die Leser Schritt für Schritt dargestellt.

1.1 Ausstieg aus dem Arbeitsleben

Die Berufstätigkeit eines Menschen bestimmt in unserer Gesellschaft maßgeblich sein persönliches Selbstverständnis. Sie formt die Persönlichkeit sowie das Verhalten des Einzelnen über viele Jahrzehnte hinweg. Der Ausstieg aus dem Beruf ist demnach ein einschneidendes Lebensereignis in der Biografie eines jeden Menschen. Gerade für Personen, die sich im hohen Maß mit ihrer Arbeit identifizieren, ist das Ende der Berufslaufbahn nicht nur der Wegfall des Berufs, sondern auch das Ende einer persönlichen Lebensepoche.

Diese Veränderung bringt sowohl einzelne Gewinne als auch Verluste mit sich. Einerseits steht eine noch nie zuvor dagewesene **Freiheit** für den Berufsaussteiger in Aussicht. Diese zunehmenden Zeitfenster beinhalten für jeden Einzelnen die Chance, endlich das Ureigene leben zu können.

- Welche lang verschütteten Freizeitaktivitäten gilt es wieder zu beleben?
- Welche Interessensgebiete und Hobbys habe ich früher mit Begeisterung verfolgt?
- Wo liegen in außerberuflichen Bereichen meine persönlichen Steckenpferde brach, in denen Wachstum und Freude bringende Erfolgserlebnisse wieder erfahrbar gemacht werden können?

Andererseits müssen viele **Verluste** mit dem Ende der Erwerbstätigkeit verkraftet werden. Da verlieren Einzelne den alltäglichen Kontakt zu den vertrauten Kollegen, mit denen sie früher nebenbei einen Kaffeeplausch gehalten haben, oder auch die eingefahrenen Tages- und Wochenstrukturen müssen erst wieder neu gestaltet werden. Wichtig ist, das Ereignis in seiner **Doppelgesichtigkeit** zu betrachten. Der Berufsausstieg ist ein Nebeneinander von angenehmen sowie unangenehmen Tatsachen.

Mit dem Eintritt in die Rente besteht für die bisher hoch engagierten Vielbeschäftigten die Gefahr, in eine tiefe emotionale Sinnkrise zu fallen:

- Wer bin ich unabhängig von meinem Beruf?
- Wie gestalte ich die kommende freie Zeit?
- Gelingt es mir, meine Restlebenszeit mit Lebensqualität zu füllen?

Im Inneren entstehen bei den Betreffenden viele offene Lebensfragen, die nach persönlichen Antworten verlangen. Die Autoren Specht-Tomann und Tropper (2013, S. 29) schreiben hierzu:

> „Die Zeiten der Übergänge sind oft schwierig und tragen alle Kennzeichen von Chaos, emotionalem Durcheinander, Unsicherheit und Ratlosigkeit, bis dann endlich ein Ahnen von Neuem auftaucht, ein Durchbruch zu einem neuen Weg gefunden wird."

Viele Menschen ziehen beim Berufsausstieg eine Lebensbilanz und nutzen diesen Zeitpunkt, um über den bisherigen Verlauf ihrer eigenen Biografie nachzudenken.

Wichtig und besonders hervorzuheben ist in diesem Zusammenhang die Würdigung der bisher erbrachten Lebensleistung. Jeder Einzelne hat nach seinem besten Wissen und Gewissen seinen Lebensweg gestaltet. Manche erfolgreichen biografischen Lebensschritte sind erfreulich und können Stolz sowie ein hohes Maß an Anerkennung für den Berufsaussteiger mit sich bringen. Andere Ereignisse werden vielleicht als belastend erlebt und haben im Auge des Betrachters den Charakter von Misslingen, persönlichem Hadern, Wut und Trauer. Beides gehört zum Leben. Niemand macht alles richtig.

In Kap. 3 zur Perspektivenentwicklung wird noch ausführlicher auf die Beleuchtung der eigenen Biografie eingegangen.

1.2 Historischer Rückblick

Nach Bruns et al. (2007) lag um 1900 die durchschnittliche Lebenserwartung der Bevölkerung bei 45 Jahren. Der Gesellschaftsanteil der über 70-Jährigen betrug damals gerade einmal 2 %. „1957 lag die mittlere Lebenserwartung bereits bei 63 Jahren" (Bruns et al. 2007, S. 32).

Eine direkte Kultur der Lebensgestaltung im Alter gab es damals nicht. Die frühere ältere Bevölkerung zog sich gewöhnlich mehr oder weniger aus dem öffentlichen Leben zurück und nahm sich die Zeit für die Besinnung auf den bevorstehenden Tod.

21. Jahrhundert
Im Zuge des demografischen Wandels haben sich die gesellschaftliche Bevölkerungsentwicklung in Deutschland und die Höhe der Lebenserwartung der Berufsaussteiger drastisch verändert (Abb. 1.1). Die Prognosen der Statistischen Ämter des Bundes und der Länder (2011, S. 23 f.) gehen davon aus, dass die Anzahl der 65-Jährigen und Älteren bis zum Jahr 2030 extrem ansteigen und 29 % der Gesamtbevölkerung ausmachen wird. Da die geburtenstarken Jahrgänge sich langsam aus der Erwerbstätigkeit zurückziehen werden, kommt es zu „einer Schrumpfung der Altersgruppe der 20- bis unter 65-Jährigen um 7,5 Millionen Menschen".

Radebold und Radebold (2009, S. 9) geben in ihrem Buch *Älterwerden will gelernt sein* eine Prognose für die „restliche Lebenserwartung" der heutigen älteren Bevölkerung. Demnach beträgt diese „zurzeit in Deutschland für 60-jährige Frauen 24,6 Jahre und für 60-jährige Männer 20,7 Jahre".

Das traditionelle Altersbild, nach dem ältere Menschen nur noch als gebrechlich und hilfsbedürftig angesehen werden, passt also definitiv nicht mehr in unseren heutigen Zeitgeist.

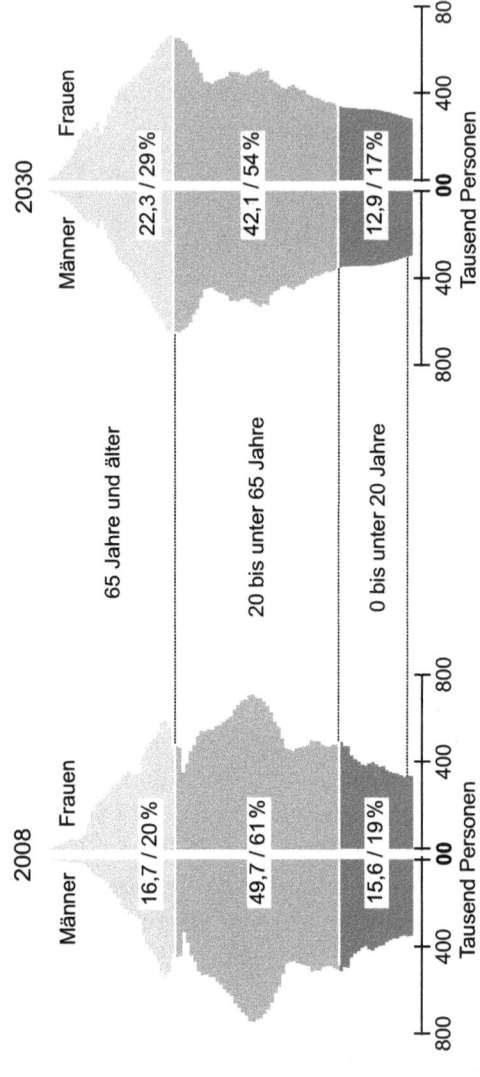

Abb. 1.1 Bevölkerungsentwicklung in Deutschland

So viele gesunde, aktive ältere Menschen wie heute gab es in der gesamten Menschheitsgeschichte noch nie. Die Älteren bilden zukünftig ein immer größer werdendes politisches Machtpotenzial. Von Gienanth (2008, S. 18) zitiert in ihrem Buch folgenden Auszug aus dem Vorwort des Entwicklungspsychologen und Altersforschers Paul Baltes (Baltes et al. 1994, S. X):

„Die Optimierung dessen, was im Alter prinzipiell möglich ist, hat folglich noch keine lange Tradition. Als Gesellschaft stehen wir erst am Anfang eines ‚Lernprozesses' über das Alter. In diesem Sinne ist das Alter noch jung, sein Potential noch weitgehend unausgeschöpft, eine differenzierte ‚Kultur des Alters' gilt es erst noch zu entwickeln."

Die heutigen Berufsaussteiger haben eine Vorbildfunktion für die nachfolgenden Generationen. Das Defizitmodell über das Alter sollte jeder Betroffene kritisch betrachten, denn die persönlichen Annahmen über die eigene Zukunft gestalten die Lebenserwartung und das Erleben des Einzelnen maßgeblich mit.

1.3 Neue Fragestellung in der dritten Lebensphase

Bei all dem Pioniergeist stellt sich für jeden Berufsaussteiger die folgerichtige Frage: Wie finde ich in meinem letzten Lebensabschnitt ein hohes Maß an persönlicher Lebensqualität?

Für die Beantwortung dieser Frage gibt es für jeden Einzelnen unterschiedliche und vielfältige Gestaltungsmöglichkeiten. Es ist also eine große Aufgabe für den Berufsaussteiger, die Übergangsphase vom Arbeitsleben in die Nacherwerbsphase als Klärungszeit zu nutzen, um mit dem Eintritt in den Ruhestand eine persönliche Lebenskrise zu vermeiden. Wer sich als Vielbeschäftigter im Vorfeld keine Neuorientierungsphase gönnt, wird möglicherweise mit den Veränderungen, die die neue Lebensphase mit sich bringt, seine emotionalen Schwierigkeiten bekommen.

Warum wird der Berufsausstieg als kritisches Lebensereignis eingestuft?
Die Hauptbotschaft dieses Kapitels ist, dass der Berufsausstieg von Vielbeschäftigten oftmals unterschätzt wird. Es steckt bei diesem Entwicklungsschritt viel mehr dahinter als nur die Aufgabe der Erwerbstätigkeit, um sich dann voll und ganz auf die Freizeitgestaltung zu konzentrieren. Bei der Ersteinschätzung der Pensionierung kommt es häufig

zu einer Überbewertung des Positiven. Diese Schönfärberei vernachlässigt in vielerlei Hinsicht die Verlusterfahrungen, die es auch zu verkraften gilt. Ich werde nachstehend genauer aufzeigen, was sich alles hinter diesem Entwicklungsschritt verbirgt, um den Leser für die potenziellen emotionalen Gefahren zu sensibilisieren.

Eine gute Rente allein macht nicht glücklich. Der Ausstieg aus der Erwerbstätigkeit wird von den Betroffenen sehr unterschiedlich erlebt. Viele Arbeitnehmer, deren Berufstätigkeit außerordentlich belastend und anstrengend gewesen ist, erleben diesen biografischen Wendepunkt als eine Befreiung oder Erlösung, weil sie sich lebenslang nicht überdimensional mit ihrer Arbeit identifiziert haben (Mietzel 2012, S. 449). Wer im Vorfeld seinen Privatbereich zufriedenstellend aufgebaut hat, wird die nachstehenden Schwierigkeiten vermutlich nicht in dem Ausmaß erleben. Vielbeschäftigte jedoch, deren gesamtes Denken jahrzehntelang auf die Arbeit ausgerichtet war, werden mit dem Ende der Erwerbstätigkeit ein größeres Ausmaß an Verlusterfahrungen bewältigen müssen, als ihnen vielleicht im Vorfeld bewusst ist.

Gewöhnlich wird nach der Beendigung der Erwerbsphase ein siebenstufiger Prozess durchlaufen. Quadbeck und Roth (2008, S. 56) benennen die Phasen dieses Modells, das erstmalig von Atchley (1976) vorgestellt wurde, wie folgt:

1. **Remote-Phase:** Schon einige Jahre vor der voraussichtlichen Pensionierung hegt der zukünftige Berufsaussteiger eine vage, aber durchaus positive innere Einstellung gegenüber der Nachberufsphase.
2. **Near-Phase:** Die aufkommende Unsicherheit vor dem Renteneintritt wird kompensiert, indem der Ausstieg aus dem Erwerbsleben – wenn möglich – nach hinten verlegt wird.
3. **Honeymoon-Phase:** Wenn die finanzielle Absicherung gegeben ist und der Berufsaussteiger sich bei guter Gesundheit befindet, beginnt die Zeit nach dem Eintritt in den Ruhestand mit einer euphorischen Phase. Die Nacherwerbsphase wird als grenzenloser Urlaub erlebt und unterdrückte Herzenswünsche werden ungeordnet und gleichzeitig erfüllt. Der Ruhestand wird zum Unruhestand umdefiniert, wo die gehäufte Erfüllung von persönlichen Träumen die Zeit als schnelllebig erscheinen lässt.
4. **Disenchantment-Phase (Enttäuschungs-, Ernüchterungsphase):** Die vielfältigen Verluste, die mit dem Berufsausstieg verbunden sind, werden dem Pensionär in der Ernüchterungsphase bewusst. (Auf die Verlustinhalte werde ich später im Verlauf dieses Kapitels noch genauer eingehen.)

5. **Reorientation-Phase:** Ist die Phase der Ernüchterung weitestgehend innerlich bearbeitet, so entsteht die Suche nach einem neuen Lebenssinn. In der Lebensrückschau besinnt man sich auf gegebene Ressourcen und wählt neue Aktivitäten aus, die dem eigenen Leben eine Neuausrichtung geben. (In Kap. 3 werde ich noch gezielter auf die Inhalte der Reorientation-Phase eingehen.) Gelingt dieser Entwicklungsschritt nicht, so kann es zu einer Idealisierung der ehemaligen Berufstätigkeit kommen und die Gedankenwelt des Pensionärs spielt sich häufig nur noch in der Vergangenheit ab.
6. **Stability-Phase:** Die erfolgte Neuorganisation sowohl der Freizeitaktivitäten wie auch der alltäglichen Tagesstrukturen führt zu einer grundlegenden Wiedergewinnung des seelischen Gleichgewichts. Weitere Veränderungen werden in der Regel ohne starke emotionale Beeinträchtigungen gut verkraftet.
7. **Termination-Phase:** Die neu entwickelten Freizeitaktivitäten können auf einem hohen Level nicht aufrechterhalten werden. Es geht um ein langsames Abschiednehmen von Gesundheit und kräftezehrenden anstrengenden Beschäftigungen.

Dies ist – grob gezeichnet – der Weg, den Berufsaussteiger im Normalfall durchlaufen. Für alle Menschen im „Ruhestand" besteht das Interesse, ohne gravierende emotionale Tiefschläge ihre Restlebenszeit zu erleben. Um diesen Lebensabschnitt mit gutem Wohlergehen durchschreiten zu können, stellt sich deshalb die Frage: Wie kommt es, dass viele Menschen nach der euphorischen Phase des Renteneintritts, trotz neu gewonnener Freizeit, in ein Stimmungstief abrutschen?

Eine genauere Betrachtung der Disenchantment-Phase gibt Aufschluss darüber, weshalb nach der Zeit des Hochgefühls häufig ein emotionales Loch folgt.

1.4 Grundlegende Bedürfnisse

Die komplexen Vorgänge in dieser kritischen Lebensphase sind Inhalt dieses Abschnitts, damit die Hintergründe für die Vorbeugung und die möglichen Auswege leichter nachzuvollziehen sind. Ich weise erst einmal auf die möglichen Ursachen emotionaler Schwierigkeiten hin. Warum ist die Disenchantment-Phase für viele Menschen so schwierig?

Hierzu ist es zunächst erforderlich, sich auf die Wurzeln des menschlichen Handelns zu besinnen. Alles Handeln des Menschen ist auf seine grundlegenden Bedürfnisbefriedigungen hin ausgerichtet. Es handelt sich um a) Mangelbedürfnisse und b) Wachstumsbedürfnisse. Diese genannten Bedürfnisse des Menschen verbergen sich hinter seinen Sehnsüchten und Wünschen und münden dann bestenfalls in persönliche Ziele und Handlungen.

Der US-amerikanische Psychologe Abraham Maslow (1908–1970) entwickelte in diesem Zusammenhang die Maslow'sche Bedürfnispyramide. Seiner Ansicht nach wird menschliches Handeln und sein damit verbundenes persönliches Wohlbefinden durch die tatkräftige Erfüllung seiner Grundbedürfnisse bestimmt. Wie oben genannt, handelt es sich um **Mangel- oder Wachstumsbedürfnisse.** Zu den Mangelbedürfnissen zählen die Grundversorgung mit Essen, Trinken, die Arbeit sowie die soziale Zugehörigkeit zu einer Gruppe. Kommt es auf dieser Stufe zu einer Mangelerfahrung, so kann dies zu emotionalen und physischen Störungen führen. Besitzt beispielsweise ein Mensch keine Wohnung oder lebt er ohne eine Arbeit, so kann dies zu Existenzängsten führen. Oder lebt jemand ungewollt isoliert, ohne Anbindung an eine soziale Gruppe, kann dies zu massiver Einsamkeit und zu Depressionen führen, weil das grundlegende Bedürfnis nach mitmenschlicher Zugehörigkeit nicht zufriedenstellend gestillt wird.

Sind die Mangelbedürfnisse weitestgehend erfüllt, so kommt der Betreffende in den Genuss, sich seinen Wachstumsbedürfnissen widmen zu können. Hierzu zählen konkret die **Ich-Bedürfnisse,** die nach persönlicher Anerkennung und Geltung verlangen. Diese Wachstumsbedürfnisse finden ihren Ausdruck in den subjektiven Interessen und Neigungen eines Menschen. Abraham Maslow (1977, S. 160) schreibt zum Thema Bedürfniserkundung Folgendes:

> „Der Organismus sagt uns, was er braucht (und deshalb hochschätzt), indem er krank wird, wenn ihm diese Werte entzogen werden, und indem er wächst, wenn er an keinem Entzug leiden muss."

Das höchste Ziel, das ein Mensch in seinem Leben erreichen kann, ist die persönliche **Selbstverwirklichung**. Sie führt zu einer im Höchstmaß Freude bringenden und kreativen Lebensform.

Viele Menschen erleben diese Lebenszufriedenheit und den Inbegriff eines erfüllten Lebens innerhalb einer interessanten Berufstätigkeit. Das Berufsleben bietet die Möglichkeit, in einem hohen Maß soziale Anerkennung zu bekommen und dem Geltungsstreben Raum zu verschaffen. Der Einzelne erfährt sich selbst darin in mentaler und körperlicher Stärke, erlangt Erfolg, Unabhängigkeit und Freiheit. Die Selbstverwirklichung kann beschrieben werden als eine Lebensform, in der ein Mensch das sein kann und auch das sein muss, was ihm anlagebedingt möglich ist. Der Idealfall eines gelungenen Lebens besteht also darin, sein persönliches Potenzial auszuschöpfen und das zu leben, wonach seine innersten Interessen, Neigungen, Wünsche und Sehnsüchte nun einmal verlangen.

Ein Musiker trägt in sich das tiefe Bedürfnis, Musik machen zu können. Ein Künstler hat das Verlangen, durch seine Zeichnungen seinem Selbst einen persönlichen Ausdruck zu verleihen. Jeder Mensch ist einzigartig und trägt eine unterschiedliche Veranlagung in sich. Verwirklicht ein Mensch sein persönliches Potenzial in einer spezifischen Aufgabenerfüllung, so führt dies nach Maslow (1977, S. 233) zu einer psychischen Stabilität angesichts harter Schicksalsschläge, Frustrationen und Entbehrungen im sonstigen Leben des Einzelnen. Die Nacherwerbsphase beinhaltet auch die gehäufte Erfahrung von Verlusten und Abschiedsthemen. Die Auseinandersetzung mit dem persönlichen Potenzial eines Berufsaussteigers ist also von grundlegender Bedeutung, wenn er Lebensqualität im Alter für sich finden bzw. erhalten will. (In Abschn. 3.3 werde ich noch näher auf die möglichen Bedürfniserkundungen des Berufsaussteigers eingehen.)

Gerade bei hoch engagierten Berufsaussteiger stellt sich demnach die folgende Frage: Was geschieht nun mit den berufsbedingten Bedürfniserfüllungen nach dem Wegfall der Arbeit? Im Hinblick auf die Wachstumsbedürfnisse dieser Arbeitskräfte hat der Berufsausstieg leider oftmals die sehr unangenehme Konsequenz, dass sämtliche Bedürfnisse nach fortschreitender Selbstentfaltung bei der Entlassung von jetzt auf gleich wegfallen. Gegen Ende der Berufstätigkeit lohnt es sich für viele nicht mehr, sich zu bestimmten fachlichen Fortbildungen anzumelden, um diese oder jene Kenntnisse weiter auszubauen. Aber wohin soll nun in Zukunft dieses gewohnte Streben nach persönlicher Weiterbildung gehen?

Auch Ouadbeck und Roth (2008, S. 70 ff.) schreiben über die Befriedigung der Grundbedürfnisse. Sie fokussieren ihre Aussagen auf die Bedürfnisbefriedigungen, die mit dem Eintritt in den Ruhestand verletzt werden. Die Autoren beziehen sich hierbei unter anderem auf die Untersuchungen von Grawe (2004, S. 185). Die Nichtbefriedigung folgender vier Grundbedürfnisse führen ihrer Meinung nach zu einer Beeinträchtigung der psychischen Gesundheit:

1) Bedürfnis nach Orientierung, Kontrolle und Kohärenz
Emotionale Schwierigkeiten sind zu erwarten, wenn eine Person nach dem Berufsausstieg nicht die Kontrolle und Orientierung über die sie persönlich beschäftigenden Geschehnisse bzw. Projekte behält. Beispielsweise ist der Verlauf von zwischenmenschlichen Beziehungen nicht so kontrollierbar wie die sachliche Bearbeitung eines Geschäftsauftrags, bei dem es um

die präzise Kalkulation von möglichen Investitionen und Einnahmen geht. Der Privatbereich unterliegt jedoch anderen Gesetzmäßigkeiten, sodass die Wahrung einer Kontrolle nur unzureichend funktionieren wird. Grundlegende Frustrationen sind höchstwahrscheinlich vorprogrammiert.

2) Bedürfnis nach Lustgewinn und Unlustvermeidung
Die geistige Beschäftigung mit herausfordernden Projekten, in denen eine Explorationsmöglichkeit erfahrbar gemacht werden kann, wird von Vielbeschäftigten als lustvoll und spannend erlebt. Beispielsweise strebt ein Profisportler in seinem Training vor den Wettkämpfen immer ein Erfolgserlebnis bzw. seine persönliche Leistungsoptimierung an. Diese bevorstehende sportliche Herausforderung wird von dem Betreffenden oft als spannend und auch als lustvoll angesehen. Fällt die herausfordernde Aufgabe weg, so wird das Bedürfnis nach lustvollen persönlichen Wachstumserfahrungen nicht mehr gestillt. Weitere Frustrationen können zusätzlich im Alltagserleben entstehen.

3) Bedürfnis nach Bindung
Die verbindliche Übernahme einer Berufsaufgabe und der darüber regelmäßige Austausch mit den Kollegen sowie die Anbindung an eine Institution verschwinden für viele fast gänzlich mit der Pensionierung. Eine alltagsbestimmende geistig herausfordernde Lebensaufgabe fällt also mit dem Renteneintritt einfach weg. Der Privatbereich kann jedoch nur schwer den berufsbedingten Rahmen ersetzen. Eine Verlusterfahrung der sozialen Kompetenz mit einer persönlich herausfordernden Aufgabe kann, wenn kein passendes alternatives Wachstumsprojekt im Vorfeld aufgetan wird, zu unnötigen Entbehrungsgefühlen führen.

4) Bedürfnis nach Selbstwerterhöhung
Wie zuvor bei den Wachstumsbedürfnissen beschrieben, erfahren erfolgreiche Berufstätige häufig viel Anerkennung und Bestätigung durch ihren Beruf. Wird die gestellte Aufgabenstellung zur Zufriedenheit der Kollegen oder des Kunden erfüllt, so erhält der Betreffende Lob und Anerkennung durch seine Umwelt. Mit der positiven Bestätigung seiner Leistung durch seine Umwelt erfährt der Betreffende die Botschaft: „Ich mache eine gute Arbeit. Ich bin ein gutes, wertvolles und nützliches Mitglied dieser Arbeitsgemeinschaft bzw. dieser Gesellschaft." Eine Selbstwerterhöhung bzw. ein hohes persönliches Selbstverständnis sind die Folge einer solchen Lebenserfahrung: „Schaut her, ich bin wer!"

Diese Selbstwerterhöhungen sind in der Rolle als Rentner nicht mehr so einfach für sich erfahrbar zu machen. Das „Auf-sich-geworfen-Sein" bringt für viele persönliche Selbstzweifel mit sich, da wie früher der Selbstwert von außen durch andere nicht weiterhin in dem Maß erhöht wird. Hinzukommend kann der Wegfall von persönlichen Erfolgserlebnissen zur persönlichen Sinnentleerung des Alltags führen.

Fällt die Berufstätigkeit für Vielbeschäftigte also weg, so entfallen auch die alltäglichen Erfahrungen dieser Bedürfnisbefriedigungen. Es kann dann zu einer persönlichen Verunsicherung kommen. Gerade bei sehr einflussreichen Menschen ist der Berufsausstieg mit einem hohen Machtverlust verbunden. Wer sich nicht rechtzeitig im Vorfeld um eine Zeit der Neuorientierung kümmert, verweilt womöglich unnötig lange im „Jammertal des Verlusts" und träumt von den sogenannten guten alten Zeiten.

1.5 Acht neue Schwierigkeiten, die mit dem Berufsausstieg eintreten könnten

Zusätzlich zu den Bedürfnisverletzungen bringt der Berufsausstieg auch noch in vielen anderen Bereichen tief greifende Veränderungen mit sich, die häufig auch mit persönlichen Schwierigkeiten für die Berufsaussteiger verbunden sein können. Quadbeck und Roth (2008, S. 63 ff.) beziehen sich bei ihren Angaben auf die Kriterien von Semmer und Udris (2004, S. 159).

1) Deprivation von Aktivität und Kompetenz
Der Begriff Deprivation stammt aus dem Lateinischen und bedeutet ein Gefühl der Benachteiligung. Die Bezeichnung steht auch für Zustände der Entbehrung, der Isolation, des Verlusts und oder des Entzugs von etwas Gewohntem.

Um auf die zuvor benannten Bedürfnisverletzungen zu sprechen zu kommen, seien Quadbeck und Roth (2008, S. 63) zitiert:

„Mit der Pensionierung erlischt die Möglichkeit, die in einem langen Sozialisierungsprozess erworbenen beruflichen Fähigkeiten, Kompetenzen und Kenntnisse einzusetzen. Hierbei handelt es sich in der Regel um Spezialkenntnisse und organisationsgebundene Kenntnisse, die außerhalb der Organisation und der Position nichts wert sind. Das emotionale Involvement und Commitment läuft ins Leere. Sie waren die Voraussetzung für Leistung, Exploration, Weiterentwicklung, Zulernen und Selbstverwirklichung."

Aus der Erfahrung des Kompetenzverlusts können psychische Probleme auftreten wie das Gefühl der Nutzlosigkeit, der persönlichen Wertlosigkeit bis hin zur Depression. Die Betroffenen empfinden vielleicht eine innere Leere, Langeweile und Unausgeglichenheit (Quadbeck und Roth 2008, S. 64).

2) Neudefinition der Freizeit
Während des Berufslebens wird die arbeitsfreie Zeit als ein Raum betrachtet, in dem sich ein Mensch von den Belastungen der Erwerbstätigkeit erholen kann, um sich dann regeneriert wieder den Arbeitsaufgaben zu stellen. Die Freizeit hat in dem Zusammenhang eine Ausgleichsfunktion für die Beanspruchungen der Arbeitswelt. Gibt es dieses Pendeln zwischen Beanspruchungsphase und Erholungszeiten nicht mehr, so gewinnt die Freizeit eine völlig neue Bedeutung. Der grenzenlose Urlaub, das großspurige Auf-sich-selbst-geworfen-Sein ist für zuvor Vielbeschäftigte sehr ungewohnt und kann zu einer mentalen Unterforderung führen.

Quadbeck und Roth (2008, S. 64) schreiben dazu sehr treffend Folgendes:

> „Es ist einem ‚denkenden Menschen' nicht möglich, intellektuell auf Dauer einfach abzuschalten."

Hinzu kommt, dass sich eine lebenslang trainierte Bearbeitung berufsbezogener geistiger Herausforderungen in die Persönlichkeitsstruktur des Menschen internalisiert hat, sodass mit dem Berufsaustritt ein Empfinden von geistiger Unterforderung zu schlechter Stimmung, Grübeleien und Nörgeleien führen kann.

3) Auflösung der gewohnten Zeitstruktur und der alltäglichen Ordnung
Die durch den Beruf aufgezwungene, gewohnte Tagesstruktur wird mit dem Berufsausstieg zerstört. Der Terminkalender, der zuvor mit berufsbezogenen Aktivitäten gefüllt war, ist leer und will nun sinnvoll gefüllt werden. Die Durchstrukturierung der Wochen und Monate mit Phasen der Anspannung und Entspannung am Wochenende und im Urlaub fallen weg. Auch der Tag hat nicht mehr die Unterteilung in Arbeitszeit und Feierabend. Alles bisher Vertraute steht auf dem Kopf und gilt fortan nicht mehr. Manch einer mag gut mit diesem Strukturverlust zurechtkommen, andere fühlen sich mit dieser Veränderung aber unbehaglich.

4) Neuorganisationen in der Partnerschaft
Die neue Integration in die Familie und Paarbeziehung birgt ebenfalls ein großes Konfliktpotenzial. Gerade wenn die Angehörigen es über lange Zeit gewohnt waren, dass die viel beschäftigte Person tagsüber nicht zu Hause

erlebt wurde, kann eine grundlegende Veränderung dieser Tatsache die eingespielte häusliche Ordnung empfindlich stören.

Der Umgang in der Familie verlangt andere Sozialkompetenzen, als es Führungskräfte in verantwortungsvollen Positionen bisher gewohnt waren. In der Berufsrolle war es ihnen vertraut zu bestimmen und zu delegieren, was natürlich im häuslichen Umfeld so nicht funktionieren kann. Insofern ist es nicht verwunderlich, dass die Zahl der Ehescheidungen auch bei langjährig bestehenden Partnerschaften einen enormen Anstieg zu verzeichnen hat (Tab. 1.1). In Kap. 5 zur Neuorganisation der Partnerschaft wird noch näher auf diese Veränderungen eingegangen. Es werden dort Lösungswege und hilfreiche Empfehlungen dargelegt.

Tab. 1.1 Statistik rechtskräftiger Urteile in Ehesachen Deutschland: Ehescheidungen (Anzahl). (© Statistisches Bundesamt, Wiesbaden 2016 im Auftrag der Herausgebergemeinschaft Statistische Ämter des Bundes und der Länder; Auszugsweise Vervielfältigung und Verbreitung mit Quellenangabe gestattet.)

Ehedauer	1992	1993	1994	2013	2014
Ehedauer unter 1 Jahr	130	95	93	41	20
Ehedauer 1 Jahr	1.905	1.905	1.664	1.177	1.092
Ehedauer 2 Jahre	6.860	5.903	6.208	5.633	5.640
Ehedauer 3 Jahre	9.863	10.470	9.304	7.313	7.118
Ehedauer 4 Jahre	10.353	12.449	12.505	6.697	6.462
Ehedauer 5 Jahre	9.958	12.224	13.092	8.577	8.474
Ehedauer 6 Jahre	8.878	10.881	12.377	8.851	8.859
Ehedauer 7 Jahre	7.781	9.459	10.799	8.482	8.440
Ehedauer 8 Jahre	7.080	8.216	9.448	8.052	8.083
Ehedauer 9 Jahre	6.298	7.495	8.115	7.939	7.604
Ehedauer 10 Jahre	5.832	6.931	7.516	7.246	7.151
Ehedauer 11 Jahre	5.019	6.068	6.596	6.783	6.751
Ehedauer 12 Jahre	4.712	5.390	5.983	6.321	6.245
Ehedauer 13 Jahre	4.067	5.124	5.439	6.158	5.716
Ehedauer 14 Jahre	3.652	4.475	5.013	5.954	5.833
Ehedauer 15 Jahre	3.596	3.907	4.394	5.455	5.554
Ehedauer 16 Jahre	3.348	3.781	4.055	5.300	5.151
Ehedauer 17 Jahre	3.361	3.764	3.957	5.038	4.992
Ehedauer 18 Jahre	2.917	3.765	3.769	4.815	4.778
Ehedauer 19 Jahre	2.767	3.258	3.733	4.628	4.558
Ehedauer 20 Jahre	2.714	3.060	3.201	4.471	4.528
Ehedauer 21 Jahre	2.875	3.059	3.036	4.406	4.117
Ehedauer 22 Jahre	2.458	2.936	3.041	4.158	4.050
Ehedauer 23 Jahre	2.375	2.715	2.832	4.324	3.778
Ehedauer 24 Jahre	2.178	2.611	2.655	3.991	3.972
Ehedauer 25 Jahre	1.988	2.172	2.406	3.752	3.586
Ehedauer 26 Jahre und mehr	12.045	14.312	14.821	24.271	23.647

Bis 2009: Früheres Bundesgebiet

5) Verluste an vertrauten Kontakten und Kooperationen

Die soziale Erfahrungswelt und der konkret greifbare Lebensinhalt durch die Arbeitsaufgabe fallen, wie bereits erwähnt, für viele mit dem Berufsausstieg von heute auf morgen weg. Nicht nur der Wegfall der jahrelang gewachsenen vertrauten Beziehungen, sondern auch die Organisation, das Unternehmen verschwinden als Zufluchtsort im Alltag. Viele Führungskräfte, die in den „Ruhestand" entlassen werden, fühlen sich mit dem Vollzug dieses Schrittes entmachtet und entthront. Die Entlassung wird vielfach als ein Ausgeschlossensein oder Ausgestoßensein von einer Gemeinschaft erlebt. Enttäuschung, Wut und sozialer Rückzug sind nicht selten die Folgereaktionen eines Berufsausstiegs aus einem Unternehmen.

6) Verlust der Anerkennung im Beruf und des Status

Wie bereits erwähnt, verlieren Menschen mit sozialen Leitungsfunktionen und einflussreichen Arbeitsaufgaben mit dem Berufsausstieg auch an gesellschaftlichem Ansehen. Für viele Mitmenschen sind sie nach einer geraumen Zeit nicht mehr der Direktor, der Chefarzt, der Geschäftsführer, der Abteilungsleiter etc.

Auch gewisse Privilegien fallen weg, z. B. die persönliche Sekretärin, der Dienstwagen, die persönliche Präsentation von Geschäftsberichten, die ja auch unter Umständen mit Beifall von der Öffentlichkeit beklatscht werden.

All das gibt es mit dem Austritt aus dem Arbeitsleben nicht mehr. Niemand bekundet ein hervorgehobenes Interesse an der vormals mit Gefolgsleuten ausgestatteten Person. Vielleicht fühlt sich dieser Berufsaussteiger wie ein „Nobody" und bekommt den Eindruck, mit dem Wegfall der Arbeit undankbar behandelt worden zu sein.

7) Verlust eines Großteils der eigenen Identität

Beruflich hoch engagierte Beschäftigte erleben heutzutage eine Entgrenzung ihrer Arbeit. Will ein Mensch die Karriereleiter hinaufsteigen, so werden von ihm Mehrarbeit und viele Überstunden als selbstverständlich abverlangt (Kaiser und Ringlstetter, 2010, S. 123).

Die Rolle im Beruf und die damit verbundene Aufgabe bilden für jeden Menschen eine wesentliche Grundlage für die Bestimmung seiner Identität und des Selbstwertgefühls. Identifiziert sich eine Person im übersteigerten Sinne mit der Berufsrolle, kann sich der Wegfall dieser Selbstzuschreibung anfühlen wie ein „kleiner Tod." Quadbeck und Roth (2008, S. 76) beziehen sich hierbei auf die Untersuchungen von Semmer und Udris (2004, S. 159).

Zudem befinden sich viele Führungskräfte in der Rolle einer Leitfigur. Es wird von ihnen erwartet, dass sie Optimismus und Selbstsicherheit an den

Tag legen und wunschgemäß für die Außenwelt verkörpern. Verletzliche, ängstliche und unsichere Anteile ihrer Persönlichkeit müssen sie im Alltag gekonnt verdrängen bzw. verbergen. Die Gefühlswelt wird über Jahrzehnte hinweg in eine vorgegebene Form gepresst (Semmer und Udris 2004, S. 42). Wesentliche Anteile der Persönlichkeit werden einfach abgespalten und im ungünstigsten Fall als nicht existent wahrgenommen. Der Verlust des eigenen Identitätsgefühls mit der Fragestellung: **„Wer bin ich eigentlich unabhängig von meinem Beruf?"**, ist demzufolge sehr naheliegend und allzu verständlich. Das Gespür für das eigene Selbst bekommt bei vielen oft jahrelang keinen Raum, geschweige denn eine gewisse Geübtheit.

8. Verlust der Gesundheit und Vitalität
Solange Menschen noch aktiv diese Umbruchphase im Leben gestalten können, wird dieser Situation eine gewisse Schwere genommen. Wie ist jedoch das Erleben der Berufsaussteiger, wenn die zuvor genannten zu verkraftenden Verluste auch noch mit den neu auftretenden gesundheitlichen Beschwerden oder einem merklichen Kräftenachlass verbunden sind? An einen vormals euphorisch ausgemalten „Ruhestand" ist dann kaum noch zu denken.

Die nicht zu unterschätzende Krisenanfälligkeit dieser Zeit wird auch deutlich durch die ab dem 70. Lebensjahr auffallend erhöhte Anzahl der Suizide in dieser Altersgruppe (Tab. 1.2).

> **Fazit**
> Die tiefer gehenden Ursachen, die für die Entstehung der Stimmungstiefs in der Nacherwerbsphase verantwortlich sind, wurden nun ausführlich dargestellt. Aufbauend auf diesen Erkenntnissen sind die folgenden Kapitel dieses Buches so konzipiert, dass sie den Lesern Anregungen und Impulse liefern sollen, wie sie die möglichen Schwierigkeiten mit dem Austritt aus dem Arbeitsleben geschickt lindern können.

1.6 Neuer Lebensstil

Es wurde festgestellt, dass sowohl Bedürfnisverletzungen als auch die genannten Anhäufungen von Verlusterfahrungen die Grundlagen für so manches Stimmungstief in der nachberuflichen Phase sind.

Der Ausweg bzw. eine gewünschte Verkürzung der Enttäuschungsphase (Disenchantment-Phase) besteht also darin, sich schon vor dem Austritt

Tab. 1.2 Anzahl der Suizide 2015. (Aus: Gesundheitsberichterstattung des Bundes 2018; Stand: 05.06.2018)

Altersgruppen von … bis unter … Jahre	Insgesamt	Männlich	Weiblich
unter 10	–	–	–
10 bis 15	19	6	13
15 bis 20	196	133	63
20 bis 25	316	243	73
25 bis 30	427	340	87
30 bis 35	485	380	105
35 bis 40	466	356	110
40 bis 45	621	458	163
45 bis 50	895	658	237
50 bis 55	1.082	792	290
55 bis 60	1.034	768	266
60 bis 65	757	548	209
65 bis 70	590	406	184
70 bis 75	827	580	247
75 bis 80	934	681	253
80 bis 85	680	517	163
85 bis 90	486	353	133
90 und älter	263	178	85

aus der Erwerbstätigkeit eine Zeit der Besinnung zu gönnen, um die Neugestaltung des eigenen Lebens in der Nacherwerbsphase vorbereiten zu können (Kaiser und Ringlstetter 2010, S. 130). Kaiser und Ringlstetter (2010, S. 132) vertreten die Auffassung, dass ein schleichender Ausstieg aus der Erwerbstätigkeit unter „Beibehaltung von Teilfunktionen" wesentlich bekömmlicher für das seelische Gleichgewicht ist.

Die Berufstätigkeit beinhaltet eine klare Rollenvorgabe, die mit dem Eintritt in den Ruhestand wegfällt: Wer bin ich denn noch? Welche Rolle gebe ich mir selbst? Eine hohe Anpassungsleistung an eine sich grundlegend verändernde Lebenssituation wird von jedem Berufsaussteiger abverlangt.

Doubrawa (2011, S. 65) bezieht sich auf die Autoren Naish (2008) sowie Fromm (2007) und favorisiert dabei einen Lebensstil

> „weg von der Mentalität des immer mehr HABEN-Wollens und der dadurch geförderten Selbst-Entfremdung, hin mehr zum SEIN, zur Selbst-Besinnung und Selbst-Bestimmung, zum wirklich Wesentlichen […]."

Aber diese Entscheidung liegt natürlich im Auge eines jeden Betrachters. Jeder sollte für sich selbst entscheiden, was einem persönlich wichtig ist und was nicht.

Nach Reimann und Reimann (1994, S. 250) ist in diesem Prozess Folgendes entscheidend:

„Die Anpassung an den Ruhestand gelingt um so besser, je besser die Gesundheit, je höher die Bildung und je breiter das Spektrum der Freizeitinteressen sind. Die Entwicklung neuer Interessen und Fertigkeiten für eine ausfüllende Tätigkeit während des Ruhestandes fällt schwer und wird somit unwahrscheinlich, wenn nicht zuvor Grundlagen dafür gelegt wurden."

Die persönlichen Erwartungen eines Menschen beeinflussen dabei maßgeblich, wie die Umgestaltung des eigenen Lebens funktionieren wird. Es handelt sich bei diesen **„Selbstwirksamkeitserwartungen"** um die innere Fähigkeit bzw. den persönlichen Glauben daran, ob jemand es sich selbst zutraut, die Anforderungen einer neuen Lebenssituation bewältigen zu können oder nicht. Nach Mietzel (2012, S. 450) äußert sich diese Tatsache im Leben von Menschen wie folgt:

„Ältere Menschen, die sich selbst die Fähigkeit zuschreiben, mit Veränderungen von Lebensbedingungen fertig zu werden, haben weniger Schwierigkeiten, diese zu bewältigen."

Denn diese Menschen tragen das Urvertrauen in sich, dass sich alles schon zum Guten wenden wird. Ich kann die Leserin/den Leser deshalb nur dazu ermutigen, diese innere Einstellung zu kultivieren: „Ich gestalte aktiv meine Lebenssituation zum Besten und trage durch mein persönliches Handeln Sorge dafür, dass es mir in meinen persönlichen Rahmenbedingungen gut gehen wird."

Bevor eine persönliche Auseinandersetzung mit der eigenen Biografie in diesem Buch thematisiert wird, ist es wichtig, darüber zu informieren, welche Herangehensweise an das Älterwerden sinnvoll ist, damit es eine überwiegend schöne Zeit werden kann. Hierzu wird im nächsten Kapitel zunächst das Potenzial zur Steigerung des persönlichen Wohlbefindens durch die **Genusserfahrung** und durch die **Narrenfreiheit** vorgestellt. Ansonsten werden das Wesen des Alters sowie zwei passgerechte psychologische Modelle beschrieben, die sehr maßgeblich sind für eine gelingende Anpassungsleistung der Berufsaussteiger an die Herausforderungen der nachberuflichen Lebensphase.

1.7 Anmerkungen zu den statistischen Daten

Zu den vorgenannten statistischen Tabellen in diesem Kapitel folgen noch abschließend einzelne kurze erläuternde Aussagen der Statistischen Ämter des Bundes und der Länder und der Gesundheitsberichterstattung des Bundes, die für diesen Themenkomplex relevant sind:

a) Bevölkerungsentwicklung – Veränderungen bis 2030

„Die Personen im erwerbsfähigen Alter – heute üblicherweise zwischen 20 und 65 Jahren – werden um ca. 15 % beziehungsweise 7,5 Millionen Menschen zurückgehen. […] Die Altersgruppe der 65-Jährigen und Älteren wird hingegen um rund ein Drittel (33 %) von 16,7 Millionen im Jahr 2008 auf 22,3 Millionen Personen im Jahr 2030 ansteigen." (Statistische Ämter des Bundes und der Länder 2011, S. 8)

„Zu dieser Altersgruppe gehören die Personen aus den geburtenstarken Jahrgängen, die gegenwärtig schon vierzig Jahre und älter sind und in den nächsten Jahrzehnten zur allmählichen Alterung des Erwerbspersonenpotenzials und der Gesamtbevölkerung entscheidend beitragen werden. […] Die älteren, geburtenstarken Jahrgänge werden aus dem Erwerbsalter kontinuierlich herauswachsen." (Statistische Ämter des Bundes und der Länder 2011, S. 23 f.)

Abb. 1.2

b) Ehedauer und Scheidungen

„Auch weitaus länger andauernde Ehen halten nicht immer ewig: In den letzten Jahren hat sich die Zahl der Ehescheidungen nach einer Ehedauer von 26 und mehr Jahren von 14 300 (1993) auf 23 600 fast verdoppelt. Im Jahr 2014 waren dies zwar immer noch nur 14,2 % aller Scheidungen, doch ist dieser langfristige Trend deutlicher als die häufigen Scheidungen nach sechs Jahren Ehedauer." (Statistische Ämter des Bundes und der Länder 2017, S. 1)

Tab. 1.1

1 Der Berufsausstieg

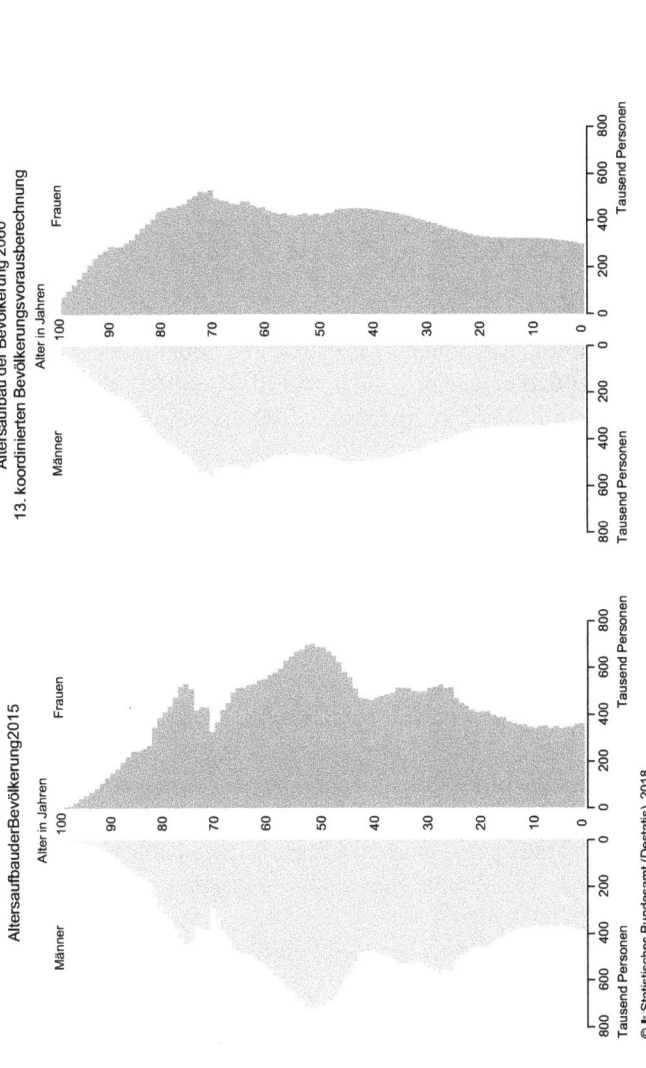

Abb. 1.2 Altersaufbau der Bevölkerung in Deutschland – Ergebnisse der 12. koordinierten Bevölkerungsvorausberechnung (Variante Untergrenze der „mittleren" Bevölkerung). (© Statistisches Bundesamt, Wiesbaden 2011 im Auftrag der Herausgebergemeinschaft Statistische Ämter des Bundes und der Länder; Auszugsweise Vervielfältigung und Verbreitung mit Quellenangabe gestattet.)

Literatur

Atchley, R. C. (1976). *The sociology of retirement*. Cambridge: Schenkman Publishing Company.
Baltes, P. B., Mittelstraß, J., & Staudinger, U. M. (Hrsg.). (1994). *Alter und Altern. Ein interdisziplinärer Studientext zur Gerontologie*. Berlin: De Gruyter.
Bruns, P., Bruns, W., & Böhme, R. (2007). *Die Altersrevolution. Wie wir in Zukunft alt werden*. Berlin: Aufbau.
Doubrawa, R. (2011). Übergang in den „Ruhestand" – Entwicklungsaufgaben des dritten Lebensalters. *Zeitschrift der Deutschen Gesellschaft für Entspannungsverfahren, 28,* 50–69.
Fromm, E. (2007). *Die Kunst des Lebens. Zwischen Haben und Sein*. Freiburg: Herder.
Gesundheitsberichterstattung des Bundes. (2018). Das Informationssystem der Gesundheitsberichterstattung des Bundes: Mortalität und Todesursachen. http://www.gbe-bund.de/gbe10/trecherche.prc_them_rech?tk=3600&tk2=3900&p_uid=gast&p_aid=80486987&p_sprache=D&cnt_ut=1&ut=3900. Zugegriffen: 5. Juni 2018.
Gienanth, L. von. (2008). *Was heißt hier alt? Anstiftung zum Eigensinn*. München: Droemer.
Grawe, K. (2004). *Neuropsychotherapie*. Göttingen: Hogrefe.
Kaiser, S., & Ringlstetter, J. (Hrsg.). (2010). *Work-life-balance*. Berlin: Springer.
Maslow, A. (1977). *Motivation und Persönlichkeit* (2. Aufl.). Reinbek bei Hamburg: Rowohlt.
Mietzel, G. (2012). *Entwicklung im Erwachsenenalter*. Göttingen: Hogrefe.
Naish, J. (2008). *Genug: Wie Sie der Welt des Überflusses entkommen*. Bergisch Gladbach: Ehrenwirth.
Quadbeck, O. L., & Roth. W. L. (2008). *Das „Empty-Desk-Syndrom". Die Leere nach der Pensionierung: Wie Führungskräfte nach Beendigung der Erwerbsarbeit ihre psychischen Probleme bewältigen*. Lengerich: Pabst Science Publishers.
Radebold, H., & Radebold, H. (2009). *Älterwerden will gelernt sein*. Stuttgart: Klett-Cotta.
Reimann, H., & Reimann, H. (1994). *Das Alter. Einführung in die Gerontologie*. Stuttgart: Enke.
Semmer, N., & Udris, I. (2004). Bedeutung und Wirkung von Arbeit. In H. Schuler (Hrsg.), *Lehrbuch Organisationspsychologie* (S. 157–195). Bern: Huber.
Specht-Tomann, M., & Tropper, D. (2013). *Wir nehmen jetzt Abschied*. Ostfildern: Patmos.

Statistische Ämter des Bundes und der Länder. (Hrsg.). (2011). *Demografischer Wandel in Deutschland. Bevölkerungs- und Haushaltsentwicklung im Bund und in den Ländern* (Heft 1). Wiesbaden: Statistisches Bundesamt. https://www.destatis.de/DE/Publikationen/Thematisch/Bevoelkerung/DemografischerWandel/BevoelkerungsHaushaltsentwicklung5871101119004.pdf?__blob=publicationFile. Zugegriffen: 5. Juni 2018.

Statistisches Bundesamt (destatis). (2017). Ehescheidungen: Verflixt ist nicht immer das siebte Jahr. https://www.destatis.de/DE/ZahlenFakten/ImFokus/Bevoelkerung/Ehescheidungen2013.html. Zugegriffen: 5. Juni 2018.

Statistisches Bundesamt (destatis). (2018). Altersaufbau der Bevölkerung 2015 und Altersaufbau der Bevölkerung 2060 (13. koordinierten Bevölkerungsvorausberechnung). Wiesbaden.

2

Bedeutsame Entwicklungsschritte für ein gelingendes Altern

Wie bereits in Kap. 1 erwähnt, bringen der Berufsausstieg und das damit verbundene Älterwerden zwangsläufig für jeden reiferen Menschen eine große Wandlung der Lebensthemen mit sich. Hasselhorn und Schneider (2007, S. 602) haben in ihrem *Handbuch der Entwicklungspsychologie* die Veränderungen aufgeführt, die sich auf die gesamten Lebensbereiche eines Menschen erstrecken. Sie weisen darauf hin, dass einerseits die grundlegende Checkliste des Lebens (Berufsauswahl, Familiengründung etc.) beantwortet worden ist und als erledigt betrachtet werden kann. Andererseits häufen sich die Themen wie das Abschiednehmen und die Verluste von Angehörigen und Freunden. So sterben vereinzelt vertraute Lebensbegleiter, seien es die Angehörigen in der Familie, hochgeschätzte Berufskollegen oder auch gute Freunde.

Hinzu kommt, dass hier und da die eigene Gesundheit bröckelt und zunehmend die eigene Vitalität nachlässt. Auch erhält niemand eine verlässliche Restlebenszeitgarantie. Die Grundlage für die Lebensplanung wird unsicherer als zu früheren Zeiten. Insofern wandelt sich die Zeitperspektive. Es treten eine kürzere Zukunftsperspektive und eine Verstärkung der Gegenwartsbezogenheit ein.

Der positive Gesichtspunkt in dieser neuen Lebensphase ist jedoch, dass fortan eine Hinwendung an das Ureigene möglich sein wird. Der Berufsaussteiger hat deutlich mehr Zeit für sich und seine persönliche Interessen als früher.

Um das seelische Gleichgewicht zu bewahren sind Ausgleichserfahrungen und Freude bringende Erlebnisse von großer Bedeutung. Der Genuss oder das Genießen der erfreulichen Gesichtspunkte im ureigenen Leben ist eine wichtige Grundvoraussetzung, um nicht über Gebühr in ein seelisches Stimmungstief abzurutschen.

2.1 Genuss und die Ausschöpfung der Narrenfreiheit

In diesem Abschnitt wird verdeutlicht, weshalb es so lohnenswert ist, im Alltag immer mehr eine Kultur des Genießens zu entwickeln. Ziel ist es, den Lesern bewusst zu machen, warum sowohl das aufmerksame Wahrnehmen und Zelebrieren der neu gewonnenen Freiheiten als auch der zu erkennenden schönen Sinneserfahrungen für den eigenen Kräftehaushalt so wichtig sind.

Ziel eines jeden Menschen ist, Lebensqualität zu finden! Es geht insofern im dritten Lebensabschnitt darum, seinen Mitmenschen und für sich selbst noch möglichst viele schöne Augenblicke zu verschaffen. Wie, wo und in welcher Form jemand eine persönliche Erfahrung als besonders erfreulich und wichtig definiert, ist ein ganz individueller Prozess. Wie in Kap. 1 bereits erwähnt wurde, sind unsere Bedürfnisse der Dreh- und Angelpunkt für die Gestaltung solch zufriedenstellender Augenblicke.

2.1.1 Genussvolles Leben

Quadbeck und Roth (2008, S. 138) sprechen davon, dass

> „Wohlbefinden und Genuss entstehen, wenn Mangelbedürfnisse Befriedigung erfahren oder wenn ein Wachstum der Persönlichkeit ermöglicht wird."

Doch was ist eigentlich der Genuss und woher stammt diese Begrifflichkeit? Lutz (1983, S. 11 f.) zufolge lässt sich Genießen wie folgt definieren:

> „Die germanische Wurzel des Wortes Genießen meint, etwas in Gebrauch oder in Besitz zu nehmen. Dies kann ein Objekt genauso wie eine Empfindung sein. So kann ich im übertragenen Sinne ein Bauwerk genauso genießen wie einen inneren Zustand oder einen anderen Menschen. Was ich genieße, kann höchst verschieden sein. Das Gemeinsame am Vorgang des Genießens ist, dass es ein sinnliches Verhalten ist, bei dem ich mich auf ein lustvolles Erleben einlasse und mir dessen bewußt bin."

Die Sinne, durch die wir Genuss erfahren können, sind **Sehen, Hören, Schmecken, Riechen und Tasten.** Der Genuss ist sozusagen eine hoch geschätzte Momentaufnahme des Betrachters. Es ist eine persönliche Besinnung auf ein Erleben im Hier und Jetzt. Unabhängig von allen gegebenen Lebensumständen verschafft sich der genießende Mensch durch die ureigene Aufmerksamkeitsausrichtung eine positive Stimmungslage. Die betreffende Person pickt sich sozusagen das Schöne aus der Vielfalt aller Aspekte, die jede Situation einem Menschen bietet, heraus. Dabei erfährt die innere Aufmerksamkeitsausrichtung immer eine gefühlsbetonte Beimischung, die von dem genießenden Menschen als positiv erlebt wird (Lutz 1983, S. 12). Der Anblick eines Sonnenuntergangs oder der Verzehr von leckeren Speisen erzeugen im Erleben der jeweiligen Person ein kleines Hochgefühl.

Diese Selbsterfahrung ist ein sinnvolles und wichtiges Kontrastprogramm zu den mit Angst besetzten Zukunftsfantasien, die den Blick auf das Kommende trüben, z. B. die Erwartung, geliebte Menschen oder Dinge zu verlieren. Sie bildet ein konstruktives Gegengewicht zu den bestehenden unangenehmen Stimmungslagen. Die Wahrnehmung erfreulicher Geschehnisse führt zu Bewusstseinszuständen, die sehr lohnenswert sind, wenn es darum geht, unangenehme Erfahrungen des dritten Lebensabschnitts zu bewältigen.

Hierzu bietet sich eine kleine Übung an. Überprüfen Sie doch einmal beim Verzehr einer Mahlzeit innerlich folgende Fragen:

- Wie verzehre ich diese Speise?
- Esse ich das Gericht aus purer Gewohnheit?
- Habe ich Gefallen, Lust und Freude an der Einnahme dieser Mahlzeit?
- Wie ist es mit den Geschmacksnuancen, nehme ich diese bewusst wahr?
- Welche erfreulichen Genusserfahrungen beinhaltet das Essen für mich?

Koppenhöfer (2004, S. 8) behauptet zu Recht, dass ein Mensch auf seine Gefühle und Stimmungen Einfluss nehmen kann. In der Waagschale des inneren Erlebens sollte man immer auch positive Erfahrungen sammeln, damit die negativen Ereignisse ausgeglichen bleiben.

> „Neigt sich die Waagschale mit den negativen Erlebnissen nach unten, dann werden wir krank. […] Wenn wir uns immer wieder kleinen Genüsslichkeiten öffnen, stärken wir unser seelisches Immunsystem." (Koppenhöfer 2004, S. 31 f.)

Zufriedenheitserlebnisse

Zu den Genusserfahrungen gehören auch die Zufriedenheitserlebnisse. Wagner-Link (1999, S. 185) versteht unter solchen Erlebnissen Unternehmungen, die zur aktiven und passiven Entspannung im Alltag einer Person führen sollen, die als Belastungsausgleich zu Stresssituationen von uns Menschen aufbauend erlebt werden. Zu den möglichen Zufriedenheitserlebnissen zählen nach Ansicht von Wagner-Link (1999, S. 188 ff.) unter anderem Essengehen, Kinobesuche, Musik hören, etwas mit Freunden unternehmen oder Musizieren, wobei die jeweiligen Vorlieben einer Person subjektiv sehr unterschiedlich sind. Charakteristisch für solche Zufriedenheitserlebnisse ist, dass es sich um Aktivitäten handelt, die einer Person „Spaß und Genuss" bringen sollen (Wagner-Link 1999, S. 188).

Zufriedenheitserlebnisse bilden nach Meinung von Wagner-Link (1999, S. 185 f.) eine lebenspraktische Möglichkeit, die Belastbarkeit einer Person zu steigern, denn eine starke Reduzierung solcher Erlebnisse führe zu einer Lebensbedingung, die eine Person wiederum als belastend erleben könne.

Auch Kaluza (1996, S. 154) hat sich in der Auseinandersetzung mit der Bewältigung von Stresssituationen dem Thema der Zufriedenheitserlebnisse gewidmet. Er ist der Auffassung, dass ein Mangel an kraftspendenden Kompensationsmöglichkeiten für einen belastungsreichen Alltag zu einer Minderung der Widerstandskräfte gegenüber so manchen Belastungssituationen führen kann. Kaluza (1996, S. 155) schreibt den Zufriedenheitserlebnissen eine erholsame und beruhigende Wirkung zu. Entscheidend für die kompensatorische, regenerative Wirkung ist jedoch, dass die Person die Aktivität auch wirklich als entspannend und erholsam erlebt und in ihr keine zusätzliche Anforderung sieht. Die Zielsetzung von Zufriedenheitserlebnissen besteht seiner Meinung nach im genussvollen Erleben der ausgleichenden Aktivität. Solche Erlebnisse sind hoch bedeutsam, denn sie erhöhen die Widerstandskraft des Menschen.

Die Autorin Heller (2013, S. 50) legt dar,

> „[…] dass wir mit positiven Emotionen unser Gedanken- und Handlungsspektrum erweitern. […] Wir entwickeln mehr Ausdauer, Leistungsfähigkeit und Energie. Wir werden kreativer und können mit Belastungen lockerer umgehen."

Ich kann die Berufsaussteiger nur dazu ermutigen: Gehen Sie auf Spurensuche. Was habe ich heute bewusst als positiv wahrgenommen? Genuss braucht keinen besonderen Reichtum. Auch mit wenig Geld lässt sich eine Lieblingsspeise kochen oder der Duft von frisch gewaschener Wäsche genießen.

2.1.2 Narrenfreiheit

Wie bereits erwähnt wurde, ist die Besonderheit in der nachberuflichen Lebensphase der Zuwachs an neu zu gestaltenden Lebensräumen.

> „Jetzt bin ich frei. Keine Verantwortung mehr, keine Rücksichtnahme auf Vorgesetzte, freie Meinungsäußerung. Ich kann meine Zeit frei einteilen." (Spiro 1999, S. 29)

Diese ungewöhnliche Situation beinhaltet auch das Potenzial, endlich das tun zu können, wovon man immer geträumt hat. Welche Vorstellungen oder Fantasien hatten Sie während Ihrer Berufstätigkeit von einem Leben in Freiheit? Gibt es persönliche Sehnsüchte, die nach einer Verwirklichung rufen?

Zur Begrifflichkeit
Die Herkunft des Wortes **Narr** ist nur schwierig zu ermitteln. Es wird vermutet, dass es sich um eine Ableitung des spätlateinischen Begriffs „nario", der übersetzt werden kann mit den Ausdrücken Nasenrümpfer oder auch Spötter, handelt.

> „Als Narrenfreiheit oder Narrenrecht gilt, wenn der Narr, von allen Zwängen befreit, tun und lassen kann, was ihm beliebt." (Becker-Huberti 2007, S. 277)

Die Herkunft der Narren
Was ist historisch betrachtet ein Narr? Hofnarren waren im Mittelalter bedeutsame Personen. Sie hatten bei gesellschaftlichen Anlässen die Aufgabe, die Gäste mit Späßen und Witzen zu unterhalten. Neben vielen anderen Aufgaben – wie auch dem schonungslosen Hinweis auf die Sterblichkeit des Menschen – durften sie dem König oder Fürsten die Wahrheit unverblümt mitteilen. Der Narr war berufen

> „[…] zum Träger eines höheren Wissens, zum Künder verborgener Wahrheiten und zum Vermittler von Einsichten, die dem König ohne den Narren verschlossen geblieben wären." (Mezger 1981, S. 45)

Er verfüge dabei über die Fähigkeit, auf scherzhafte Weise der Obrigkeit die Realität vor Augen zu führen, ohne dass diese verletzend auf ihn wirkte, wie Schmitz (2004, S. 57) unter Berufung auf das Werk *Morias Enkomion sive laus stultitiae* von Erasmus von Rotterdam (1703) in der Übersetzung von Alfred Hartmann (1975) darlegt.

Neben dem Unterhaltungsfaktor sprachen die Mitmenschen ihm aber auch eine durchaus ernst zu nehmende Ratgeberrolle zu. Solche **außergewöhnlichen Provokateure** hatten – gesellschaftlich gesehen – den Auftrag, sich von der Norm abweichend – also „verrückt" – zu äußern und sich auch so zu verhalten.

Narrheit in der heutigen Zeit

Die Narrheit gab es nicht nur im Mittelalter. Auch heute noch profitieren viele Menschen vom gesellschaftlich anerkannten Fest des Verrücktseins, dem **Karneval**. Dieses Fest ist

> „[…] eine Zeit der Inversion von oben nach unten, von Herr und Knecht, insgesamt der polaren Umkehrung bekannter sozialer Normen und Statuten, ‚die umgestülpte Welt'." (Schillinger 2009, S. 181)

Die Autoren Bausinger et al. (1980, S. 104) schreiben über das turbulente Leben an Karneval oder Fasching Folgendes:

> „Es macht dem Fastnachter Spaß, sich mit vielen anderen Maskierten auf Straßen und Plätzen zu tummeln und Dinge zu tun, die ihm sonst verwehrt sind: zu tanzen und zu springen, zu gestikulieren und zu lärmen, als Hexe, Blätzlebue oder Hänsele herumzutollen oder als Weißnarr gravitätisch von einem Bein aufs andere zu hüpfen, zu pfeifen, mit einer Peitsche zu knallen, eine Rätsche knarrend herumzuwirbeln, mit Wucht auf eine Trommel zu schlagen oder schrille Fanfarentöne auszustoßen, die Zuschauer am Straßenrand zu streicheln, zu umarmen, in die Höhe zu heben oder ihnen das Haar zu verstrubbeln."

Dieses bunte Treiben bietet den Feiernden die Möglichkeit, sich zumindest einmal im Jahr – wenn auch nur für kurze Zeit – aus dem „normalen sozialen Ordnungsgefüge" zu befreien.

Es macht einfach Spaß, einmal aus der Reihe tanzen zu dürfen. Das Verkleiden bringt den Fastnachtlern Freude, und das „Austoben" in der Öffentlichkeit hilft dabei, bestehende Spannungen abzubauen. Es belebt die Menschen grundlegend in ihrem Alltagserleben.

Zurück zum Berufsausstieg
Folgende Fragen können Ihnen vielleicht einige Anregungen zur persönlichen Erkundung der ureigenen Art an Narrenfreiheit geben:

- Was fangen Sie mit der neu gewonnenen Unabhängigkeit an?
- Gibt es einen Ort, an dem Sie es sich selbst erlauben können, sich einmal ganz anders als gewöhnlich zu verhalten und etwas Verrücktes zu unternehmen?
- Wie wäre es, wenn Sie eine Mottoparty „Die 70iger-Jahre" mit Ihren engsten Freunden veranstalten würden? Alle sollen verkleidet kommen, und Sie als Veranstalter legen die altbekannte Musik auf.
- Oder wie wäre es, wenn Sie sich ein Kostüm besorgen und zur Abwechslung einmal auf einen Maskenball gehen würden?
- Würde so ein Ausbruch aus dem normalen Alltag nicht auch einen frischen Wind in Ihr Leben wehen?

Einmal in eine „andere Haut" zu schlüpfen, kann eine sehr befreiende Wirkung haben. Sollte diese Wandlung Ihren Mitmenschen irgendwie verrückt vorkommen, können Sie sich ja auf die Narrenfreiheit berufen.

Nun mag das Feiern nicht jedem Menschen gefallen. Die „modernen Narren" präsentieren sich auch im Fernsehen. Es kann sehr lohnenswert sein, ein Interesse für Satire und Kabarett zu entwickeln. Skurrile Sichtweisen auf die Weltgeschehnisse und die Politik lassen sich ebenfalls erheiternd auf die eigene Lebensperspektive übertragen. Die Komiker und Kabarettisten sind oft gute Vorbilder für das Närrische, von denen wir viel lernen können.

Der frühere Bundeskanzler Helmut Schmidt (1918–2015) genoss im Alter ein hohes Maß an Narrenfreiheit. Er rauchte an Orten, an denen ein strenges Rauchverbot herrschte, und in politisch brisanten Themen äußerte er in der Öffentlichkeit schonungslos seine Meinung. Trotz allem verlor er weder den Respekt der Öffentlichkeit noch das gesellschaftliche Ansehen. Im Gegenteil brachten ihm die Deutschen fast eine kultische Verehrung für seine unverblümte Offenheit entgegen, die er in den Medien selbstbewusst zur Schau stellte.

Nicht jedem Menschen steht die breite Öffentlichkeit zur Darbietung seiner skurrilen Eigenart zur Verfügung. Narrenfreiheit kann aber auch im ganz normalen Alltag erfahrbar gemacht werden.

Narretei im Alltag
Ein einfaches Beispiel für die Narrenfreiheit nach dem Berufsausstieg könnte folgendermaßen aussehen:

Entschleunigen Sie das Gewohnte. Was Sie früher schnell erledigen mussten, gehen Sie fortan besonders langsam an. Verrichten Sie z. B. den morgendlichen Waschgang im Badezimmer nicht schnell und unter Zeitdruck wie zu der Zeit, als Sie schleunigst zur Arbeit aufbrechen mussten. Machen Sie das Gegenteil! Richten Sie sich morgens so langsam, wie es nur irgendwie geht, für den kommenden Tag her.

Wie fühlt sich diese andersartige Herangehensweise an? Experimentieren Sie! Was gilt es noch alles im positiven Sinne von der Norm abweichende zu entdecken? Gibt es andere Bereiche in Ihrem Leben, in denen Sie endlich einmal „verrücktspielen" könnten?

Es geht darum, die eigenen Marotten nicht mehr zu bekämpfen, sondern sie zur Abwechslung einmal willkommen zu heißen und schmunzelnd zur Kenntnis zu nehmen. Kultivieren Sie die innere Einstellung: „Ja, das macht mich jetzt gerade aus."

Weitere Experimentiermöglichkeiten könnten sein:

- Bewusst faul sein. Lange im Bett liegen und nur das tun, wozu Sie Lust haben.
- Öfter Ihre Lieblingsspeise essen.
- Farbenfrohe Kleider tragen.
- Eventuell auch einmal länger fernsehen.
- Oder was auch immer Ihr Herz begehrt.

Hinterfragen Sie die gesellschaftlichen Gegebenheiten in konstruktiver Weise. Was lässt sich noch alles verändern bzw. im wohlbringenden Sinne verbessern? Verlassen Sie die vertrauten Pfade und begeben Sie sich noch einmal ins Neuland. **Macht es nicht auch ein bisschen Spaß, mal ganz anders zu sein?**

Wenn es sozial verträglich ist, leben Sie das Unterdrückte einfach einmal aus. Kultivieren Sie eine Freude bringende Abweichung von der Norm.

Narrenfreiheit auszuleben, hat auch etwas mit Authentizität zu tun – aufrichtig das zu leben, was im Inneren da ist. Es ist damit ebenfalls gemeint, ehrlich die eigenen Bedürfnisse in Betracht zu ziehen und diese – soweit sie sozial verträglich sind – zu realisieren. Verrückt sein – in diesem positiven Sinne – kann auch bedeuten, sich selbst wieder die Erlaubnis zu geben, **kindlich zu sein.** In den folgenden Kapiteln werde ich noch näher auf die

Themen „Bedürfniserkundungen" und „Der wohlbringende Kontakt zum Inneren Kind" eingehen.

In der Loriot-Geschichte „Feierabend" wird die einfache Möglichkeit des Verrücktseins im Alltag sehr anschaulich dargestellt. In der witzigen Eheszene will der Hauptdarsteller namens Hermann nicht das tun, wonach seine Ehefrau Berta normvorgebend verlangt (eine Illustrierte lesen, einen Spaziergang machen ...). Nein, er will einfach nur da sitzen, weil es ihm Spaß macht (von Bülow 2003, S. 107 ff.).

Verrücktsein muss demzufolge nicht unbedingt etwas Spektakuläres sein.

Nachstehend beschreibe ich eine Übung, die möglicherweise ein Freude bringendes Kontrastprogramm zu dem arbeitsreichen Berufsleben mit sich bringen kann. Diese einfache „Alltagsaktivität" verschafft eine mentale Verbindung zwischen dem Gewahrwerden des Genusses und dem Zelebrieren der Narrenfreiheit.

Übung: Eine Stunde Zeit für mich selbst
Verabreden Sie sich mit sich selbst in Ihrem Lieblingscafé oder Restaurant. Am besten einmal in der Woche und zur selben Zeit, z. B. jeden Montagmorgen zwischen 10 und 12 Uhr. Sie setzen sich auf einen netten Platz in dem Lokal und bestellen sich Ihre Lieblingsspeise und das leckerste Getränk, was es dort gibt. Nun schauen Sie auf Ihre Uhr und sagen zu sich selbst: „So, die nächste Stunde gehört mir allein." Sitzen Sie einfach nur da, genießen Sie die Atmosphäre und zelebrieren Sie Bissen für Bissen Ihre bestellten Speisen. Schauen Sie Löcher in die Luft und tun Sie einfach gar nichts. Vergegenwärtigen Sie sich vielleicht ab und zu, dass es jetzt gerade Montagmorgen ist. Millionen Menschen müssen nun arbeiten und sich den Aufgaben ihres Lebens widmen. Genießen Sie folgenden Gedanken: „Ich habe jetzt frei. Ich brauche gerade nicht die Mühle des Berufslebens zu durchlaufen. Ich muss nicht mehr funktionieren und brauche niemandem mehr etwas zu beweisen."

Gönnen Sie sich aus vollem Herzen diese Auszeit und zelebrieren Sie mit jeder Faser Ihres Seins diesen Moment. Wie fühlt sich diese Freiheit an? Entsteht etwa eine leise Heiterkeit in Ihnen? Diese Vorstellung verschafft bei den meisten Menschen – zumindest für kurze Zeit – ein gewisses Hochgefühl.

Seien Sie offen für die inneren Themen, die in Ihnen aufsteigen und verweilen Sie in Freundlichkeit bei sich selbst.

Vielleicht kommen aber auch unangenehme Gedanken in Ihr Bewusstsein. Lassen Sie es zu und überprüfen Sie die Fragestellung: „Was brauche ich, um später dieses Thema zufriedenstellend zu behandeln?" Dies kann ein Telefonat mit einem Freund oder irgendeine andere Erledigung sein, die eine Klärung des Anliegens mit sich bringen wird.

Nach einer Stunde oder erst, **wenn Ihr Inneres das Verlangen dazu verspürt**, widmen Sie sich wieder Ihren alltäglichen Erledigungen, verlassen das Lokal und sagen zu sich selbst „Bis zur nächsten Woche." Das Genießen der neu gewonnenen Freiheiten kann also auch im Alleingang kultiviert werden.

Alleine mit sich selbst in einem Café zu verweilen ist nicht unbedingt jedermanns Sache. Vielleicht mögen Sie so ein wöchentliches Ritual auch zusammen mit einem lieben Menschen etablieren. Entscheidend ist, dass Ihnen das genussvolle Erleben eine Entspannung und ein Wohlgefühl gibt.

Vielleicht entdecken Sie aber auch noch andere Möglichkeiten in Ihrem Alltag für regelmäßige Genussrituale, die Sie als aufbauend und stärkend erleben. Entscheidend ist, dass die Berufsaussteiger einen wirkungsvollen Ausgleich für sich selbst entwickeln, um den üblichen Abschiedsthemen in dieser Lebensphase auch etwas Positives entgegensetzen zu können. Sowohl die Genussrituale und Zufriedenheitserlebnisse als auch das Ausschöpfen der persönlichen Narrenfreiheit bieten hierfür ein vielfältiges Potenzial.

2.2 Empfehlenswerte Herangehensweisen an die entstehenden Veränderungen

In diesem Abschnitt dieses Kapitels geht es um die Fragestellung: Wie sollte der reifere Mensch den Wandlungen seines Lebens begegnen, damit eine grundlegende Lebensqualität im Alterungsprozess auch erhalten bleibt? Hierzu werde ich zwei psychologische Konzepte, die für die Bewältigung der Entwicklungsaufgaben in der nachberuflichen Lebensphase grundlegend von Bedeutung sind, vorstellen und die darin enthaltenen konkreten Handlungsempfehlungen näher erläutern.

Als Erstes veranschauliche ich das **transaktionale Stressbewältigungsmodell** von Richard Lazarus (1966). Dieses psychologische Modell zeigt auf, wie es beim Menschen zu der Entstehung einer Stressreaktion kommt und welche Bewältigungsstrategien zu einer Linderung der Belastungsreaktionen führen können (Abschn. 2.2.1).

Beim zweiten psychologischen Basiskonzept handelt es sich um das **Modell der selektiven Optimierung und Kompensation (SOK-Modell)** von Margret M. Baltes und ihrem Ehemann Paul B. Baltes, das für ein gelingendes Altern fundamental ist (Abschn. 2.2.2).

Normalerweise entstehen im Leben Schwierigkeiten, die sich durch die Anwendung gewisser Lösungsstrategien meistens weitestgehend beseitigen lassen. So ist der Motorschaden am Auto einfach dadurch zu beheben, dass der Eigentümer des PKWs sein Fahrzeug in die Werkstatt bringt, um den Schaden dort beheben zu lassen. Das Problem tritt auf und wird durch eine gezielte Aktion dann grundlegend beseitigt.

Dieses Stressbewältigungsverhalten funktioniert jedoch nicht in allen Problemlagen des Lebens. So gibt es Situationen, die nach anderen Antworten verlangen:

- Welche Lösungsstrategien sind jedoch Erfolg versprechend, wenn lieb gewonnene Lebensgefährten schwer krank werden oder gar sterben?
- Wie geht man damit um, dass die eigene Gesundheit irreparable Einbußen zeigt?
- Wie verhält sich ein Mensch am besten gegenüber seiner Angst vor schweren Krankheiten, Operationen oder dem eigenen Tod?

Von einem allgemeingültigen Erfolg versprechenden Maßnahmenkatalog kann hier nur schwer die Rede sein. Die Konsequenz aus dieser Tatsache ist, dass der reifere Mensch über andere Umgangsformen zur Bewältigung ihn belastender Lebensthemen verfügen sollte, welche den seelischen und körperlichen Kräftehaushalt wieder in eine zuträgliche Balance bringen.

Nach Riemann und Kleespies (2016, S. 57) bedeutet eine Krise

„[…] zunächst nur, dass man sich in einer Situation befindet, in der bisher gewohnte Verhaltensweisen oder Einstellungen nicht mehr tragen."

Die belastenden Lebensthemen im reiferen Erwachsenenalter können zu emotionalen und körperlichen Stressreaktionen bei den Betroffenen führen.

2.2.1 Transaktionales Stressbewältigungsmodell

Das transaktionale Stressbewältigungsmodell von Richard Lazarus (1966) macht verständlich, was in einem Menschen – psychologisch betrachtet – geschieht, wenn er unter einer Stressreaktion leidet.

In der Psychologie existieren zum Thema Stressentstehung und Bewältigung die unterschiedlichsten Theorien. Zum einen gibt es laut Cooper (1981, S. 7) die Stimuluskonzepte, die sich hauptsächlich mit den Umweltfaktoren des Individuums auseinandersetzen, und zum anderen führt er die Reaktions- und Aktivitätskonzepte auf, die die physiologischen und psychologischen Zustände im Individuum zum Gegenstand der Untersuchung machen. Cooper (1981, S. 22) behauptet,

„[…] dass das Konzept ‚Stress' weniger reaktions- oder situationsgebunden ist, sondern nur Sinn ergibt, wenn Stress als Ungleichgewicht im Kontext einer Individuum-Umwelt-Transaktion verstanden wird."

Die transaktionalen Stresskonzepte beziehen laut Cooper (1981, S. 7) sowohl die auslösenden Umweltbedingungen als auch die persönlichen Reaktionen des Individuums mit ein.

Ein Vertreter des transaktionalen Stresskonzepts ist Richard Lazarus, der nach Ansicht von Zimbardo und Gerrig (1995, S. 577) als der Pionier der psychologischen Stressforschung gilt. Das transaktionale Stressbewältigungsmodell von Lazarus (Abb. 2.1) veranschaulichen unter anderem Schneider und Lindenberger (2012, S. 570) sehr präzise. Im Folgenden werden die bedeutungsvollen Komponenten dieses Modells den Lesern näher vorgestellt.

Der Kerngedanke der Theorie von Lazarus (1991, S. 4) besteht nach Ansicht von Schwarzer (1993, S. 15) in folgender Auffassung:

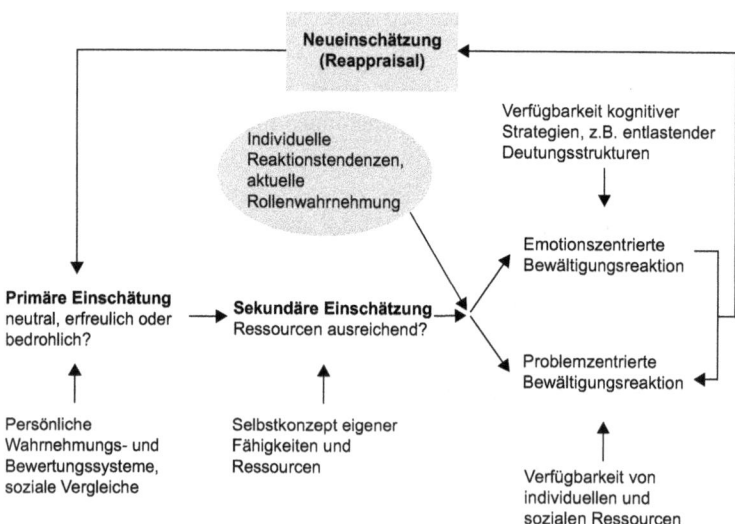

Abb. 2.1 Transaktionales Stressbewältigungsmodell nach Lazarus (1999). (Aus: Schneider und Lindenberger 2012, S. 570, mit freundlicher Genehmigung von Beltz, Weinheim)

„Objektive Bedingungen liegen den kognitiven Einschätzungen zugrunde, aber entscheidend bleibt, wie das Subjekt die Dinge sieht; nicht die tatsächlichen Gefahren der Umwelt und nicht die tatsächlichen Eigenschaften einer Person machen die Stresserfahrung aus, sondern die vielleicht verzerrte persönliche Sichtweise."

Stress ist dabei nach Auffassung von Nitsch (1981, S. 15 f.) ein ganz alltägliches Phänomen, welches jeder Mensch unabhängig vom Alter oder sozialem Status erlebt. Es ist die Bezeichnung für die **Konflikte**, die in der Auseinandersetzung zwischen Individuum und Umwelt auftreten.

Charakteristisch für die Stressreaktion ist die **Notwendigkeit zu handeln** bzw. **sich an eine neue Situation anzupassen**, die für den Organismus mit einer Kräftemobilisierung einhergeht. So beinhaltet jede Stresserfahrung die Forderung nach der Energie für die nötige psychophysische Anpassungsleistung einer Person an die jeweilige Situation (Selye 1974, S. 63).

Der Hauptinhalt der Situationseinschätzung ist nach Störmer-Labonte (1991, S. 4) die Beantwortung der Frage, welche Bedeutung die Situation für das Wohlbefinden der jeweiligen Person hat und welche Ressourcen ihr für die Situationsbewältigung zur Verfügung stehen. Die Lokalisation der Stressursache liegt dabei einerseits in den Anforderungen, die von außen an die Person herangetragen werden, und andererseits in den intrapsychischen Gedanken und Einstellungen der jeweiligen Person.

Die Einschätzung („appraisal") einer Situation führt Lazarus (1966, S. 44) wie folgt aus:

„The appraisal of threat is not a simple perception of the elements of the situation, but a judgement, an inference in which the data are assimilated to a constellation of ideas and expectations."

Die sinngemäße deutsche Übersetzung lautet:

„Die Einschätzung der Bedrohung besteht nicht in der einfachen Wahrnehmung der einzelnen Bestandteile der Situation, sondern in einer Bewertung, einer Schlussfolgerung, in der die Fakten in einen Zusammenhang mit Ideen und Erwartungen gebracht werden."

Die Autorin Jutta Heller (2013, S. 13) vertritt in ihrem Buch *Resilienz* folgende Auffassung:

„Wenn Sie sich gestresst und belastet fühlen, sollten Sie anfangen, anders auf und in die Welt zu blicken."

Der Übersicht des Stressbewältigungsmodells ist zu entnehmen, dass Lazarus zwischen zwei Bewertungsprozessen unterscheidet:

1. Die **primäre Einschätzung** beinhaltet hauptsächlich die Beantwortung der Fragestellung, ob ein auftretendes Ereignis für die eigene Person eher erfreulich, neutral oder bedrohlich ist. Ein Stress erzeugendes Ereignis muss dabei nicht real eintreten, es kann auch sein, dass sich eine Person eine mögliche belastende Situation in der Zukunft vorstellt und dass diese zu unangenehmen Assoziationen und folglich zu einer Stressreaktion bei dem Betreffenden führt. (Beispielsweise kann die Angst vor schweren Krankheiten zu Zwangshandlungen wie häufiges Händewaschen führen.)
2. Bei der **sekundären Einschätzung** geht es um die Bewältigungsfähigkeiten und -möglichkeiten, die eine Person den jeweiligen Umweltanforderungen entgegenbringen kann (Nitsch 1981, S. 238). Es werden die eigenen Ressourcen überprüft, also inwieweit die Person über die geeigneten Hilfsmittel verfügt, um den Stressauslöser zu beseitigen bzw. zu bewältigen. Zu den Ressourcen zählen das zur Verfügung stehende Geld, einflussreiche Personen (Fachärzte im Krankheitsfall), Bildung, Gesundheit, Prestige oder auch charakterliche Kompetenzen wie eine optimistische Grundeinstellung zum Leben oder ein gut entwickeltes strategisches Denkvermögen.

Die Begrifflichkeiten **primäre Bewertung** und **sekundäre Bewertung** beinhalten dabei keine zeitliche Vorgabe der Bewertungsreihenfolge, da eine Ressourcenerschließung vor der Grundeinschätzung einer Situation antizipiert werden kann (Schwarzer 1993, S. 19).

Hat eine Person ihre Ressourcen zur Bewältigung der Belastungssituation überprüft, so kommt es zu einer **individuellen Reaktionstendenz**, um den Stressauslöser zu beseitigen oder zu lindern. Diese Reaktionstendenz stützt sich auf das Selbstkonzept der Person. Menschen mit einem hohen und realitätsfundierten Selbstwertgefühl wählen in stärkerem Maß passgerechte Lösungswege aus der Belastungssituation aus. Menschen mit einem geringeren Selbstwertgefühl verweilen vielleicht länger in einer dysfunktionalen Gedankenwelt. Außerdem unterscheidet sich die generelle Bewertung des Alterungsprozesses, der positiv, gemischt oder auch negativ bewertet werden kann (Amrhein und Backes 2008, S. 388).

2 Bedeutsame Entwicklungsschritte für ein gelingendes Altern

In Abschn. 4.1 wird das Stressbewältigungsmodell von Richard Lazarus erneut aufgegriffen. Dort geht es um die Transformation von dysfunktionalen inneren Glaubenssätzen. Die zentralen Fragen zum Thema lauten:

- Was denke ich von mir und der Situation?
- Was sind hinderliche Glaubenssätze?
- Welcher Gedanke gibt mir Kraft und Zuversicht bei der Bewältigung meines aktuellen Themas?

Zur aktiv sich vollziehenden Stressbewältigung eines Menschen schreibt Lazarus (1966, S. 152) Folgendes:

„When the individual is threatened, motoric actions and psychological activity will be aroused to ward off the anticipated harm."

Zu Deutsch:

„Wenn das Individuum bedroht ist, werden motorische Handlungen und psychologische Aktivität ausgelöst, um den erwarteten Schaden abzuwehren."

Lazarus (1991, S. 4) unterscheidet bei den Regulationsmöglichkeiten zwischen einer problem- und emotionszentrierten Bewältigungsreaktion. Nach Schwarzer (1993, S. 15) beinhalten diese beiden Bewältigungsformen grundsätzlich zwei unterschiedliche Reaktionsrichtungen:

- Beim **problemzentrierten Umgang** mit Stressauslösern versucht die Person, das Problem, das zur Stressempfindung führt, durch gezielte Aktionen zu beseitigen. Dabei kann es entscheidend sein, welche Handlung ausgewählt wird, um die Schwierigkeit zu meistern.
- Eine **emotionszentrierte Herangehensweise** mit den gegebenen oder fantasierten Belastungen wird von einer Person normalerweise angewendet, wenn die situativen Umstände keine Handlungsmöglichkeiten zur Beseitigung des Problems bieten. Beispielsweise lässt sich der Verlust eines guten Freundes durch den Tod nicht durch eigenes Handeln beseitigen. Bei der emotionszentrierten Stressbewältigungsform sollen die angewendeten Maßnahmen hauptsächlich zu einer Linderung unangenehmer Gefühle führen.

Beispielsituation
Der letzte Arbeitstag vor dem Eintritt in den Ruhestand liegt vor Ihnen. Sie werden tagsüber Ihren Schreibtisch räumen, Ihre Tasche mit Ihren persönlichen eigenen Sachen packen und sich von den Kollegen im Büro verabschieden.

Primäre Situationseinschätzung
Die hauptsächlichen Fragen hierzu lauten:

- Welche Vorstellungen löst dieses Ereignis bei Ihnen aus?
- Wie bewerten Sie für sich persönlich diesen letzten Arbeitstag?
- Überwiegen die Gedanken der Freude, oder ist es mehr die Verlusterfahrung, die Ihre Aufmerksamkeit an sich bindet? Überprüfen Sie Ihre Gedankenwelt.
- Wie nehmen Sie den Wechsel vom Arbeitsleben in die nachberufliche Phase wahr?

Nachstehend zeige ich exemplarisch drei Möglichkeiten (Personen A, B, C) der Situationsbewertung zum letzten Arbeitstag auf. Es gibt sicherlich noch viele weitere Varianten, auf dieses Ereignis zu blicken.

Person A Sie hat sich gut und realistisch auf die nachberufliche Lebensphase vorbereitet. Sie freut sich darauf, endlich die neu gewonnenen Freiräume zur Verwirklichung von lang gehegten Träume nutzen zu können. Bei dieser Person A überwiegt die Freude in ihrem Situationserleben. Sie empfindet die Lebensumstände nicht als schwerwiegend belastend, ein persönliches Stresserleben ist nicht vorhanden.

Person B Sie begeht den letzten Arbeitstag mit vielen ungeklärten Fragen und auch mit einer eher sorgenvollen Perspektive:

- Wie werde ich diese Umbruchsituation innerlich verkraften?
- Meine Kollegen und meine Arbeit werde ich sicherlich vermissen. So viel Freizeit, das ist fremd und ungewohnt für mich. Wer bin ich ohne meine Arbeit?
- Wird bald die große Einsamkeit an meiner Haustür klopfen?
- Was wird diese Veränderung mit meiner Ehe machen?
- Werden bald schwere Krankheiten oder sogar der Tod auf mich warten?
- Komme ich mit dieser umfassenden Veränderung überhaupt zurecht?

Die Person B wird sich höchstwahrscheinlich innerlich unwohl beim Begehen ihres letzten Arbeitstages fühlen (emotionaler Stresszustand).

Person C Mit gemischten Gefühlen schaut Person C auf ihren letzten Arbeitstag. Sie erlebt in ihrer Gedankenwelt sowohl Inhalte der Befreiung und des Aufatmens: „Endlich kann ich morgens ausschlafen und tun und lassen, was ich will." Es sind aber auch Gedanken des Verlusts und der Trauer vorhanden: „Die Kollegen und meine Arbeitsaufgabe werde ich vermissen. Hoffentlich bleibe ich noch möglichst lange gesund."

Diese Person wird den Berufsausstieg mit einem lachenden und mit einem weinenden Auge erleben. Die innere Ambivalenz kann sich dann in sogenannten Stimmungsschwankungen zeigen. Manchmal überwiegen die Gedanken an neu gewonnene Freiräume, die mit einem Gefühl der Freude und der Erleichterung verbunden sind. In einem anderen Moment stehen die Verlustaspekte mit einer entsprechenden Gefühlsreaktion im Vordergrund der inneren Einstellung des Betrachters.

Person C hat auch einen emotionalen Stresszustand, nur ist dieser nicht so stark ausgeprägt wie bei Person B.

Sekundäre Situationseinschätzung
Mögliche Lösungsansätze können den Antworten zu den folgenden Fragen entnommen werden:

- Was kann ich tun, damit sich meine Ausgangssituation etwas verbessert?
- Was brauche ich persönlich, um mich etwas wohler mit dieser Übergangssituation von der Zeit der Erwerbstätigkeit in den Ruhestand zu fühlen?

Person A Sie ist innerlich sehr gut aufgeräumt und aufgestellt. Höchstwahrscheinlich widmet sie sich mit dem Eintritt in den Ruhestand ihren ungelebten Träumen und blüht dabei auf. Sie kann endlich das tun, wovon sie immer schon geträumt hat.

Person B Es gibt viele Handlungsmöglichkeiten, um eine Stressreduzierung zu erzielen:

- Die Angst vor schweren Krankheiten lässt sich vielleicht reduzieren, indem Person B einige Vorsorgeuntersuchungen bei ihrem Hausarzt durchführen lässt.
- Person B wollte schon immer ihre Französischkenntnisse vertiefen. Sie meldet sich bei der ortsansässigen Volkshochschule zu einem

Sprachkursus an. Dort lernt Person B sehr nette Menschen in einer ähnlichen Lebenslage kennen. Die Angst vor einer unangenehmen Einsamkeit verschwindet.
- Person B führt ein langes und ruhiges Gespräch mit dem Ehepartner, und beide gleichen die jeweiligen Vorstellungen über die neu zu verteilende Hausarbeit harmonisch miteinander ab. Der häusliche Frieden scheint nach dem ausführlichen Gespräch wieder gesichert zu sein. Die Neuregelung des familiären Zusammenseins wird gütig für alle Beteiligten geregelt.
- Ein guter Freund von Person B ist schwer krank. Die Gedanken an den kranken Freund lösen viel Kummer und Sorgen bei ihr aus. Ein Gespräch mit einer gemeinsamen Freundin beantwortet Person B viele Fragen. Ihr wird deutlich, was sie zur Gesundung des Freundes tun kann und mit welcher inneren Einstellung sie friedlicher mit den Gegebenheiten umgehen kann. Die gewandelte Neubewertung der Situation reduziert den Kummer von Person B.

Mit jeder Aktion, die Person B zum Abbau ihres persönlichen Unbehagens erledigt, sinkt möglicherweise ihr innerer Stresspegel. Sind noch offene Stressauslöser vorhanden, so geht das Thema „Stressbewältigung mit dem Eintritt in den Ruhestand" in eine neue Bearbeitungsrunde.

Person C Sie hat höchstwahrscheinlich weniger Belastungsfaktoren beim Eintritt in den Ruhestand als Person B. Kümmert sie sich gezielt um die Findung eines neuen Lebensinhalts sowie um konkrete Aktionen zu ihrer Gesunderhaltung, so dürfte sich ihre leichte Stressreaktion so mit der Zeit langsam lindern lassen.

Die **problemzentrierten Bewältigungsaktionen** wären in den oben genannten Beispielen, der Facharztbesuch, das Gespräch mit dem Ehepartner und die Anmeldung bei der Volkshochschule.

Die **emotionszentrierten Bewältigungsstrategien** hingegen sind die Gespräche mit der gemeinsamen Freundin des erkrankten Freundes, durch die eine neuartige Sichtweise auf die gegebene Situation möglich wird.

Durchläuft eine Person einen solchen Durchgang der Stressbewältigung durch gezielte Handlungen und/oder durch emotionsregulierende

Maßnahmen, so kommt es zu einer **Neueinschätzung** der Stresssituation. Dadurch kann sich der Stresspegel bei der betroffenen Person im besten Fall erheblich reduzieren, sodass sie ihre Aufmerksamkeit wieder anderen Lebensbereichen widmen kann. Anderenfalls wird sie sich erneut mit Stress reduzierenden Maßnahmen beschäftigen müssen, um die bestehenden Konflikte für sich erträglicher zu gestalten bzw. diese zu beseitigen.

Schneider und Lindenberger (2012, S. 571) schreiben hierzu:

> „Wenn, etwa bei einer längerfristig wirksamen Krise, solche Zyklen mehrfach mit wechselnden oder auch ähnlichen Verläufen wiederholt werden, ist es plausibel zu vermuten, dass dies die Person auch über die unmittelbare Problembearbeitung hinaus verändert. Bewältigung geht so unter Umständen in Entwicklung über."

Aus dem Stressbewältigungskonzept von Richard Lazarus (1966) lässt sich folgern, dass eine Steigerung des Wohlbefindens viel damit zu tun hat, sowohl zielführende Aktionen zu wählen als auch die inneren Bewertungsmuster bzw. Gedankengänge auf ihre Förderlichkeit zu überprüfen.

Für die am Kapitelanfang aufgeworfenen Fragen über den Umgang bei irreparablen gesundheitlichen Einbußen oder beim Tod eines vertrauten Lebensgefährten gibt es leider nur wenige lösungsweisende Aktionen. Der reifere Mensch steht somit vermehrt vor der Aufgabe, sich mit wirkungsvollen Strategien der Emotionsregulation beschäftigen zu müssen. In Kap. 4 erfolgt eine eingehende Auseinandersetzung mit dem beruhigenden Umgang bei starker Trauer, Ängsten und depressiven Verstimmungen.

Das Wesen des reiferen Erwachsenenalters
Mit dem Eintritt in die Rente betreten die Berufsaussteiger einen völlig neuen Lebensabschnitt. Die Freiräume nehmen zu, aber auch die Verletzlichkeit des Körpers. Dieser Personenkreis wird sich mit seinen nachlassenden Kräften aussöhnen müssen. In diesem natürlichen Entwicklungsverlauf gibt es keine immer gleich ablaufenden Normvorgaben.

> „Altern ist kein einheitlicher, gleichförmiger Vorgang, sondern ein höchst individueller und differenzierter Prozess, der im geistig-seelischen Bereich, im Verhalten und im Sozialbereich einen ganz unterschiedlichen Verlauf nehmen kann." (Baltes und Baltes 1989, S. 89)

Es gibt viele gesunde und vitale Menschen jenseits des 60. Lebensjahrs, andererseits gibt es aber auch Gleichaltrige, die dann ihre ersten gesundheitlichen Einbußen zu verkraften haben oder sogar vor ihrem Lebensende stehen. Reiche und Arme, Glückliche und Unglückliche – sie alle sind – in unterschiedlichem Maß – in dieser Altersgruppe zu finden.

Das **Spektrum der Verschiedenheit dieser Altersgenossen** wird nach Baltes und Baltes (1989, S. 89) durch drei Faktoren erklärbar:

1. Zum einen sind die Gene und die persönlichen Umweltbedingungen bei jedem Einzelnen anders geartet (Plomin und Thompson 1986).
2. Jeder Mensch gestaltet seinen Lebenslauf einzigartig. Diese persönliche Daseinsgestaltung steigert noch zusätzlich den sogenannten Individualisierungseffekt (Brandstädter et al. 1986).
3. Im Zuge des normalen Alterungsprozesses tritt schon im reiferen Erwachsenenalter eine Vielzahl an unterschiedlichen gesundheitlichen Einbußen bei jedem Einzelnen auf, die sich völlig verschieden auf die jeweilige Lebensgestaltung auswirkt. Beispielsweise wird sich ein Mensch mit einem chronischen Rückenleiden Freizeitaktivitäten aussuchen, die er auch mit seinen körperlichen Beschwerden ausführen kann. Jemand anderes braucht auf eine solche Beeinträchtigung keine Rücksicht zu nehmen. Eine andere Person erlebt z. B. ihre persönlichen Schwierigkeiten mit einem schlechten Sehvermögen. Jeder hat eine andersartige Ausgangslage beim Eintritt in den Ruhestand. Auch die verschiedenen Vitalitätszustände des reiferen Menschen bewirken einen zusätzlichen Modifikationsfaktor bei der Lebensgestaltung in dieser Altersgruppe (Bornstein und Smircina 1982).

Neben Verschiedenheiten gibt es aber auch viele Gemeinsamkeiten der Gleichaltrigen. Alle werden sich früher oder später mit den gleichen Entwicklungsaufgaben auseinandersetzen müssen. Die Fragen, die jeder für sich selbst zu beantworten hat, können wie folgt formuliert werden:

- Wie will ich meine Restlebenszeit noch gestalten?
- Wie kann ich meine Gesundheit noch so lange wie möglich erhalten?
- Wie positioniere ich mich innerlich zu den Gegebenheiten wie Krankheit, Tod oder auch Abschieden, um diese besser hinnehmen zu können?

Die zu erwartenden Verlusterfahrungen gehören zu diesem Lebensabschnitt dazu.

> „Und doch sind diese negativen Aspekte nur die eine Seite der Medaille. Auf der anderen Seite kann Alter(n) nämlich auch Weiterentwicklung, eine neue, vielleicht anders geartete Vitalität, kreative Auseinandersetzung und Befriedigung bedeuten." (Baltes und Carstensen 1996, S. 200)

Heuft, Kruse und Radebold (2000, S. 53 f.) unterscheiden bei den Stärken und Schwächen des reiferen Menschen zwischen den Begrifflichkeiten des „Alterns" und des „Reifens".

Unter **Altern** verstehen sie die Wandlungsprozesse des Körpers, wobei sie von einem sich reduzierenden Leistungsvermögen im Laufe der Zeit ausgehen.

> „**Reifen** hingegen beschreibt den Veränderungsprozeß in den Bereichen der Erfahrung, des Wissens, der Kreativität und der Einstellung zum Leben, wobei von der Möglichkeit des kontinuierlichen Wachstums und der Differenzierung in diesen Bereichen ausgegangen wird" (Heuft et al. 2000, S. 54)

Der Zielzustand eines gereiften Menschen könnte sich in **Abgeklärtheit, Güte und Gefasstheit** dem Leben gegenüber zeigen (Heuft et al. 2000, S. 53).

Zusammengefasst kann zum Wesen des alternden Menschen gesagt werden, dass sich das Leben der Gleichaltrigen völlig voneinander unterscheiden kann, alle verbindet jedoch die mehr oder weniger intensive Auseinandersetzung mit den nachlassenden Kräften, den zunehmenden Krankheiten, dem Tod und somit mit der Endlichkeit des eigenen Lebens. Jeder Einzelne ist insofern gefordert, bei sich selbst zu schauen, welche **Gestaltungspotenziale** – für ein optimales Leben im Alter – für ihn persönlich passend und noch realisierbar sind.

Die Gestaltbarkeit des dritten Lebensabschnitts
Der häufig vorzufindende defizitäre Blick auf die körperlichen Abbauprozesse des alternden Menschen entspricht nicht dem wirklichen umfangreichen Potenzial, welches der dritte Lebensabschnitt noch mit sich bringen kann.

Es gibt Ältere, die vollbringen noch enorme Höchstleistungen. Carl Gustav Jung beispielsweise verfasste nach seinem 65. Lebensjahr seine einflussreichsten und bedeutendsten Schriften (Riemann und Kleespies 2016, S. 147). Auch leben wir in einer Zeit, in der viele Krankheiten nicht mehr zwangsläufig zum Tod führen müssen. Dank des medizinischen Fortschrittes gelingt es immer mehr, etliche Gesundheitsbeschwerden zu heilen oder zum Stillstand zu bringen. Hinzu kommt, dass es Menschen gibt, die im Alter **aufblühen** und selbst gewählte Hobbies und Interessensgebiete mit hoher Begeisterung verfolgen. Dies alles sind Möglichkeiten, die in der nachberuflichen Phase für viele realisierbar sind.

Der Beruf gibt dem Menschen zwar Halt und eine strukturgebende Stütze im Alltag, aber er begrenzt auch seine Möglichkeiten der persönlichen Selbstentfaltung. In der Lebensmitte ist der arbeitende Mensch gefordert, Rücksicht auf die ihm auferlegten gesellschaftlichen Zwänge und Abhängigkeiten zu nehmen. Seine zur Verfügung stehende Zeit wird beansprucht durch die familiären Verpflichtungen und durch die oft anspruchsvollen Aufgaben, die ihm der Beruf abverlangt. Sich Gedanken zu machen, wie die knapp bemessene Freizeit möglichst schön gestaltet werden kann, dafür bleibt den einzelnen im mittleren Erwachsenenalter kaum Zeit übrig. Persönliche Liebhabereien werden in der Lebensmitte durch die eingeschränkten Möglichkeiten nicht genügend angesprochen.

Mit dem Eintritt in den Ruhestand wissen viele dann nur wenig über das persönliche Potenzial ihrer Gestaltungsmöglichkeiten für diesen neuen Lebensabschnitt. Es entsteht für viele Berufsaussteiger also eine völlig neue Ausgangsbasis, über ihr eigenes Leben nachzudenken. Niemand kann jedoch den Betreffenden sagen, was genau für sie in der nahen Zukunft eine optimale Lebensform sein könnte.

In jedem Menschen schlummern **ungenutzte Talente und ausbaufähige Interessensgebiete**! Diese ungenutzten persönlichen Ressourcen gilt es nun zu entdecken oder z. B. frühere Hobbys wieder neu aufzugreifen.

Eine grundlegende Neuausrichtung des Alltags kann sich dabei sehr inspirierend auf die Betreffenden auswirken.

> „Im Alter liegt also die Chance einer sich neu stellenden inneren Freiheit, dass die Lebensmaske und eine wahre innere Identität immer mehr zur Deckung gebracht werden können – sich die Person mehr an die innere Identität anpasst – und beide nicht unverbunden auseinander klaffen." (Riemann und Kleespies 2016, S. 192)

Die Zeit nach der Erwerbstätigkeit bietet somit eine Chance, dem eigenen Leben einen anderen, neuen Lebenssinn zu geben.

„Je größer die körperlichen, geistigen und sozialen Kapazitätsreserven, desto erfolgreicher (ist) der Alternsprozeß." (Baltes und Baltes 1989, S. 95)

Fallbeispiel: Der Lebenswandel von Herrn S. Herr S. hatte weit über 30 Jahre wie ein Besessener in seinem von ihm selbst gegründeten Unternehmen für Werbeprospekte gearbeitet. Es zählte für ihn „Geld und immer mehr Geld zu verdienen" (Herrmann und Wittneben 2008, S. 137). Er beobachtete jedoch schon längere Zeit bei sich selbst, dass die Arbeit ihn persönlich „auffraß". Als er mit 60 Jahren dann plötzlich seinen Arbeitsausstieg vollzog, begann er ein völlig neues Leben. Er orientierte sich neu und kümmerte sich fortan um Pflegebedürftige in einem Altenheim. Über seine neue Lebensaufgabe in diesem Non-Profit-Bereich berichtete er, dass er schon nach kurzer Zeit „auf zwischenmenschliche Erfahrungen zurückblicken konnte, für die in seinem bisherigen Leben vor lauter Arbeit sicher kein Platz gewesen war" (Herrmann und Wittneben 2008, S. 141). Resümierend sagte er über seinen neue Lebensaufgabe: „Das gibt mir Lebensqualität hoch drei" (Herrmann und Wittneben 2008, S. 149).

Die **folgende Metapher** veranschaulicht vielleicht im positiven Sinne den geglückten Vollzug eines Berufsaustritts: Mit dem Renteneintritt besteht die Möglichkeit, es sich zu Hause gemütlich zu machen und die berufsbedingte, vielleicht „starre" Uniform abzustreifen, um sich dann die viel angenehmere, behaglichere Freizeitkleidung anziehen zu können. In einer gemütlichen und entspannten Haltung kann man sich fortan auf „persönliche Liebhabereien" einlassen.

Der Austritt aus der Erwerbstätigkeit bringt für jeden die Chance mit sich, sich ein authentischeres Leben aufzubauen. Wichtig ist dabei, eine gute Balance zu entwickeln zwischen den meist leider zunehmenden gesundheitlichen Einschränkungen und den neuen Gestaltungspotenzialen.

Mögliche Zielverschiebungen im dritten Lebensabschnitt
Im Folgenden zeige ich auf, inwieweit eine persönliche Aufmerksamkeitsverschiebung auch der Beginn eines neuen, spannenden und auch andersartigen Lebensabschnitts sein kann.

Die zentralen Themen der Berufsaussteiger sind:

- Die Aufrechterhaltung der Gesundheit
- Die Freizeitgestaltung
- Das Dasein als Ruheständler

Da diese Faktoren bei vielen Menschen nur wenig mit ihrer eigentlichen Arbeit zu tun haben, besteht für sie die Aufgabe darin, ihre Interessen über den Beruf hinaus zu erweitern.

> „Ziele stellen das Fundament für eine beabsichtigte und erfolgreiche Lebensgestaltung dar." (Lang et al. 2012, S. 131)

Welche Ziele ein Mensch in seiner jeweiligen Lebenssituation verfolgt, steht in Abhängigkeit zu seinem Alter und zu der Lebensphase, in der er sich gerade befindet. Der junge Erwachsene verfolgt naturgemäß meistens das Vorhaben, sich in seinem Beruf zu etablieren und – falls gewünscht – eine Familie zu gründen und aufzubauen. Personen, die in den Ruhestand gehen, streben natürlich einen gewissen Lebensstandard für diese Zeit an. Wenn jemand diese Ziele erreicht, führt dies zur Zufriedenheit.

In der Debatte über die Alter(n)sproblematik wird häufig von **„erfolgreichem Altern"** gesprochen (Baltes und Carstensen 1996, S. 202). Zu dieser Begrifflichkeit kann grundsätzlich gesagt werden, dass Zielverfolgung und -erreichung in der kapitalistischen Gesellschaft immer wieder mit dem Begriff des Erfolgs in Verbindung gebracht werden. Dabei ist die inhaltliche Ausrichtung dieser Ideologie vorwiegend an Wirtschaftsinteressen, Produktivität und an eine materialistisch orientierte Zielverfolgung geknüpft. Die Besitzanhäufung, das „Haben wollen" und die Profitmaximierung stehen im Zentrum dieser kapitalistischen Weltanschauung. Erfolgreich ist in diesem Zusammenhang, wer sich materiell verwirklicht hat. Derjenige, der es also geschafft hat, sich ein Haus, ein Auto oder auch teure Urlaubsreisen zu finanzieren, wird als erfolgreicher Mitmensch in dieser Ideologie eingestuft.

Diese – unsere Gesellschaft durchdringende – Weltanschauung hat zur Folge, dass sich die Mehrzahl der arbeitenden Bevölkerung mit den oben genannten Zielen befasst. Zeit für eine sorgfältige, kritisch prüfende Innenschau ist – aufgrund der umfangreichen beruflichen und familiären Verpflichtungen – oft nicht gegeben.

Folgende Fragen können in dem Zusammenhang weiterführend sein:

- Macht mich diese Lebensform zufrieden und glücklich?
- Ist es möglich, bei dieser leistungsfokussierten Alltagsgestaltung inneren Frieden und Ruhe zu entwickeln?
- Ist die Realisierung materieller Ziele wirklich das, worum es mir in einem erfüllten Leben geht?

Ziele zu verfolgen und erfolgreich sein kann aber auch ganz andere Inhalte ins Zentrum der Aufmerksamkeit stellen, „nämlich Generativität, Selbstverwirklichung, Ich-Integrität oder (ein) Eingebunden-Sein in soziale Beziehungen" (Baltes und Carstensen 1996, S. 202). Gerade die Zeit nach dem Arbeitsleben bietet den Berufsaussteigern die Gelegenheit, sich von den materiellen Lebensinhalten – „Vom-noch-mehr-haben-Wollen" – zu distanzieren und sich mehr persönlichen, geistigen oder auch sozialen Lebensinhalten zu öffnen.

So können in der Perspektivenentwicklung von reiferen Menschen völlig neue Gesichtspunkte ins Zentrum der Aufmerksamkeit gerückt werden. Eine Zielverschiebung birgt das Potenzial für eine ganz andere, neuartige Lebensfreude im fortgeschrittenen Alter.

Beispielsweise kann ein Berufsaussteiger für sich selbst die Entscheidung treffen: „Ich setze mir das Ziel, neue soziale Fähigkeiten zu entwickeln. In einer karitativen Einrichtung werde ich meinen Mitmenschen behilflich sein und mein Mitgefühl und mein Verständnis an andere weitergeben." Diese persönliche Neuausrichtung des eigenen Lebens kann für diese Person sehr erfüllend und beglückend sein. Wir können also auch in dieser philanthropen Lebensausrichtung von einer erfolgreichen Lebensform sprechen. Jemand anderes entscheidet sich wiederum dafür, die ihm noch zur Verfügung stehende Zeit endlich seinem Hobby, der Malerei oder dem Musizieren zu widmen. Auch die Muße gehört dazu. Entscheidend sind hierbei die individuellen Bedürfnisse. Unsere tiefsten Wünsche und Sehnsüchte sind der Dreh- und Angelpunkt für die Gestaltung eines gelungenen dritten Lebensabschnitts.

Es gibt also auch jenseits des 60. Lebensjahrs viele verschiedene Wege zu einem erfüllten und zufriedenen Lebensweg. Jeder wird es jedoch mit sich selbst abmachen müssen, was sie oder er mit der Restlebenszeit anfangen möchte. Eine allgemeingültige Zielfestschreibung kann nicht definiert werden. Die Bedürfnisgewichtungen der Menschen sind einfach zu unterschiedlich.

In den folgenden Kapiteln werde ich noch genauer darauf eingehen, wie man seine inneren Bedürfnisse tiefer gehend erkundet, um daraus abgeleitet die persönlichen Ziele entwickeln zu können.

2.2.2 SOK-Modell – Selektion, Optimierung, Kompensation

In diesem Abschnitt geht es um einen neuen Aspekt, der bei einer Neugestaltung des dritten Lebensabschnitts von großer Wichtigkeit ist. Die einleitende Frage hierzu lautet: Welche Herangehensweise an die nachberufliche Lebensphase ist empfehlenswert, wenn wir der Tatsache ins Auge sehen müssen, dass die zur Verfügung stehenden persönlichen Kräfte mit der Zeit immer mehr nachlassen werden?

Hierzu bietet sich das SOK-Modell von Margret M. Baltes und Paul B. Baltes an. Die Buchstabenfolge steht für konkrete Handlungsschritte: **S** bedeutet Selektion, **O** steht für Optimierung und **K** wird in Verbindung mit der Kompensation gebraucht. Im Folgenden erläutere ich genauer, wie das SOK-Modell zu verstehen ist.

Wie ich zum **Stressbewältigungsmodell von Lazarus** bereits verdeutlicht habe (Abschn. 2.2.1), können gezielte Handlungen das Stresserleben des Einzelnen grundlegend reduzieren. Da der zunehmende Kräfteschwund einen wahllosen Aktionismus nicht mehr ermöglicht, wird der Berufsaussteiger immer mehr dazu gebracht, mit seinen noch zur Verfügung stehenden Kräften zu haushalten. Hier knüpft das Modell der selektiven Optimierung und Kompensation (SOK-Modell) des Ehepaares Margret und Paul Baltes an. Es wurde in der Mitte der 1980er-Jahre konzipiert.

Das SOK-Modell ist ein allgemeingültiges Konzept, das für ein gelingendes Altern in der Wissenschaft der Psychologie sehr bekannt geworden ist. Im Zentrum dieses psychologischen Modells geht es darum, sich aktiv gestaltend an die Bedingungen des Älterwerdens anzupassen (Baltes und Baltes 1989, S. 86). Für die Aufrechterhaltung des persönlichen Wohlbefindens ist es demnach entscheidend, dass die ureigene Lebensführung des reiferen Menschen so ausgestaltet wird, dass die Verlusterfahrungen weitestgehend reduziert bleiben und das Gewinnerleben maximiert wird (Baltes und Carstensen 1996, S. 201). Diese konkret anwendbaren Optimierungsprozesse verbergen sich hinter dem sogenannten SOK-Modell.

Selektion (S)

Jeder Mensch verfolgt im Alltag unterschiedlichste Aktivitäten und Lebensinhalte. Bei der Selektion geht es darum, sich vorwiegend auf die Lebensbereiche zu konzentrieren, die für einen persönlich eine hohe Priorität haben. Der Berufsaussteiger kann insofern eine Liste anfertigen, auf der alle Aktivitäten des Alltags aufgelistet werden. Im zweiten Schritt geht es dann darum, eine persönliche Bewertung für die aufgelisteten Punkte anzufertigen:

- Was ist mir von den genannten Aktivitäten besonders wichtig?
- Welche Dinge sind für mich nicht so bedeutungsvoll?

Damit besteht die Möglichkeit, sich von den belanglosen Unternehmungen zu verabschieden und diese dann bestenfalls auch loszulassen, um möglicherweise den nachlassenden Kräften Rechnung zu tragen.

Die übrig gebliebenen Punkte stellen dann das Zentrum des eigenen Lebens dar, womit eine präzise Zielformulierung möglich wird. Es gilt das Motto: **Weniger ist manchmal mehr!**

Beispielsweise liebt es eine Person nach Feierabend lange Strecken zu joggen. Mit dem Eintritt in den Ruhestand möchte sie nun endlich bei großen Marathonveranstaltungen mitlaufen können und plant dafür die entsprechende Vorbereitungszeit ein. Dieses Vorhaben erklärt sie zu ihrem persönlichen Ziel, sozusagen zu ihrer „hoheitlichen" Ruhestandsaufgabe.

Nach einigen Besuchen bei solchen Laufveranstaltungen bemerkt sie in ihrem Inneren den großen Wunsch, auch einmal in New York oder in anderen Ländern mitlaufen zu können. Sie setzt sich ein neues Ziel und möchte fortan ihre Urlaubsreisen mit dem Besuch eines größeren Lauftreffens verbinden. Leider reichen die Englischkenntnisse dieser Person nicht aus für die Verständigung auf Reisen, und auch nach dem Marathonlauf würde sie sich gerne mit den anderen Mitläufern austauschen können. So fühlt sich die Ausweitung der Sprachkenntnisse als weiteres Entwicklungsvorhaben sehr reizvoll für diese Person an. Hier kommt der nächste Baustein des SOK-Modells ins Spiel.

Optimierung (O)

Bei der bestmöglichen Lebensgestaltung geht es im nächsten Schritt dann darum, dass aus einer bestehenden Zielsetzung vielleicht neue weitere Aufgabenfelder entstehen, wie beispielsweise das Entwickeln von

Spezialkenntnissen für das angestrebte Ziel. Nach Lang et al. (2012, S. 138) beinhaltet die Optimierung

> „[…] die Aneignung oder verbesserte Nutzung von Ressourcen oder Handlungsmitteln, die zur Erreichung eines bestimmten, vom Individuum verfolgten Zieles notwendig sind."

Möchte sich unsere marathonlaufliebende Person fortan freudig mit den anderen Läufern in New York verständigen, so ist der Ausbau ihrer Sprachkenntnisse zusätzlich zielführend für dieses angestrebte Vorhaben.

Die ersten Jahre ihrer nachberuflichen Lebensphase genießt diese Person die ausgiebigen Läufe in einer Gemeinschaft von Menschen, die das gleiche Hobby verfolgen. Nach dem 70. Lebensjahr lässt das persönliche Sehvermögen leider rapide nach. Ihre Koordination und die Konzentration bei den Marathonläufen sind dadurch erheblich beeinträchtigt. Hier setzt die Kompensation als der dritte Baustein des SOK-Modells ein.

Kompensation (K)
Bei der Kompensation geht es um die Frage: Wie kann – unter der Einbeziehung von geeigneten Hilfsmitteln – das vormals selbst gewählte Ziel weiterhin verfolgt werden? Es werden z. B. mit dem Auftreten von gesundheitlichen Verlusten passgerechte Hilfsmittel gesucht, die ein Festhalten an dem ursprünglichen Zielvorhaben vielleicht ermöglichen können.

Die Person, die den Marathonlauf liebt, kann sich mit einer guten für den Sport geeigneten Brille ausstatten und somit weiterhin ihr Hobby mit Lust und Leidenschaft verfolgen. Alle Menschen mit körperlichen Behinderungen bedienen sich einer geeigneten Prothese, die es ihnen ermöglicht, ein persönliches gesundheitliches Defizit auszugleichen, um dadurch weiterhin ein unabhängiges und weitgehend freies Leben führen zu können.

Leider gibt es nicht immer die Möglichkeit, durch ein geeignetes Hilfsmittel die eintretenden Verluste zu kompensieren. Hier bleibt die Möglichkeit, nach neuen attraktiven Lebensinhalten Ausschau zu halten. Der damit verbundene Abschied will betrauert werden und kann bestenfalls in eine bejahende Dankbarkeit umgewandelt werden.

Die lebenspraktische Anwendung der Handlungsschritte des SOK-Modells von Baltes und Baltes (1989) kann zu einer Erleichterung der anstehenden

Herausforderungen des dritten Lebensabschnitts führen. Mithilfe dieser Herangehensweise sind mehr Wohlbefinden und Lebenszufriedenheit im reiferen Leben erreichbar (Lang et al. 2012, S. 168).

Einschränkend möchte ich allerdings jeden Berufsaussteiger **vor einer rigiden Zielverfolgung warnen.** Während es im mittleren Erwachsenenalter von großer Bedeutung war, die Umwelt an die persönlichen Ziele anzupassen – hiermit ist der Bewältigungsstil der Assimilation gemeint –, so wird im fortgeschrittenen Alter eine flexiblere Zielsetzung und Verfolgung vonnöten sein. Jede auftretende Veränderung erfordert eine Adjustierung der ursprünglich gesetzten Ziele. Der akkommodative Bewältigungsstil verlangt von den Betreffenden ein flexibles Voranschreiten, was die eigenen Projekte und die damit verbundenen Handlungsschritte anbetrifft (Hasselhorn und Schneider 2007, S. 609).

Möchte ein Berufsaussteiger im fortgeschrittenen Alter ein hohes Maß an Lebensqualität für sich erhalten, so geht es insofern auch darum, **sich für eine weniger fordernde Umwelt zu entscheiden** (Baltes und Carstensen 1996, S. 203). Diese innere Grundausrichtung steht im direkten Zusammenhang mit der Ausformulierung von wohlbringenden, „weicheren" Lebenszielen.

> **Quintessenz der empfehlenswerten Herangehensweise an die entstehenden Veränderungen des dritten Lebensabschnitts**
>
> In schwierigen und persönlich herausfordernden Lebenssituationen können folgende Fragen eine Orientierungshilfe für den einzelnen Berufsaussteiger sein:
>
> - **Kernfragen zum transaktionalen Stressbewältigungsmodell** (Lazarus 1966):
>   – Wie denke ich über diese Situation?
>   – Welche Bewertungsmuster nehme ich in mir wahr?
>   – Gibt es förderliche Gedankenstrukturen, die ich dazu kultivieren könnte?
>   – Was kann ich konkret zur Verbesserung meiner Situation tun?
>   – Welche Möglichkeiten sind mir gegeben?
>   – Über welche Ressourcen verfüge ich?
>   – Welche Hilfsmittel kann ich mir vielleicht noch aneignen?
> - **Kernfragen zum SOK-Modell** (Baltes und Baltes 1989):
>   – Welche Prioritäten und Ziele setze ich mir in meinem Leben?
>   – Was werde ich loslassen müssen?
>   – Gibt es zusätzliche Unterziele, die sich aus meiner Prioritätenliste ergeben?
>   – Wie kann ich bestehende Verluste – insbesondere bei gesundheitlichen Beschwerden – konstruktiv ausgleichen?

- Bei eingetretenen **Veränderungsprozessen** im eigenen Leben:
  - Ist es noch passend, die vormals für mich gesetzten Ziele weiterhin zu verfolgen oder sollte ich meine Situation neu überdenken?
  - Ist es noch stimmig und richtig für mich, an dem Zielvorhaben festzuhalten oder sollte ich mich um attraktive Alternativen bemühen?

Fazit

Abschließend kann gesagt werden, dass der Berufsausstieg und das damit verbundene Älterwerden auch vermehrt einige Verlusterfahrungen mit sich bringen wird. Wohlüberlegte Ziele können dabei behilflich sein, die damit verbundenen Schwächen zu kompensieren. Von einem erfolgreichen Altern kann insofern auch dann gesprochen werden, wenn es eine Person schafft, eine konstruktiv gemeinte Widerspenstigkeit gegenüber den Abschiedsthemen zu entwickeln. Diese mögliche Grundannahme könnte sich in dem folgenden Einstellungssatz widerspiegeln: „Ja, ich weiß, dass das Leben so seine Herausforderungen mit sich bringt, aber ich lasse mich davon nicht unterkriegen!"

In diesem Kapitel habe ich den Lesern empfehlenswerte Herangehensweisen an die entstehenden Veränderungen im dritten Lebensabschnitt gegeben. Wo liegen jedoch die Quellen für altersunabhängige Glückserfahrungen? Im folgenden Kapitel geht es unter diesem Gesichtspunkt um die **Flow-Erlebnisse**, die in der Konzentration auf ein Hobby oder auf ein persönliches Interessensgebiet für fast jeden Menschen erfahrbar gemacht werden können.

Literatur

Amrhein, L., & Backes, G. M. (2008). Alter(n) und Identitätsentwicklung: Formen des Umgangs mit dem eigenen Älterwerden. *Zeitschrift für Gerontologie und Geriatrie, 41,* 382–393.

Baltes, P. B., & Baltes, M. M. (1989). Optimierung durch Selektion und Kompensation. Ein psychologisches Modell erfolgreichen Alterns. *Zeitschrift für Pädagogik, 35,* 85–105.

Baltes, M. M., & Carstensen, L. L. (1996). Gutes Leben im Alter: Überlegungen zu einem prozeßorientierten Metamodell erfolgreichen Alterns. *Zeitschrift Psychologische Rundschau, 47,* 199–215.

Bausinger, H., Jeggle, U., Scharfe, M., & Warneken, B. J. (1980). *Narrenfreiheit. Beiträge zur Fastnachtsforschung. Untersuchungen des Ludwig-Uhland-Instituts der Universität Tübingen* (Bd. 51). Tübingen: Tübinger Vereinigung für Volkskunde.

Becker-Huberti, M. (2007). *Lexikon der Bräuche und Feste.* Freiburg: Herder.

Bornstein, R., & Smircina, M. T. (1982). The status of empirical support for the hypotheses of increased interindividual variability in aging. *The Gerontologist, 22*(3), 258–260.

Brandstädter, J., Krampen, G., & Heil, F. E. (1986). Personal control and emotional evaluation of development in partnership relations during adulthOOD. In M. M. Baltes & P. B. Baltes (Hrsg.), *The psychology of control and aging* (S. 265–296). Hillsdale: Erlbaum.

Bülow, V. von. (2003). *Loriot Das Frühstücksei.* Zürich: Diogenes.

Cooper, C. L. (1981). *Streßbewältigung: Person, Familie, Beruf.* München: Urban & Schwarzenberg.

Hasselhorn, M., & Schneider, W. (2007). *Handbuch der Entwicklungspsychologie.* Göttingen: Hogrefe.

Heller, J. (2013). *Resilienz. 7 Schlüssel für mehr innere Stärke.* München: Gräfe & Unzer.

Herrmann, U., & Wittneben, M. (2008). *Älter werden, Neues wagen.* Hamburg: Edition Körber-Stiftung.

Heuft, G., Kruse, A., & Radebold, H. (2000). *Lehrbuch der Gerontopsychosomatik und Alterspsychotherapie.* München: Ernst Reinhardt.

Kaluza, G. (1996). *Gelassen und sicher im Streß. Psychologisches Programm zur Gesundheitsförderung.* Berlin: Springer.

Koppenhöfer, E. (2004). *Kleine Schule des Genießens. Ein verhaltenstherapeutisch orientierter Behandlungsansatz zum Aufbau positiven Erlebens und Handelns.* Lengerich: Pabst Science Publishers.

Lang, F. R., Martin, M., & Pinquart, M. (2012). *Entwicklungspsychologie – Erwachsenenalter.* Göttingen: Hogrefe.

Lazarus, R. S. (1966). *Psychological stress and the coping process.* New York: Mc Graw-Hill.

Lazarus, R. S. (1991). *Emotion and adaption.* London: Oxford University Press.

Lazarus, R. S. (1999). *Stress and emotion: A new synthesis.* New York: Springer.

Lutz, R. (1983). *Genuß und Genießen. Zur Psychologie des genußvollen Erlebens und Handelns.* Weinheim: Beltz.

Mezger, W. (1981). *Hofnarren im Mittelalter. Vom tieferen Sinn eines seltsamen Amts.* Konstanz: Universitätsverlag Konstanz.

Nitsch, J. R. (Hrsg.). (1981). *Stress. Theorien, Untersuchungen, Maßnahmen.* Stuttgart: Huber.

Plomin, R., & Thompson, L. (1986). Life-span developmental behavioral genetics. In P. B. Baltes, D. L. Featherman, & R. M. Lerner (Hrsg.), *Life-span development and behavior* (Bd. 8, S. 1–31). Hillsdale: Erlbaum.

Quadbeck, O. L., & Roth, W. L. (2008). *Das „Empty-Desk-Syndrom". Die Leere nach der Pensionierung: Wie Führungskräfte nach Beendigung der Erwerbsarbeit ihre psychischen Probleme bewältigen.* Lengerich: Pabst Science Publishers.

Riemann, F., & Kleespies, W. (2016). *Die Kunst des Alterns.* München: Ernst Reinhardt Verlag.

Rotterdam, E. von. (1703). *Morias Enkomion sive Stultitiae Laus. Opera omnia [...]* (Bd. 4). Leiden.

Rotterdam, E. von (1975). Morias Enkomion sive laus stultitiae. Deutsche Übersetzung von Alfred Hartmann. Eingeleitet und mit Anmerkungen versehen von Wendelin Schmidt-Dengler. In: W. Welzig (Hrsg.), *Erasmus von Rotterdam: Ausgewählte Schriften* (Bd. 2, S. 195–197). Darmstadt: Wissenschaftliche Buchgesellschaft.

Schillinger, J. (2009). *Der Narr in der deutschen Literatur im Mittelalter und in der Frühen Neuzeit. Kolloquium in Nancy (13.–14. März 2008). Im Jahrbuch für Internationale Germanistik* (Reihe A, Bd. 96). Bern: Lang.

Schmitz, H.-G. (2004). *Das Hofnarrenwesen der frühen Neuzeit. Claus Narr von Torgau und seine Geschichten.* Münster: LIT.

Schneider, W., & Lindenberger, U. (Hrsg.). (2012). *Entwicklungspsychologie.* Weinheim: Beltz.

Schwarzer, R. (1993). *Streß, Angst und Handlungsregulation.* Stuttgart: W. Kohlhammer.

Selye, H. (1974). *Streß. Bewältigung und Lebensgewinn.* München: R. Piper & Co.

Spiro, E. (1999). *Unser schönes Rentnerleben. Keine Zeit zum Faltenzählen: 33 interessante Lebensbeispiele aus den Jahren nach Beruf und Familie.* Bremen: Kellner.

Störmer-Labonte, M. (1991). *Streß und Streßbewältigung in meditativer Sicht. Die implizite Streßtheorie der Nyingma Psychologie auf dem Hintergrund der transaktionalen Streßtheorie von Lazarus. Forschungsberichte aus dem Fachbereich Psychologie der Universität Osnabrück.* Osnabrück: Universität Osnabrück.

Wagner-Link, A. (1999). *Verhaltenstraining zur Streßbewältigung. Arbeitsbuch für Therapeuten und Trainer.* Stuttgart: Pfeiffer bei Klett-Cotta.

Zimbardo, P. G., & Gerrig, R. J. (1996). *Psychologie.* Berlin: Springer.

3

Perspektivenentwicklung – Themen der persönlichen Selbsterkundung

In diesem Abschnitt werden die Leser zur persönlichen Innenschau und Selbstüberprüfung ermutigt.

Beginnen werde ich mit der Beantwortung der grundlegenden Frage: Wie kann ein Mensch – trotz seiner vielleicht aktuell schwierigen Lebensumstände – persönliche Glückserlebnisse für sich selbst erfahrbar machen? Hierzu veranschauliche ich die Flow-Theorie, die der Psychologe Mihaly Csikszentmihalyi (1975) entwickelt hat.

3.1 Altersunabhängige Glücksgefühle

Das Ziel eines jeden Menschen ist es, Lebensqualität für sich selbst zu finden. Neben der Verarbeitung der aufkommenden Verlustthemen reicht es vielen Berufsaussteigern nicht aus, nur entspannt und gesundheitserhaltend zu leben. Nein, die meisten Menschen verspüren gerade im dritten Lebensabschnitt noch den tiefen Wunsch, möglichst viele Glückserfahrungen für sich sammeln zu können. Ein Weg dorthin bietet die **Flow-Theorie**.

Mihaly Csikszentmihalyi (1975) prägt den Begriff Flow, der übersetzt werden kann mit dem Wort Fluss und für ein handlungsbegleitendes Erleben steht.

> „Fluß ist ein freudevolles Aktivitätsgefühl, das völlig in der Sache, mit der man sich beschäftigt, aufgeht; eine Aufmerksamkeit, die ganz von der Aufgabe absorbiert wird und die eigene Person vergessen läßt." (Heckhausen 1980, S. 610)

Diese Freude in der Bewältigung einer Aufgabe begründet Csikszentmihalyi (1985, S. 14 f.) damit, dass die Handelnden die Beschäftigung selbst als belohnend betrachten. Der Prozess der Herstellung von Projekten oder künstlerischen Produkten birgt in sich so viel Freude, dass manche Personen sich dabei Tag und Nacht diesem schöpferischen Prozess widmen.

Der Autor Heckhausen (1980, S. 607) verdeutlicht in diesem Zusammenhang, dass ein Verhalten – tendenziell gesehen – entweder mehr intrinsisch oder extrinsisch motiviert sein kann:

- Ein **extrinsisch motiviertes Verhalten** liegt vor, wenn die Ergebnisleistung hauptsächlich äußeren Ursachen und nicht dem eigenen Handeln zugeschrieben werden kann, oder wenn die Aufgabenerledigung vorwiegend aus externalen Handlungsfolgen wie Belohnungen oder Bestrafungen erfolgt (Heckhausen 1980, S. 610).
- Im Gegensatz dazu liegt ein **intrinsisch motiviertes Verhalten** vor, wenn die Motivation für eine Aktivität von innen kommt. Beispielsweise liebt ein Tänzer die Bewegung zur Musik; eine Sängerin hat Freude daran, hoch komplexe Musikstücke zu üben.

Kennzeichnend für die innere Einstellung dieser Personen ist, dass die intrinsischen Belohnungen die extrinsischen übertreffen (Heckhausen 1980, S. 58) und die Betreffenden ein sehr aufgabenorientiertes, zielstrebiges Handeln aufweisen, ohne sich selbst im Auge zu haben (Csikszentmihalyi 1992, S. 129).

Beispielsweise muss das Ergebnis einer Behandlung von einer schwerwiegenden Krankheit auch äußeren Ursachen zugesprochen werden. Der Kranke hat nicht alles in seiner Hand und wird sich somit vielleicht in einigen Momenten in seinem Gesundheitsbestreben ausgebremst fühlen.

Manche Berufstätige sehen ihre Arbeit hauptsächlich als Mittel, um das Geld zur Finanzierung ihres Lebensunterhalts zu verdienen. Diese innere Einstellung resultiert damit vorwiegend aus einer extrinsischen Motivation für den handelnden Menschen.

Je größer die extrinsischen Handlungsmotive für eine Aufgabenerfüllung sind,

„[...] umso mehr erlebt man sich als Spielball äußerer Kräfte, sieht seine Aktivität entwertet und ist nur unzureichend für seine Aufgabenerledigung motiviert." (Heckhausen 1980, S. 609)

Bei vorwiegend intrinsisch motivierten Beschäftigten ist das Verhalten nicht nur ein Mittel zum Erreichen eines anderweitigen Zweckes, sondern die

Aufgabenbewältigung erfolgt um ihrer selbst willen oder um damit eng verbundene Zielzustände zu erreichen (Heckhausen 1980, S. 608).

Je mehr Selbstbestimmung eine Person bei ihrer Aufgabenerfüllung erlebt, desto größer ist nach De Charms (1968) die Freude an der Aufgabenbewältigung.

Beispiele für Flow-Aktivitäten
Eine festgelegte Aktivitätenliste, wodurch eine Person Flow-Erfahrungen für sich sammeln kann, gibt es nicht. Flow ist jedoch bei verschiedenen Sportarten wie Segeln, Yoga, Skifahren und beim Tanz beobachtet worden. Auch beim Musizieren, Malen und beim Schach- und Computerspielen ist dieser Erfahrungsreichtum möglich. Manche Menschen erleben Flow-Zustände beim Auto- oder Motorradfahren.

Jeder Berufsaussteiger könnte demnach seine Freizeitaktivitäten unter folgenden Gesichtspunkten überprüfen: Warum verfolge ich ein bestimmtes Hobby? Macht mir die Sache an sich Freude oder tue ich es hauptsächlich aus Vernunftgründen?

Zum Beispiel könnte eine Person aus unterschiedlichen Gründen Yoga praktizieren. Ein extrinsisches Motiv wäre, wenn sie dieses Hobby verfolgt, weil es gut für die Gesundheit ist. Eine intrinsische Motivation würde hingegen bestehen, wenn eine Person ein ausgesprochen großes Interesse an den spirituellen Praktiken der Yogaübungen in sich verspürt und sich über jeden kleinen persönlichen Fortschritt bei der Ausübung der einzelnen Übungen erfreuen würde.

Es ist lohnenswert für jeden Berufsaussteiger, die einzelnen Hobbys und Interessensgebiete auf ihre Motivation hin zu überprüfen. Mehr Freude und eine größere Zufriedenheit sind bei der Auswahl von intrinsisch motivierten Aktivitäten für jeden Einzelnen erfahrbar.

Einsamkeit – Ein Zeitvakuum mit einem hohen schöpferischen Gestaltungspotenzial
Der Berufsaussteiger hat mit dem Austritt aus der Erwerbstätigkeit vielleicht erstmalig seit Jahren einen großen Zuwachs an freier und unverplanter Zeit für sich selbst zur Verfügung. Es gibt erfreuliche Aktivitäten mit anderen Menschen und auch eine schöne Zeit mit sich allein.

Wie erlebt jedoch der Einzelne die Veränderung, wenn er zuvor immer von vielen Menschen umgeben war und nun im Ruhestand die Zeit des

Alleinseins überproportional groß sein wird? Zahlreiche Besuche von Kulturveranstaltungen machen den Einzelnen nicht unbedingt glücklich.

Es gibt unterschiedliche Möglichkeiten, die Zeit des Alleinseins mit sich selbst zu erleben. Einerseits kann dieses Auf-sich-selbst-geworfen-Sein als unangenehm, bedrückend oder sogar als bedrohlich wahrgenommen werden. Eine Flucht in irgendwelche Aktivitäten in der Außenwelt ist dann häufig die nahliegende Überlebensstrategie, um die persönliche Begegnung mit sich selbst und dem Gefühl der Einsamkeit zu vermeiden. Leider verpassen diese Menschen häufig die Chance, das Alleinsein als besondere Kraftquelle und als Fundgrube für kreative Einfälle für sich selbst zu erfahren.

So entwickeln sich in den Zeiten des Alleinseins viele eigenschöpferische Projekte – wie handwerkliche Betätigungen oder Malerei. Dabei ist gerade „Schaffensfreude" eine der „verlässlichsten Glücksmöglichkeiten" des Menschen (Riemann und Kleespies 2016, S. 34). Ein Mensch kann – positiv erlebt – in der Einsamkeit auf fantasievolle Weise auf seine zukünftige Lebensausrichtung blicken:

- Was möchte ich für mich selbst noch in diesem Leben realisieren?
- Wo liegen meine persönlichen Quellen der Kreativität und der Zufriedenheit?
- Welche Gestaltungspotenziale birgt die Zeit des Alleinseins für mich selbst?
- Wie kann ich diese Zeitfenster möglichst schön mit Wohlfühlelementen ausstatten?

Beispielsweise könnte ich mir einen leckeren Tee kochen, eine schöne Kerze anzünden oder inspirierende Musik anhören.

Gerade im dritten Lebensabschnitt sollte sich jeder Berufsaussteiger der **Freude** gegenüber verpflichten! Niemand weiß genau, wie viel Restlebenszeit ihm persönlich noch bleibt.

Ist es da nicht sinnvoll und auch erstrebenswert, besonders genau hinzuschauen, mit wem oder was ich meine Lebenszeit verbringe? Ist das, was ich tue, auch wirklich richtig und stimmig für mich?

Die Zeit des Alleinseins kann auch bedeuten: „Ich bin bei mir und somit in guter Gesellschaft." Auf die damit verbundene, wohlbringende innere Selbstbegegnung werde ich in den kommenden Abschnitten noch näher eingehen.

3 Perspektivenentwicklung – Themen der persönlichen Selbsterkundung

Die Hingabe an Freude bringende Projekte
Es ist verständlich und menschlich, wenn jemand einen Großteil seiner Aufmerksamkeit auf die Gesunderhaltung des Körpers richtet. Eine dauerhaft erfolgreiche Prophylaxe gegenüber altersbedingten Erkrankungen wird jedoch nicht gelingen. Der Körper altert naturgemäß. Dieses Lebensgesetz ist nicht umkehrbar. Noch niemand hat bisher das Leben überlebt.

Wenn diese persönliche Selbstzentriertheit – im übersteigerten Sinne – nicht lohnenswert ist, worauf sollte eine Person sich alternativ fokussieren?

Die Wissenschaftler Amrhein und Backes (2008, S. 390 ff.) stellen in dem Artikel „Alter(n) und Identitätsentwicklung: Formen des Umgangs mit dem eigenen Älterwerden" die Studienergebnisse aus ihrem Forschungsprojekt „Modelle der Lebensführung im Alter" vor. Ihnen zufolge gibt es vier mögliche Reaktionsstile beim Umgang mit dem Älterwerden, die ich kurz vorstellen möchte.

Formen des Alterserlebens nach Amrhein und Backes

1. Identifikation mit dem Alter Die Menschen, die sich mit dem Älterwerden identifizieren, zeichnen sich durch eine bejahende Einstellung den Geschehnissen gegenüber aus. Die Veränderungsprozesse an Körper und Geist werden als normale Entwicklungsverläufe des Naturkreislaufs der Menschheit hingenommen. Es handelt sich hierbei um reife Persönlichkeiten, die sich – ohne Umschweife zu machen – zu ihrem eigenen Alter bekennen.

2. Ambivalente Akzeptanz Diese Einstellung entspricht der häufigsten Reaktionsweise der Interviewteilnehmer. Altwerden wird als ein Entwicklungsprozess angesehen, bei dem es sowohl Gewinne als auch Verluste zu verkraften gilt. Der Zuwachs an Freiräumen und an Gelassenheit wird als positiv wahrgenommen. Hingegen werden die aufkommenden gesundheitlichen Einbußen einerseits akzeptiert, zugleich aber auch gefürchtet. Die Probanden hofften alle auf ein schmerzfreies Sterben, ohne zuvor einen großen geistigen und körperlichen Niedergang miterleben zu müssen.

3. Auflehnung gegen das Alter(n) Diese Personengruppe zeigt sich fixiert auf jugendliche Körperzustände. Sie führen innerlich betrachtet einen vergeblichen Kampf gegen die Alterungsprozesse des Organismus. Eine pessimistische Einstellung gegenüber den Körperveränderungen, bei denen hauptsächlich die Verluste von den Betreffenden in Betracht gezogen werden, ist gekoppelt mit der Auffassung, dass die persönliche Würde mit dem Altern verloren geht.

4. **Alterslosigkeit** Nur wenig Beachtung widmeten sich diese Interviewteilnehmer ihrem alternden Körper. In der Perspektive der „Alterslosigkeit" sehen die Probanden das Alter unter einer optimistischen und zuversichtlichen Brille. Sie verfolgen eine aktive und tätige Grundhaltung dem Leben gegenüber.

> „Während der Körper altert, bleibt das Selbst jugendlich und ‚alterlos'. Dieser Dualismus zeigt sich deutlich in der Einstellung, mit geistigen und künstlerischen Tätigkeiten das eigene Alter(n) zu transzendieren." (Amrhein und Backes 2008, S. 390)

Diese Personengruppe mit einer alterslosen inneren Einstellung führt bevorzugt ein sehr interessenorientiertes, aktives Leben, wobei jeder von ihnen irgendeinem für ihn spannenden Hobby nachgeht. Diese gezielte Aufmerksamkeitsausrichtung führt dann dazu, dass das eigene körperliche Älterwerden kaum wahrgenommen wird, denn die Gedanken dieser reiferen Menschen sind gebunden an ihre persönlichen Projekte, die sie mit großer Begeisterung verfolgen. So kommt es dazu, dass das Lebensalter eine starke Abweichung zum jeweiligen Selbstgefühl in den betreffenden Personen hinterlässt. Diese aktiven Älteren fühlen sich einfach jünger, als sie in Wirklichkeit sind (Amrhein und Backes 2008, S. 390), und sie leiden wohl auch weniger als ihre Altersgenossen.

Gelingendes Altern ist auch eine Verdrängungsleistung
Mihaly Csikszentmihalyi (2010, S. 93) schreibt zu dem Phänomen des positiv erlebten Selbstvergessens Folgendes:

> „Für den, der mitten drin im flow ist, fühlt sich alles prima an: Er ist fokussiert, vergisst die ganze Welt um sich herum, konzentriert sich nur auf den nächsten Schritt, schenkt nichts und niemand anderem seine Aufmerksamkeit – er spielt z. B. nur Karten, und dabei geht es ihm gar nicht darum zu gewinnen, sondern es geht ihm darum, weiter zu spielen."

Wenn ein Berufsaussteiger nun in den wachsenden Freiräumen, die ihm mit dem Renteneintritt geschenkt werden, irgendeiner eigenschöpferischen Begabung oder einem anderweitigen spannenden Hobby nachgeht, dann entsteht durch die gezielte Aufmerksamkeitsausrichtung ein positiv erlebtes Gefühl des Selbstvergessens, wodurch mögliche Einsamkeitsgefühle und die persönlichen Sorgen überwunden werden können. Die beste Abhilfe gegen ein unangenehm erlebtes Alleinsein ist, sich persönlich einem schöpferischen Hobby oder Interessensgebiet zu widmen, in das sich die Person vertiefen kann und bei dem sie bestenfalls auch noch persönliche Wachstumserfahrungen für sich selbst erlebbar macht.

Radebold und Radebold (2009) führen in ihrem Buch *Älterwerden will gelernt sein* aktuelle Befunde aus der Gehirnforschung aus. Sie beschreiben, dass ein Mensch im Laufe seines gesamten Lebens neue Gehirnzellen bilden kann. So geben die Autoren den Hinweis, dass die Zellbildungen durch neue Lernprozesse, intensives körperliches Training und gezielte Meditation entstehen und zum Abbau von pathologischem Stress führen können (Radebold und Radebold 2009, S. 90).

Alle künstlerischen und handwerklichen Betätigungen führen zur Entspannung, steigern das Konzentrationsvermögen und lassen uns – im positiven Sinne – unser Selbst vergessen. Zugleich (er)finden wir uns dabei neu. Jede Liebhaberei trägt das Potenzial für persönliche Glückserfahrungen in sich (Riemann und Kleespies 2016, S. 33 f.).

Ein positiv erlebtes Gegengewicht relativiert das „Schwerwiegende" im dritten Lebensabschnitt
Was geschieht mit den Menschen, wenn sie ein spannendes eigenschöpferisches Projekt verfolgen, sei dies Musik, Malerei oder auch ein Handwerk wie Tischlern oder Töpfern? Oder was geschieht, wenn sich eine Person in einem karitativen Projekt oder in einer anderen für sie sinnvollen Aufgabe, die sie mit Begeisterung erfüllt, engagiert? Wie in Kap. 2 bereits näher erläutert, ist das Selektieren, Finden und Definieren von persönlichen Zielvorhaben sehr bedeutsam für die Aufrechterhaltung des eigenen Kräftehaushalts.

Beim Eintritt einer Verlusterfahrung nimmt die ihren Interessen folgende Person zwar die Geschehnisse wahr und betrauert diese auch, aber nicht so dramatisch und ausufernd wie eine Person, die den ganzen Geschehnissen nichts entgegenzusetzen hat. Es ist also für den eigenen Kräftehaushalt sehr wichtig, dass man etwas Freudebringendes hat, welches über den Verlustschmerz hinweg Trost vermittelt.

Ein Hobby kann sozusagen ein Zufluchtsort oder eine Oase sein, in der ein Mensch Kraft tanken kann als Ausgleich für unangenehme Vorfälle im Alter. Die Ausgleichsbetätigungen helfen, das Schwerwiegende im Leben zu relativieren.

Im Alter geht es auch darum, den persönlichen Eigensinn zu entwickeln und zu kultivieren.

> „Nur das, worauf wir unsere Aufmerksamkeit richten, wird bewusst; nur im Zustand der Aufmerksamkeit können höhere geistige Prozesse ablaufen. Man hat sich die Aufmerksamkeit wie einen selektiven Filter vorgestellt, der allerdings abgestuft und nicht im Alles-oder-Nichts-Modus arbeitet, als einen Mechanismus, der Input und Wissen integriert." (Zimbardo und Gerrig 1996, S. 195)

Alan Baddeley (1986, S. 188) – ein bedeutender Gehirnforscher – bestätigt diese Annahme, indem er sagt:

> „Unser Kurzzeitgedächtnis verfügt über eine begrenzte Speicher- und Verarbeitungskapazität."

Dies hat zur Folge, dass ein besonders wichtiger Aspekt der Aufmerksamkeit ihre „selektive Natur" ist (Krech und Crutchfield 1992, S. 91).

Damit ist gemeint, dass wir uns nicht grenzenlos über alle Informationsangebote aus unserer Umwelt Gedanken machen können. Wir wählen selektiv die Reize aus, die wir sowohl für unsere persönliche Unversehrtheit als auch für unsere inneren Entwicklungsthemen als wichtig betrachten und dementsprechend dann bewusst wahrnehmen werden. Alle anderen Informationen werden lediglich im Unbewussten registriert und dort – wenig beachtet – abgelegt.

Als **Beispielszene** können Sie sich folgende Situation vor Augen führen: Es betreten ein 65-jähriger Berufsaussteiger und ein 6-jähriges Kind eine Buchhandlung. Beide gehen stöbernd durch den Laden und schauen sich – je nach persönlicher Interessenslage – die ausgelegten Bücher an. Das kleine Kind wird vermutlich bei dem Prospekt stehen bleiben, auf dem ein Schulkind mit seinem Schulranzen auf dem Deckblatt der Zeitschrift abgebildet ist. Der Berufsaussteiger hingegen bleibt vielleicht bei den für ihn interessanten Reiseführern stehen. Beide haben einen unterschiedlichen Fokus darauf, welche Bücher und Zeitschriften für sie als interessant angesehen werden.

Ich fasse zusammen: Die Auswahl eines Freude bringenden Hobbys oder Interessensgebiets, auf das der Berufsaussteiger seine Aufmerksamkeit richtet, führt dazu, dass die unangenehmen Abschiedsthemen des dritten Lebensabschnitts nicht überdimensional groß wahrgenommen werden.

Die Verlustinhalte werden natürlich mental bearbeitet, aber die Person verfügt noch über weitere Wahrnehmungskanäle in ihrem Inneren, an denen auch noch Platz für Freude bringende Lebensbereiche ist. Hier liegt der Unterschied zwischen den Menschen, die noch etwas Eigenes haben, und

3 Perspektivenentwicklung – Themen der persönlichen Selbsterkundung

anderen Gleichaltrigen, die sich die naturgemäße Vergänglichkeit des eigenen Lebens völlig ohne Gegengewicht immer wieder vor Augen führen.

Als Konsequenz aus diesen psychologischen Sachverhalten stellen sich für jeden Berufsaussteiger die folgenden Fragen:

- Welches Hobby bringt mir Freude?
- Für welches Interessensgebiet kann ich mich begeistern?
- Gibt es irgendeine sinnstiftende Aufgabe, der ich mich von Herzen widmen möchte?
- Welches konkrete Freude bringende Vorhaben setze ich mir als Ziel für meinen dritten Lebensabschnitt?

Ein möglicher Weg könnte es auch sein, dass eine Person in sich selbst das Bedürfnis verspürt, etwas „Selbsterworbenes" aus dem eigenen Leben an die nachfolgende Generation weitergeben zu können. Vielleicht verfügt eine Person über irgendeine besondere Fähigkeit, die sie an die nachkommende Generation weitergeben möchte. Beispielsweise könnte ein Computerspezialist seine Fachkompetenz an seine Mitmenschen weitergeben. Oder eine begnadete Hobbykonditorin hat im Laufe ihres Lebens eigene ungewöhnliche Kuchenrezepte kreiert, die sie nun an Interessierte weiterreichen möchte. Auch hieraus könnte sich ein Freude bringendes Lebensprojekt für die dritte Lebensphase entwickeln.

Oder jemand verarbeitet ein biografisches Ereignis dadurch, dass die lebenserfahrene Person daraus eine „gebende Rolle" an die nächste Generation gestaltet.

Beispielsweise verliert ein Vater seinen geliebten jugendlichen Sohn infolge einer Drogenabhängigkeit. Der Sohn stirbt an einer Überdosis Heroin. Er transformiert und verarbeitet diese schwerwiegende Lebenserfahrung, indem sich dieser reife Mann fortan persönlich in einem Päventivprojekt für suchtkranke Jugendliche engagiert.

Fazit

Es gibt für jeden Berufsaussteiger viele Möglichkeiten, ein interessantes Betätigungsfeld für die nachberufliche Lebensphase zu finden. Zusammengefasst kann gesagt werden, dass altersunabhängige Glücksgefühle bei reiferen Menschen entstehen können, wenn sie sich persönlich einem selbst gewählten und Freude bringenden Ruhestandsprojekt widmen. Die Hingabe an die damit zu lösenden Aufgaben führt in der Regel dazu, dass die eigenen Sorgen mehr oder weniger aus dem Bewusstsein verschwinden. Ein Zugewinn an Lebensqualität wird erfahrbar sein.

3.2 Entwicklungsstufen des reiferen Menschen

In diesem Abschnitt verdeutliche ich das Prinzip der **Generativität** und der **Integrität** von Erik H. Erikson. Diese beiden Bausteine eines psychologischen Entwicklungsmodells für den Lebenslauf des Menschen können ebenfalls eine Fundgrube für Freude bringende und sinnstiftende Ruhestandsprojekte sein.

Der Berufsausstieg kann für den Einzelnen bedeuten, dass ein Vakuum des „Nichts-mit-sich-anfangen-Könnens" entsteht (Riemann und Kleespies 2016, S. 94). Einige Betroffene beginnen dann, sich intensiv mit der Gesunderhaltung ihres Körpers zu beschäftigen, oder kreisen gedanklich fast nur noch um sich selbst.

Mit zunehmendem Alter besteht in diesem Zusammenhang die Gefahr, eine Ich-Besessenheit zu entwickeln, die nicht unbedingt zu einer freudvollen Lebensform führen wird. Im Gegenzug birgt das Älterwerden auch die Chance, eine manchmal wohltuende Ich-Vergessenheit zu kultivieren.

In Abschn. 3.1 wurden die Flow-Erfahrungen näher beschrieben, die einer Person Glück und ein positiv erlebtes Selbstvergessen bieten können, wenn sie sich auf Freude bringende Beschäftigungen wie Sport, Tanz, Musizieren oder irgendeine zielgebundene, künstlerische Betätigung einlässt.

Auch in zwischenmenschlichen Begegnungen liegt ein hohes Glückspotenzial. Wie in Abschn. 2.2 bereits erwähnt, kann ein erfülltes Leben auch bedeuten, **sich neue, innere Ziele zu setzen**, beispielsweise die Erhöhung der eigenen Liebesfähigkeit.

So gibt es auch ein Aufblühen im Alter bei einer für den Einzelnen sinnvollen Tätigkeit. Der reife Mensch kann häufig noch etwas weitergeben an die nachkommende Generation. Dies kann ebenfalls ein sinnvolles und Freude bringendes Vorhaben sein.

Bevor ich näher auf das Entwicklungsmodell von Erik H. Erikson eingehe, informiere ich die Leser zunächst über die allgemeingültigen Entwicklungsaufgaben des reiferen Menschen.

> „Entwicklungsaufgaben stellen altersnormierte Herausforderungen dar, welche sowohl durch biologische Reifungsprozesse, kulturelle Gegebenheiten, aber auch (durch) individuelle Wünsche, Ziele und Werte bedingt werden." (Lang et al. 2012, S. 131)

Es gibt Themen, die jeder Mensch in seinem jeweiligen Lebensjahrzehnt zu bewältigen hat.

„Im Bereich von 60 bis 90 Jahren dominiert das Thema Älterwerden." (Rabaioli-Fischer 2015, S. 119)

Noch genauer kann diese große Zeitspanne thematisch untergliedert werden in folgende Abschnitte:

- 60.–70. Lebensjahr: Renteneintritt und das Entwickeln von ureigenen Ruhestandsprojekten
- 70.–80. Lebensjahr: Bilanzierung des eigenen Lebens
- 80.–90. Lebensjahr: nachlassende Autonomie und die Auseinandersetzung mit dem Tod

Es handelt sich bei den Vorgaben nicht um rigide Richtwerte. Selbstverständlich beschäftigen sich auch sehr viele jüngere Menschen schon mit den Themen Renteneintritt, Lebensbilanzierung und der Auseinandersetzung mit dem eigenen Tod.

Die Lebensthemen in Jahrzehnte zu untergliedern ist nur eine Möglichkeit, eine Einordnung der zentralen Entwicklungsaufgaben des Menschen in unterschiedlichem Alter vorzunehmen. Erik H. Erikson hat (1959) in diesem Kontext ein Stufenmodell veröffentlicht, das den gesamten Lebenslauf eines Menschen in acht Evolutionsstufen unterteilt (Tab. 3.1). Dieses Modell ist in der Psychologie sehr populär und hat bisher in diesen Fachkreisen eine herausragende Beachtung gefunden.

Das epigenetische Prinzip
Unter Genese ist allgemein die Entstehung und Entwicklung zu verstehen, wobei es bei der Epigenese zu einer Weiter- und Neuentwicklung des Grundlagenplans im jeweiligen Organismus „auf (einem) komplexeren Niveau" kommt (Häcker und Stapf 1998, S. 317). Der Begriff Epigenese wurde somit abgeleitet vom grundsätzlichen Wachstumsverlauf, den alle Lebewesen mehr oder weniger normiert durchlaufen. Erik H. Erikson (1973, S. 57) legt den epigenetischen Grundsatz folgendermaßen dar:

„Dieses Prinzip läßt sich dahin verallgemeinern, daß alles, was wächst, einen Grundplan hat, dem die einzelnen Teile folgen, wobei jeder Teil eine Zeit des Übergewichts durchmacht, bis alle Teile zu einem funktionierenden Ganzen herangewachsen sind."

Wird ein Kind geboren, so gibt es ein mehr oder weniger festgelegtes Entwicklungsgesetz, wonach das Neugeborene in einem konkret umrissenen Zeitfenster bestimmte Entwicklungsschritte vollziehen wird, beispielsweise Krabbeln, Laufen und Sprechen lernen. Bei Kleinkindern wurden diese

Tab. 3.1 Phasen der psychosozialen Entwicklung von Erik H. Erikson (Maercker und Forstmeier 2013, S. 14, in Anlehnung an Lindenberger und Brandstädter 2007, mit freundlicher Genehmigung von Kohlhammer, Stuttgart)

Phase	Alter	Entwicklungsaufgabe	Abgeleitete Erinnerungsfunktionen
1	Säuglingsalter (1. Lebensjahr)	Vertrauen vs. Misstrauen	–
2	Frühe Kindheit (2.–3. Lebensjahr)	Autonomie vs. Scham und Zweifel	(Spontane Kurzzeiterinnerungen)
3	Kindheit, Spielalter (4.–5. Lebensjahr)	Initiative vs. Schuldgefühl	(Spontane Kurzzeiterinnerungen)
4	Späte Kindheit: Schulalter (6.–11./12. Lebensjahr)	Werksinn vs. Minderwertigkeitsgefühl	Beginn des Identitätsaufbaus (Vorliegen, Wer bin ich?, Bezüge)
5	Adoleszenz (11./12.–17./19. Lebensjahr)	Kohärente Identität vs. Rollenkonfusion	Intensive Identitätsausbildung (Wer bin ich?, Krisenmeisterung)
6	Junges Erwachsenenalter	Intimität und Distanzierung vs. Selbstbezogenheit	Lebensstil herausbilden (Was lief gut?, Was ist vielversprechend?)
7	Mittleres Erwachsenenalter	Generativität vs. Stagnation	Lebensstil anpassen (Problemlösungen, Ziele überprüfen)
8	Spätes Erwachsenenalter: Ältere	Integrität vs. Verzweiflung	Verlust-Gewinn-Bilanzierung

Das Entwicklungsmodell von Erik H. Erikson wurde konzipiert auf dem Gesetz der Epigenese

Schritte in den Fachbereichen der Medizin, Biologie und der Psychologie sehr genau untersucht und festgelegt.

Jede Entwicklungsphase ist nach dem Stufenmodell von Erik H. Erikson durch einen Konflikt gekennzeichnet, den jedes Individuum für sich selbst persönlich zu lösen hat (Tab. 3.1).

Das reifere Erwachsenenalter beinhaltet die Stufen sieben und acht dieses Modells, die ich im Folgenden etwas genauer erläutern werde.

Generativität gegen Stagnierung (Stufe 7)
Der Konflikt, der sich hinter diesem Spannungsfeld verbirgt, kommt z. B. in der folgenden Fragestellung zum Ausdruck: Möchte ich fortan nur noch an mich denken oder bin ich bereit, eine generative Aufgabe zu übernehmen? Mit Generativität ist gemeint, dass eine reife Person in diesem Stadium für sich die persönliche Qualität der Fürsorge und Hingabe an die Nachkommen entwickeln kann.

> „Fürsorge muss und sollte sich nicht nur auf die eigenen Kinder, sondern ebenso auf die Enkel richten, denn ältere Menschen können und sollten sich eine groß-generative Funktion bewahren." (Mietzel 2012, S. 278)

Ein generatives Verhalten muss sich nicht zwangsläufig auf die eigene Familie beschränken. Es geht in diesem Entwicklungsstadium auch darum, sich selbst für die nächste Generation verantwortlich zu fühlen.

> „Generativität kann neben der Fürsorge für eigene Kinder viele verschiedene Formen annehmen, z. B. das Verfassen von Büchern, das Anfertigen von Kunst, oder sozial- und umweltpolitisches Engagement. Zentral ist, dass nicht mehr das eigene Selbst im Mittelpunkt steht, sondern das Augenmerk anderen Menschen und der Gesellschaft als ganzes zugewendet wird. Dabei werden die individuellen Bedürfnisse nach Selbstverwirklichung in Einklang mit der Verantwortung für eine funktionierende und soziale Gesellschaft gebracht, so dass persönliche Ziele und gemeinschaftlicher Nutzen zusammentreffen." (Lang et al. 2012, S. 153)

Die daraus resultierenden Fragen an die Berufsaussteiger könnten folgende sein:

- Welche Spuren möchte ich noch legen?
- Gibt es eine persönliche Fähigkeit, ein Spezialwissen oder irgendeine besondere Begabung, die ich an die nachfolgende Generation weitergeben könnte?

Die bewusste und persönliche Hingabe an ein Leben mit einem generativen Auftrag führt zu einer höheren Zufriedenheit und zu einem gesteigerten Wohlbefinden. Eine generative Lebenseinstellung reduziert ebenfalls depressive Verstimmungen und Ängste (Lang et al. 2012, S. 154).

Ich-Integrität gegen Verzweiflung (Stufe 8)
Mit zunehmendem Alter beginnen viele reifere Menschen mit einem Lebensrückblick. Sie bilanzieren ihre gemachten Erfahrungen und stellen sich der Endlichkeit ihres eigenen Lebens. In diese persönliche Auseinandersetzung greift nach Erik H. Erikson das achte Entwicklungsstadium des Menschen.

Bei der Lebensbilanz stellen sich viele Menschen die Frage: **Wie ist mein Leben gelaufen?** Sie pendeln dabei häufig zwischen den beiden Polen, Geschehnisse gut annehmen zu können, andererseits aber auch zu Gefühlen der Verzweiflung über Ereignisse, die anders hätten laufen sollen.

Die Integrität beschreibt Erikson (1973, S. 118) als einen seelischen Zustand:

> „Er bedeutet die Annahme seines einen und einzigen Lebenszyklus und der Menschen, die in ihm notwendig da sein mußten und durch keine anderen ersetzt werden können."

Bei der Verzweiflung hingegen wird die Aufmerksamkeit auf Lebensereignisse gerichtet, die sich nicht wunschgemäß entwickelt haben (Steinfort 2010, S. 43). Daraus kann eine ablehnende Haltung gegenüber der eigenen Person bis hin zur Selbstverachtung resultieren.

Der Konflikt kann nur gelöst werden, indem eine Aussöhnung mit den beiden Polen gelingt. Wer überwiegend mit Ablehnung und Verzweiflung auf sein Leben schaut, bleibt in diesem Konflikterleben stecken. Der Idealzustand für einen reifen Menschen wäre,

> „[…] alle Facetten des Lebens in seiner Lebensgeschichte akzeptieren zu können und auf diese Weise Frieden mit sich und der Welt zu machen." (Kleinschmidt 2010, S. 126)

Das Konzept der Aintegration
Wie steht es jedoch um die Annahmefähigkeit von extrem belastenden Lebenserfahrungen? Zu nennen sind hier z. B. Foltererfahrungen im Konzentrationslager, Vergewaltigungen, Mobbing oder auch anderweitige Arten von Terror- und Gewalterfahrungen, die diese Menschen den Rest ihres Lebens emotional tief beeinträchtigen können. Ist es überhaupt möglich und auch realistisch, bei solchen schweren traumatischen Ereignissen von einer wachsenden Akzeptanz bei den Betreffenden auszugehen?

Der israelische Psychologe Jacob Lomranz entwickelte in dem Zusammenhang das Konzept der Aintegration. Er hält die Ansicht, alle Lebensereignisse akzeptieren zu können, für naiv und unrealistisch.

> „Lomranz plädiert für die Anerkennung – und therapeutische Nutzung – der menschlichen Leidensfähigkeit aus der Erkenntnis heraus, ‚dass der Mensch mit Dissonanzen, Inkohärenz und sogar mit schwerem Trauma leben kann, ohne dauerhaften, lähmenden Leiden ausgesetzt zu sein'." (Maercker und Forstmeier 2013, S. 17, unter Bezug auf Lomranz 2011, S. 240)

Zu manchen Lebensereignissen erfahren die Personen am Lebensende nur eine seelische Beruhigung, indem man ihnen ein hohes Maß an Hochachtung für die erlittenen seelischen Wunden entgegenbringt, die sie im Laufe ihrer Biografie ertragen haben. Die Bewunderung dafür, was Menschen auch aushalten und überleben können, ist in dem Zusammenhang viel naheliegender, als von einer allumfassenden Akzeptanz jedes biografischen Ereignisses zu sprechen.

Die Altersforscher Paul und Margret Baltes (1989, S. 87) beziehen sich ebenfalls auf das Entwicklungsmodell von Erik H. Erikson und postulieren, dass die zentralen Herausforderungen der Menschen im vorgerückten Alter die Entwicklung von Generativität und Weisheit sind.

Neben dem Wahrnehmen und Erleben eines inneren Friedens im reiferen Alter kann es genauso gut ein erstrebenswertes Ziel für manche Berufsaussteiger sein, etwas von ihren lebenslang erworbenen Fähigkeiten an die nächste Generation weiterzugeben oder sich auf andere Art persönlich für andere Menschen einzusetzen.

Mit der Darlegung des Entwicklungsmodells von Erik H. Erikson soll allerdings kein Dogma vermittelt werden. Jeder Mensch ist einzigartig und lebt in einer höchst individuellen Lebenssituation. Eine generative Aufgabe zu verfolgen, kann sich für eine Person stimmig und richtig anfühlen. Jemand anderes fühlt sich aber zu anderen Lebensinhalten hingezogen. Etwas an die nachfolgende Generation weiterzugeben, kann eine Freude bringende Aufgabe sein, muss es aber nicht.

Entscheidend für die individuelle Lebensausrichtung sind die **Bedürfnisse** eines Menschen. Wenn der Wunsch nach einem generativen Projekt in einem reifen Menschen nicht da ist, hat das auch seine Richtigkeit.

3.3 Lebensrückblick und Perspektivenentwicklung für den dritten Lebensabschnitt

In diesem Abschnitt geht es konkret um den Lebenslauf eines Berufsaussteigers. Der Eintritt in den Ruhestand ist ein sehr geeigneter Zeitpunkt, um sich grundlegend Gedanken darüber zu machen, wie der eigene Werdegang verlaufen ist und welche Perspektiven sich daraus für die nachberufliche Lebensphase ergeben.

Das Durchleuchten der eigenen Lebensgeschichte, die sogenannte **Biografiearbeit**, kann als eine Schlüsselfunktion gesehen werden, um hieraus Ruhestandsprojekte zu finden. **"Wo komme ich her? Und wo möchte ich noch hin?"** Daneben kann es beim Lebensrückblick auch darum gehen, bislang nicht verarbeitete Lebensereignisse innerlich noch einmal ausführlich zu thematisieren, um die Geschehnisse für sich persönlich bereinigen zu können. Frieden im Alter zu erleben, ist häufig das Resultat eines tiefgründigen Aussöhnungsprozesses mit den höchst individuellen Konstellationen, in denen sich Menschen im Laufe ihres Lebens bewegt haben. Entscheidend für das persönliche Wohlbefinden ist hierbei die Würdigung und der Respekt gegenüber dem Vergangenen.

Aufbauend auf den vorherigen Abschnitt dieses Kapitels vertiefe ich jetzt eine der Entwicklungsaufgaben des reiferen Menschen: die persönliche Aussöhnung mit der eigenen Lebensgeschichte (Integrität gegen Verzweiflung). Die sorgfältige Durchleuchtung des Lebenslaufs eines reiferen Menschen bildet eine Grundlage für die darauf aufbauende Perspektivenentwicklung für den dritten Lebensabschnitt.

Gute Gründe für eine Biografiearbeit
Welche Vorteile hat es, wenn sich eine reifere Person mit der eigenen Biografie noch einmal genauer befasst?
In der Reminiszenztherapie (lateinisch „reminisci" = „sich erinnern") geht man davon aus, dass eine Aussöhnung mit der Vergangenheit leichter geschehen kann, wenn sich eine Person bewusst mit dem eigenen Werdegang auseinandergesetzt hat (Hautzinger 2000, S. 47).

Doubrawa (2011, S. 61) vertritt in diesem Zusammenhang die Auffassung, dass der Blick auf die persönliche Vergangenheit die eigene Identität des reiferen Menschen stärken und stützen kann. Außerdem kann die Biografiearbeit zu einer Angst- und Depressionsreduzierung bei den Betreffenden führen (Maercker und Forstmeier 2013, S. 79, 95).

In der Retrospektive auf die einzelnen Lebensstadien kann der Berufsaussteiger etwas über sich selbst in Erfahrung bringen. Dadurch lernt er sich selbst tiefer kennen und entwickelt ein besseres Verständnis für sich und seine Handlungen. Rückblickend kann er vielleicht sehen, warum er sich in bestimmten entscheidungsrelevanten Situationen so und nicht anders verhalten hat.

Die immer einzigartige Biografie eines jeden Menschen ist somit eine Fundgrube mit wichtigen Informationen – sein persönlicher Erfahrungsschatz. Als Ergebnis der persönlichen Selbsterkundung kann der Berufsaussteiger für sich Antworten zu folgenden Fragen entwickeln:

3 Perspektivenentwicklung – Themen der persönlichen Selbsterkundung

- Wer bin ich?
- Wie wurde ich sozialisiert?
- Welche Schlüsselereignisse haben mein Leben grundlegend geprägt?
- Wie sahen die Höhepunkte meines bisherigen Lebens aus?
- Gibt es ein Thema, das sich wie ein roter Faden durch mein Leben zieht?
- Welche Schwachpunkte erkenne ich in meiner Vergangenheit?
- Was macht die Besonderheit meiner Charakterstruktur aus? Was ist so richtig typisch für mich?
- Wo liegen meine tiefsten Bedürfnisse?

Dabei können sowohl erfreuliche als auch unangenehme Erkenntnisse zum Vorschein kommen.

Der persönliche Nutzen aus der Vergangenheitsanalyse
Die bisherige Vorgeschichte des persönlichen Lebens ist zwar längst vorbei, dennoch ist sie heute noch in jedem reiferen Menschen wirksam. So kann das Durchleuchten der Biografie eine konkrete Auskunft über folgende Aspekte geben:

- Welche Bewältigungsstrategien in schwierigen Situationen haben früher bei mir immer wieder funktioniert?
- Worauf kann ich heute in vergleichbar herausfordernden Situationen erneut zurückgreifen?

Die Retrospektive ermöglicht somit auch eine Bestandsaufnahme der eigenen Strategien, die für die Zukunft von Nutzen sein können.
Auch neue persönliche Ziele können aus einer Retrospektive gewonnen werden. So kann in diesem Zusammenhang die folgende Frage gestellt werden:

- Gibt es eine neue persönliche Entwicklungsaufgabe, die ich mir selbst aus diesen gewonnenen Erkenntnissen für die Zukunft stellen möchte?

Wer sich beispielsweise lebenslang übermäßig viele Sorgen gemacht hat, könnte sich das persönliche Ziel setzen, die zukünftigen Geschehnisse mit mehr Leichtigkeit und Gelassenheit wahrzunehmen. Die eigene Lebensgeschichte bildet eine wertvolle Ressource, auf die der Mensch immer wieder zurückgreifen kann.

Der Berufsaussteiger kann dann – wie mit einem klar ausgerichteten Kompass – seine nächsten Lebensschritte entschiedener planen, indem er mit Gewissheit von sich selbst sagen kann: „Diese Freizeitaktivität passt zu mir." Oder: „Das ist nicht meins."

Zeitvergeudung oder ein Experimentieren mit unsinnigen Projekten fallen dann oft weg, weil einem derart bewussten Menschen sehr klar ist, wie er seine verbleibende Restlebenszeit noch verbringen möchte.

Erinnern braucht Zeit und Mußestunden
Der Rückblick ist ein psychischer Vorgang, der den Einzelnen oft zur Reduzierung seines alltäglichen Aktivitätsniveaus bringt.

Ich kann den Leser nur eindringlich dazu ermutigen, sich bei der eigenen Biografieerkundung viel Zeit und viele Mußestunden einzuräumen. Nur wer sich in Ruhe mit seinen Erinnerungen beschäftigt, erfährt bei dem Innehalten

> „[…] das Vordringen in persönliche Bereiche, (das Erschließen der vielleicht lange verdrängten) Gefühls- und Phantasiewelten, die ansonsten verschlossen blieben. Dadurch können sich kreative Potentiale entfalten, die Selbstfindung gefördert werden und ein authentisches, integriertes Leben im Alter gelingen […]." (Doubrawa 2011, S. 62)

Im Gegenzug dazu führt eine Beschleunigung der Aktivitätenfrequenz im Ruhestand zu einem Verdrängungsprozess, der die Erinnerungen an die eigene Vergangenheit im Bewusstsein verblassen lässt. Die persönliche Rückschau braucht somit einen eigenen inneren Entstehungsraum, damit sich die vergangenen Geschehnisse im Inneren entfalten können. Das Alter bietet jedem die Chance, sich die **Vorzüge der Langsamkeit** und der positiv gemeinten Selbstbegrenzung als lohnenswerte Selbsterfahrung vor Augen zu führen (Doubrawa 2011, S. 61).

3.3.1 Selbstreflexion der eigenen Berufsbiografie

Der Lebensrückblick ist ein großes Betätigungsfeld, in dem sich jeder den unterschiedlichsten Aspekten des eigenen Lebens widmen kann. Beispielsweise kann sich der Lebenserfahrene die eigene Herkunftsfamilie, die zwischenmenschlichen Begegnungen im Freundeskreis, die Höhepunkte, aber auch Traumatisches persönlich anschauen.

In Anbetracht der Fülle an Möglichkeiten, die diese Auseinandersetzung mit sich bringen kann, sehe ich mich an dieser Stelle gezwungen, eine Themenbegrenzung durchzuführen. Da dieses Buch die Übergangsphase von der Erwerbstätigkeit in den Ruhestand behandelt, setze ich als Erstes den Schwerpunkt, das persönliche Arbeitsleben des Berufsaussteigers zu bilanzieren.

> **Analyse der ureigenen Berufsbiografie**
>
> Jede Person gelangt aus unterschiedlichen Erfahrungshintergründen zu ihrer beruflichen Aufgabe. Bei der Durchleuchtung der Berufsbiografie stellen sich somit die folgenden Fragen:
>
> - Wie kam ich zu meinem Beruf?
> - Welche biografischen Einflüsse spielten dabei eine entscheidende Rolle?
> - Welche Ziele habe ich mir zu Beginn meiner Berufslaufbahn gesetzt?
>
> Durch folgende Leitfragen lässt sich das Arbeitsleben eines Berufsaussteigers grundlegend bilanzieren:
>
> - Mit welcher Motivation übte ich meinen Beruf aus?
> - Hat mir meine Arbeit Spaß gemacht? Oder war sie überwiegend ein Mittel zum Zweck, um mir meinen jetzigen Lebensstandard zu finanzieren?
> - Wie beurteile ich die einzelnen Geschehnisse im Laufe meines beruflichen Werdegangs?
> - Was ist leider nicht so gut gelaufen?
> - Wie habe ich die möglichen Misserfolge verkraftet?
> - Fand ein Berufswechsel im Laufe meiner Biografie statt? Wenn ja, wie ist das für mich persönlich gewesen?
> - Gab es irgendwelche Höhepunkte in meiner Berufslaufbahn?
> - Worauf bin ich besonders stolz?
> - Für welche erworbenen Fähigkeiten und Kenntnisse bin ich heute sehr dankbar?

Wichtig ist es, im Blick zu behalten, dass ein gelebtes Leben so gut wie immer ein Nebeneinander von erfreulichen, aber auch von schwierigen biografischen Ereignissen enthält. Um zu einem friedvollen Abschluss der eigenen Berufsbiografie zu kommen, ist es in der Gesamtschau wichtig, eine versöhnliche innere Einstellung zu der folgenden Frage zu entwickeln:

- Kann ich meine persönlich erbrachte Lebensleistung im Arbeitsleben vor mir selbst anerkennen und auch wertschätzen?

Die Würdigung der Berufsbiografie bildet eine wesentliche Grundlage für eine positive Neuausrichtung des eigenen Lebens in der nachberuflichen Phase. Eine erstrebenswerte innere Positionierung könnte sich beispielsweise wie folgt äußern: „Ich nehme in Dankbarkeit die erworbenen Kenntnisse meines Arbeitslebens in meine unmittelbare Zukunft mit und ich freue mich über die Befreiung von den belastenden Aspekten meiner vergangenen Berufstätigkeit."

Vorsicht vor einer übersteigerten negativen Sicht auf das eigene Arbeitsleben
Wer sich jedoch immer wieder die unangenehmen Geschehnisse seiner Berufslaufbahn vor Augen führt, für den besteht die Gefahr, innerlich an dem erlebten Misserfolg festzuhalten, und er verbaut sich selbst damit die Chance, auf eine positiv gestaltbare Zukunft zu schauen.

An dieser Stelle ist es wichtig zu betonen, dass jeder Mensch seine persönlichen Lebensschritte nach bestem Wissen und Gewissen geht. Niemand ist perfekt und fehlerfrei!

Falls der Lebensweg – subjektiv gedeutet – gravierende Fehlschritte aufweisen sollte, so gab es bestimmt wichtige Gründe, die einen Menschen zu diesen Entscheidungen bewegt haben. Für den eigenen Kräftehaushalt ist es von großer Bedeutung, dass ein Mensch sich selbst seine rückblickend ungünstigen Vorgehensweisen in seiner Lebensgeschichte möglichst verzeihen kann.

Wer längerfristig mit den einzelnen Entscheidungen seines Arbeitsleben hadert, dem steht auch die Möglichkeit offen, in einem Gespräch mit einem vertrauenswürdigen Menschen noch einmal über die konkreten Geschehnisse zu sprechen. Auch eine Psychotherapie kann hilfreich sein, wenn der Lebensrückblick auf noch unverarbeitete biografische Lebensereignisse hinweist.

Um das Arbeitsleben verabschieden zu können, bietet es sich auch an, mit den Kollegen und Weggefährten dieser Lebensphase ein Fest zu feiern. In einem für Sie angemessenen und stimmigen Rahmen können Sie der zu verabschiedenden Lebensepoche – mit allen Ihren persönlichen Erfolgserlebnissen – noch einmal die Ehre und Würdigung erweisen, um sich danach voll und ganz dem neuen Lebensabschnitt zu widmen. Wer von betrieblicher Seite kein solches Fest ausgerichtet bekommt, der kann sich dies auch im privaten Rahmen einrichten und gestalten.

Wie ein Mensch diesen biografisch bedeutsamen Schritt begeht, ist seine höchst persönliche Angelegenheit. Vielleicht gibt es für Sie andere schöne Rituale, die sich stimmig anfühlen. Beispielsweise kann auch eine Urlaubsreise eine Art Belohnung für die erbrachten Mühen des Arbeitslebens sein.

Erkundung der früher bereits entwickelten Interessensgebiete und Hobbys
Dieser Abschnitt behandelt neben der Bilanzierung des persönlichen Arbeitslebens auch die Perspektivenentwicklung für den zukünftigen neuen

3 Perspektivenentwicklung – Themen der persönlichen Selbsterkundung

Lebensabschnitt. Um geeignete Freizeitaktivitäten für die Nacherwerbsphase zu finden, geht es im nächsten Schritt darum, frühere persönliche Interessensgebiete zu beleuchten.

Nach Mietzel (2012, S. 457) haben die persönlich ausgewählten Freizeitaktivitäten und Interessensgebiete eines Menschen ihren Ursprung oft in der Kindheit. Frühkindliche Neigungen zeigen deutlich auf, welche Bedürfnisse und Sehnsüchte in der jeweiligen Persönlichkeit am stärksten ausgeprägt sind. Ein Kind greift nach dem, wonach sein Innerstes verlangt. Kinder verhalten sich noch sehr stark lustorientiert. So lassen sich auch tiefer gehende Selbsterkenntnisse aus der Rückschau in die frühe Kindheit gewinnen. Welche stark ausgeprägten Bedürfnisse und Sehnsüchte haben mich schon früher zur Auswahl entsprechender Freizeitaktivitäten animiert?

Um also ein erfülltes Dasein in der nachberufliche Lebensphase erleben zu können, ist es wichtig, dass sich der Berufsaussteiger über seine persönlichen Interessen und Vorlieben im Klaren ist. Hierzu kann ebenfalls die eigene Lebensgeschichte unter die Lupe genommen werden. Maercker und Forstmeier (2013, S. 32 ff.) listen in ihrem Buch über den Lebensrückblick folgende Orientierungsfragen auf, die einen Hinweis darüber geben können, welche vormals entwickelten Begabungen, Interessensgebiete und speziellen Liebhabereien bereits früher vorhanden waren.

> **Orientierungsfragen zur Perspektivenentwicklung nach dem Berufsausstieg (nach Maercker und Forstmeier 2013, S. 32 ff.)**
> - **Kindheit:**
>   - Welche Spiele oder Spielzeuge mochten Sie als Kind besonders gerne?
>   - Haben Sie irgendetwas gesammelt? Briefmarken? Münzen? Muscheln?
>   - Haben Sie ein Musikinstrument gespielt? Wie war das für Sie gewesen?
>   - An welche positiven Schlüsselszenen erinnern Sie sich besonders gerne?
>   - Was hat Sie als kleines Kind immer wieder amüsiert?
> - **Jugend und junges Erwachsenenalter:**
>   - Was haben Sie in Ihrer Jugend oder als junger Erwachsener besonders gerne gemacht?
>   - An welche Bücher, Filme, Musik oder Theaterstücke können Sie sich besonders erinnern?
>   - Hatten Sie eine Leidenschaft für Bastel-, Hand- oder Gartenarbeiten?
>   - Gab es Sportarten, die für Sie besonders wichtig waren?
>   - Haben Sie während Ihrer Jugendjahre ein besonderes Talent an sich entdeckt?
>   - Was für Träume und Ambitionen hatten Sie für Ihr Leben?

Studieren Sie zu den aufgeworfenen Fragen vielleicht ein paar Fotos aus dieser Zeit. Vielleicht entdecken Sie ja Aktivitäten oder spezielle persönliche

Interessensgebiete, an die Sie sich seit Ewigkeiten nicht mehr erinnert haben. Auch Gespräche mit früheren Freunden, mit denen Sie damals viel Zeit verbracht haben, können einen Aufschluss darüber liefern, was Sie persönlich in Ihrem jungen Leben begeistert hat.

3.3.2 Bedürfnisorientierung als ein Schlüssel zum persönlichen Glück

Der tiefer gehende Blick auf die früheren herausragenden Ereignisse in der Biografie gibt eine konkrete Auskunft darüber, welche stark ausgeprägten Bedürfnisse nach einer Erfüllung verlangen.

Ein Leben, in dem ein Großteil der persönlichen Wünsche gestillt ist, führt zu einer gesteigerten Lebenszufriedenheit. Im Folgenden zeige ich anhand eines Beispiels aus meiner Praxis einen Weg auf, wie jemand durch das Erkunden seiner persönlichen Interessengebiete seine zugrunde liegenden Bedürfnisse erschließen kann.

Fallbeispiel: Beate K. und ihre Liebe zum Tanzen
Eine Klientin von mir, Beate K. (61 Jahre), berichtete in einer Sitzung, dass es ihr große Freude bereitet, Gesellschaftstänze zu tanzen. Im nächsten Schritt fragte ich sie, warum es ihr denn so große Freude bereitet, in Gesellschaft zu tanzen. Welche Bedürfnisse werden bei dieser Freizeitaktivität gestillt?

Sie gab folgende Gesichtspunkte als Antwort:

- Es ist eine Aktivität, bei der das Bedürfnis nach netter Gesellschaft seine Erfüllung erfährt.
- Die Bewegung zur Musik unterstützt die Gesunderhaltung ihres Körpers. Sämtliche Organe und Muskeln werden dadurch sanft trainiert. Der Körperkontakt beruhigt und nährt ebenfalls ihr Gemüt.
- Der Austausch mit den anderen Mitmenschen lenkt sie auf konstruktive Art und Weise von den schwierigen Inhalten ihres sonstigen Lebens ab. Beispielsweise kann sie am Tod ihres geliebten Freundes Michael leider persönlich nichts ändern. Die situativen Umstände fordern sie persönlich heraus, einen konstruktiven Weg zu finden, um mit diesem schweren Verlust klarzukommen.

3 Perspektivenentwicklung – Themen der persönlichen Selbsterkundung   77

- Die Erfahrung, neue Tanzschritte zu lernen und somit einen Kompetenzzuwachs für sich selbst zu erleben, erfreut Beate K. ebenfalls.
- Sich schön und festlich zu kleiden, gibt ihrem Alltag auch noch eine feierliche Note.
- Der Gesellschaftstanz ist für sie eine wunderbare Ausgleichserfahrung gegenüber der manchmal auftretenden häuslichen Einsamkeitserfahrung.

Aus den aufgelisteten Argumenten konnten wir im nächsten Schritt ihre zugrunde liegenden Bedürfnisse bzw. Herzenswünsche noch konkreter ausformulieren:

- Wunsch nach Geselligkeit, Bewegung und Körperkontakt
- Gesunderhaltung ihres Körpers
- Konstruktive Ablenkung von leidvollen Lebensinhalten
- Persönliche Kompetenzerweiterung durch das Lernen neuer Schrittfolgen in Tanzkursen
- Freude am Feiern, an Festlichkeit

Alle diese aufgeführten Bedürfnisse – und noch weitere unbenannte – werden mit dem Gesellschaftstanz bei Beate K. erfüllt.

In einer netten Gemeinschaft tanzen zu können, ist für diese Klientin der Inbegriff an persönlicher Lebensqualität und somit das Ruhestandsprojekt mit der höchsten Priorität in ihrem nachberuflichen Leben.

Wenn eine Person in der dargestellten Weise mehrere Interessensgebiete ihres Lebens nach den zugrunde liegenden Bedürfnissen erkundet, können beim Vergleich der aufgeführten Aktivitäten die Hauptbedürfnisse einer Person ermittelt werden. Diese geben dann eine Auskunft darüber, welche Ruhestandsprojekte passend sein könnten.

3.3.3 Perspektivenentwicklung für die dritte Lebensphase

Nach der persönlichen Erkundung der Hauptbedürfnisse der Berufsaussteiger kann im nächsten Schritt eine Perspektivenentwicklung stattfinden. Es gilt in dem Zusammenhang Folgendes zu betrachten:

- Welche Ruhestandsaktivitäten könnten für mich förderlich sein?
- Welche von diesen Interessensgebieten sind vereinbar mit meiner körperlichen Fitness oder mit den bei mir eventuell bestehenden gesundheitlichen Beeinträchtigungen?

Bedürfnisbündelungen erhöhen die Zufriedenheit

Angenommen, eine Person listet unterschiedliche Aktivitäten auf, die sie einerseits liebt und schätzt, die aber anscheinend nichts miteinander zu tun haben.

Beispielsweise freut sich der Klient Daniel W. (58 Jahre) immer wieder über folgende Freizeitaktivitäten:

- Eine genussvolle Mahlzeit einzunehmen: Es ist für ihn ein sinnliches Erlebnis und beschert ihm ein Gefühl der Zufriedenheit.
- Die Besichtigung schöner architektonischer Gebäude und die Beschäftigung mit deren historischen Hintergründen: Die Studie und der Anblick von imposanten Bauwerken sind für ihn eine wunderbare Form der persönlichen Weiterbildung und ebenso eine ästhetische Erfahrung, die seine persönliche Stimmungslage hebt.
- Das Skatspielen mit netten Freunden: Hierbei schätzt er die nette und unkomplizierte Geselligkeit beim Spiel.

Wie könnte eine Freizeitaktivität aussehen, mit der sich alle diese Erfahrungen verbinden lassen? Gibt es vielleicht eine Freizeitaktivität, in der alle diese Komponenten eine tragende Rolle spielen? Eine passende Freizeitaktivität hierzu könnte sein: Der Besuch eines Kochkursus mit historisch interessierten Teilnehmern und netten Freunden, der in einem schönen räumlichen Ambiente stattfindet und durch ein Skatspiel beendet wird. Die persönlichen Vorlieben nach historischer Weiterbildung, interessanter Gesellschaft, genussvollen Mahlzeiten und Ästhetik würden in dieser einen Aktivität ihre Befriedigung erleben.

In Anbetracht des in Abschn. 2.2.2 aufgeführten SOK-Modells von Baltes und Baltes sind Bedürfnisbündelungen gerade beim reiferen Menschen sinnvoll, weil es hierbei um die Aufrechterhaltung der persönlichen Lebensqualität geht.

Gerade die Optimierung der Freizeitaktivitäten im Alltag der Berufsaussteiger sind eine richtungsweisende Antwort darauf, was zu tun ist, um den nachlassenden persönlichen Kräftehaushalt zu berücksichtigen bzw. diesem gerecht zu werden. Eine Selektion und Verbesserung der noch zu verfolgenden Freizeitaktivitäten ist hierbei oft von entscheidender Bedeutung. Dieser Prozess erhöht einerseits das Zufriedenheitsgefühl bei den ausgewählten Aktivitäten und stärkt andererseits den Kräfteerhalt.

Dabei gilt es ebenfalls zu bedenken, dass eine sehr aktionsreiche Lebensgestaltung zu einem Alltag mit neuen Stressfaktoren führen kann, wenn der Terminkalender mit zu vielen verschiedenen Freizeitaktivitäten ausgefüllt ist, die nur einzelne Bedürfnisse einer Person befriedigen. Viele kennen das Bild vom aktiven Ruheständler, der nunmehr weniger Zeit zur Verfügung übrig hat als während der Erwerbstätigkeit. Dies mag zunächst noch funktionieren, allerdings wird die Kraft im zunehmenden Alter unweigerlich nachlassen.

Hierarchie der Bedürfnisse beim Menschen
An dieser Stelle komme ich noch einmal auf die **Bedürfnispyramide von Abraham Maslow** zurück. Dieses Stufenmodell der Bedürfnisse wurde bereits in Kap. 1 kurz erwähnt.

Wenn es darum geht, das eigene Leben weitestgehend zufriedenstellend zu gestalten, kann die Rangfolge der Bedürfnisse in Abb. 3.1 den Berufsaussteigern eine Orientierung darüber geben, welche menschlichen Herzenswünsche gestillt werden sollten, damit man von einer Grundzufriedenheit im eigenen Leben ausgehen kann.

Abraham Maslow (1977, S. 125 f.) legt dar, dass die Menschen, die einen hohen Grad ihrer Bedürfnisse nach der dargestellten Pyramide für sich realisieren können, zu den selbstverwirklichten Persönlichkeiten zählen. Sie zeichnen sich aus durch eine ausgeprägte Gelassenheit und eine starke innere Ruhe.

Abb. 3.1 Bedürfnispyramide nach Abraham Maslow. (Aus: Rabaioli-Fischer 2015, S. 117, mit freundlicher Genehmigung von Hogrefe, Göttingen)

Bei der Neuausrichtung des eigenen Lebens in der Nacherwerbsphase kann die Analyse der herausragenden biografischen Ereignisse und der darin enthaltenen Bedürfnisstrukturen eines Menschen folgende Fragen beantworten:

- Wer bin ich?
- Was macht mich glücklich?
- Wie sieht für mich die optimale Lebensgestaltung für meinen dritten Lebensabschnitt aus?

Beispielsweise trägt ein Fußballbegeisterter das Verlangen in sich, sich in seiner Freizeit mit den Ergebnissen der aktuellen Bundesligaspiele zu beschäftigen. Oder eine andere Person liebt es, sich mit Bastelarbeiten zu beschäftigen, und freut sich darüber, schöne Kunstgegenstände aus edlen Materialien wie Holz, Metall oder aus Edelsteinen herstellen zu können.

Die Autorin Kleinschmitt (2010, S. 189) legt dar, dass es drei Wege zur Zufriedenheit und Lebensfreude gibt. Es sind

1. das Genusserleben,
2. die Sinnsuche und
3. das Streben des Menschen danach, sein eigenes persönliches Potenzial in einem engagierten Leben zu verwirklichen.

Die **Hingabe an irgendeine Aufgabe** gilt der Autorin zufolge als die am meisten zur Zufriedenheit führende Daseinsform, und zwar in nahezu allen Ländern der Erde (Kleinschmitt 2010, S. 189).

Die Psychologin Stefanie Stahl (2015, S. 174) schreibt hierzu:

> Genuss, Sinnesfreuden können ein kurzfristiges Hochgefühl in uns auslösen, während die ‚richtige Lebensweise' zu einer ruhigeren, dafür aber beständigeren Form des Glücks führt.

Ein engagiertes Leben zu führen, d. h., sich selbst mit einem hohen Maß an persönlicher Aufmerksamkeit einem ganz konkreten Projekt zu widmen, gilt als eine der verlässlichsten Glücksquellen im Leben eines Menschen.

Die Sinnsuche nach Viktor E. Frankl

Der Begründer der Logotherapie und der Existenzanalyse ist der österreichische Neurologe und Psychiater Viktor E. Frankl. „Logo-" leitet sich ab aus dem Griechischen von „logos", das mit dem Begriff „Sinn" übersetzt werden kann (nicht mit „Wort" wie in der Logopädie).

3 Perspektivenentwicklung – Themen der persönlichen Selbsterkundung

Frankl geht von der Annahme aus, dass der Mensch – existenziell gesehen – auf ein Sinnerleben in seinem ureigenen Leben ausgerichtet ist. Ein nicht zuschreibbarer Lebenssinn im eigenen Dasein kann zu psychischen Krankheiten führen.

> „Ob er es will oder nicht, ob er es wahrhat oder nicht – der Mensch glaubt an einen Sinn, solange er atmet." (Frankl 1991, S. 118)

Die Sinnfindung ist dabei gerichtet

> „[...] auf jene Werte, die jeder einzelne Mensch in der Einmaligkeit seiner Existenz und Einzigartigkeit seines Schicksalsraumes zu verwirklichen hat." (Frankl 1998, S. 17)

Es gibt seiner Meinung nach keinen allgemeingültigen Lebenssinn, den man Menschen in einem bestimmten Alter zuschreiben könnte.

> „So hat aber auch jeder Mensch in allen Lebenslagen einen jeweils einmaligen und einzigartigen Weg vorgezeichnet, auf dem er zur Verwirklichung der eigensten Möglichkeiten gelangen kann." (Frankl 1987, S. 92)

Frankl ermutigt einerseits die Menschen bei ihrer Sinnsuche danach zu schauen, welche Lebensfragen in ihrem ureigenen Dasein an sie persönlich gestellt werden. Der Beantwortung dieser Fragen kann manchmal eine Aufforderung an den jeweiligen Menschen entnommen werden. Diese Antwort kann sozusagen eine gewisse Vorgabe für die zu erfüllende Aufgabe im Leben des Betreffenden enthalten (Frankl 1987, S. 96). Wenn jemand beispielsweise eine schwere Krankheit wie Multiple Sklerose bekommt, so zwingt diese Krankheit diesen Menschen praktisch dazu, sich mit den damit verbundenen Veränderungen im ureigenen Leben auseinanderzusetzen. Die konstruktive Bewältigung dieser Krankheit gibt dieser Person zumindest einen offensichtlichen Sinninhalt und eine Aufgabe für ihr aktuelles Dasein.

Andererseits richtet sich in der Logotherapie auch ein Appell an die Sinnsuchenden, ihren Begabungen und persönlichen Neigungen entsprechend zu leben, denn die Verwirklichung der ureigensten Talente führt ebenfalls zu einem erfüllten Dasein des Menschen.

Beispielsweise ist die Klientin Andrea P. (66 Jahre) sehr begabt in der Schneiderei von hübschen Puppenkleidern, die sie an den Wochenenden auf Kunsthandwerkermärkten den Passanten anbietet. Diese kreative

Beschäftigung macht sie im persönlichen Alltag sehr glücklich und sie erfährt noch ein zusätzliches Glücksgefühl, wenn sie anderen mit ihren Kunstwerken zu einer Freude verhelfen kann. Außerdem bessert sich die Klientin mit ihren Handarbeiten ihr niedriges Renteneinkommen etwas auf.

Menschen, die sich einer sinnvollen Aufgabe gegenüber verpflichten und ihre persönliche Kraft in diesem Tätigkeitsfeld einsetzen, erleben häufig eine Ich-Stärkung. So werden diese mit der **Übernahme der Verantwortung für eine klar umgrenzte Aufgabe** noch robuster gegenüber den normalen Schwierigkeiten des Lebens.

Die Leitfragen zur persönlichen Sinnsuche im eigenen Leben könnten folgendermaßen lauten:

- Gibt es für Ihre zukünftige Rentenzeit vielleicht eine Aufgabe, die Ihnen auf den Leib bzw. auf die Seele zugeschrieben ist?
- Oder interessieren Sie sich vielleicht für bestimmte gesellschaftliche Aufgabengebiete, in denen Sie sich engagieren wollen?

Außerdem besteht die Möglichkeit, dass der Berufsaussteiger sein Leben nach seinen **Begabungen** hin durchleuchtet:

- Was kann ich besonders gut?
- Welche besonderen Fähigkeiten und Kenntnisse besitze ich, die ich vielleicht ausbauen und vertiefen möchte?
- Gibt es etwas, was ich an die Gemeinschaft meiner Mitmenschen weitergeben möchte?

Gesundheitsfördernde Rahmenbedingungen nach Nigg und Steidl

Für eine günstige Beeinflussung des Alterungsprozesses empfehlen die Autoren Nigg und Steidl (2005, S. 46 ff.), ebenfalls die folgenden fünf Grundbausteine bei der Alltagsgestaltung zu berücksichtigen:

1. Ernährung Zur Nahrungsauswahl einer Person gilt der bekannte Volksspruch: „Der Mensch ist, was er isst!" Nigg und Steidl (2005, S. 46) bringen es wie folgt auf den Punkt:

> „Unsere Nahrung, die wir täglich zu uns nehmen, beeinflusst unsere Gesundheit und Aktivität, unsere Abwehr und die Alterungsprozesse."

3 Perspektivenentwicklung – Themen der persönlichen Selbsterkundung

Erstrebenswert ist eine gesunde, hochwertige und schadstoffarme Ernährung. Sie sollte fettarm, leicht verdaulich und mit einem ausgewogenen Anteil an Vitaminen, Mineralien und Spurenelementen versehen sein.

2. Körperliche Aktivität Organe, die nicht gebraucht werden, altern schneller und erkranken. Ein regelmäßiges körperliches Training erhöht die Wahrscheinlichkeit, ein Altern in Gesundheit, Leistungsfähigkeit und Freude zu erleben. Dabei kann ein Mensch mit Ausdauersport wie Wandern, Nordic Walking, Radfahren, Schwimmen oder Joggen gezielt den Organismus trainieren. Es ist wissenschaftlich vielfach belegt worden, dass ein Ausdauertraining, welches regelmäßig zwei- bis dreimal in der Woche verfolgt wird, sogar leichte bis mittelschwere Depressionen verbessern kann.

3. Verfolgung von geistigen Projekten Neben der körperlichen Aktivität ist die geistige Beschäftigung ebenfalls sehr wichtig. Die geistigen Projekte sollten dabei positive und aufbauende Gedankengänge beinhalten.

4. Soziale Integration und Vernetzung Geistige Herausforderungen oder Projekte bringen den Menschen häufig in Kontakt mit einem sozialen Netz an Gleichgesinnten. Diese Integration in eine Gemeinschaft ist für das emotionale Wohlbefinden des Einzelnen von hohem Wert.

So kann die Situation ähnlich sein wie zu Zeiten des Berufslebens, in dem eine Person im regen Austausch mit den Kollegen stand, nur dass dieser Personenkreis jetzt auf einer freiwilligen Basis besteht. Nigg und Steidl (2005, S. 47) legen dar:

> „Die Art und Weise sowie der Umfang des Eingebundenseins in der Gesellschaft haben einen wesentlichen Einfluss auf die psychische Situation und erfolgreiches Altern insgesamt."

Sozial gut vernetzt zu sein, bildet somit eine weitere Voraussetzung für ein zufriedenstellendes Altern.

5. Persönliche Lebenseinstellung und Verarbeitungsmuster Wie bereits in Abschn. 2.2 bei der Veranschaulichung des transaktionalen Stressbewältigungsmodells von Richard Lazarus gezeigt wurde, bestimmen die persönliche Situationsbeurteilung einer Person sowie ihre daraufhin ausgewählten Handlungen, wie sie sich mit den jeweiligen Lebensumständen fühlt. In den kommenden Kapiteln werde ich noch näher auf die – subjektiv erlebte – innere Selbstbegegnung eingehen.

Gedanken über den Tod

Bei der Perspektivenentwicklung für den letzten Lebensabschnitt eines Menschen möchte ich abschließend auch noch auf das Lebensende zu sprechen kommen. In Anbetracht der Tatsache, dass jedes Leben endlich ist, können folgende Fragen bedeutungsvolle Ideen ins Bewusstsein bringen (Kindermann et al. 2013, S. 114 f.):

- Wie viel Zeit glaube ich, steht mir vielleicht noch zur Verfügung?
- Mit wem und womit möchte ich diese Zeit am liebsten verbringen?
- Wie sollte idealerweise meine letzte Lebensphase aussehen?
- Welche **inneren Bilder** steigen aus meinem Unterbewusstsein empor?
- Was ist mir noch besonders wichtig?
- Welche Herzenswünsche und Sehnsüchte kann ich in meinem Inneren noch entdecken?
- Kann ich davon noch etwas verwirklichen oder nachholen? Vielleicht auch nur noch in meiner Fantasie?

Empfehlenswert ist es, sich die Antworten zu diesen Fragen so konkret wie möglich auszumalen, um die Realisierung der noch offenen Lebensträume optimal angehen zu können. Der Hintergrund zu dieser Aufforderung ist die folgende Annahme:

> „Ich gehe davon aus, dass ein erfülltes und gut gelebtes Leben am meisten dabei hilft zu akzeptieren, dass wir eines Tages alles, auch das Schönste, loslassen müssen." (Kindermann et al. 2013, S. 114)

Meiner Meinung nach ist in dem Zusammenhang außerdem noch folgender Gesichtspunkt bedenkenswert: In unserer Sehnsucht offenbart sich ein Teil unserer wahren menschlichen Natur und vielleicht auch unsere persönliche Bestimmung. Fragen hierzu könnten sein:

- Wonach verlangt mein Innerstes?
- Welche Impulse nehme ich wahr?
- **Wohin** zieht es mich?
- Was nehme ich in meiner Umwelt als attraktiv und inspirierend wahr?
- Wo ist vielleicht ein ungelebter Anteil von mir selbst, der nach Verwirklichung verlangt?

In unseren persönlichen Herzenswünschen offenbart sich einerseits das, wonach alle Menschen verlangen – eine zufriedenstellende Versorgung unserer Grundbedürfnisse sowie Anerkennung und Liebe durch unsere

Mitmenschen. Andererseits gibt es aber auch eine höchst individuelle Sehnsucht, die für unser Glückserleben von entscheidender Bedeutung ist.

Beispielsweise träumte die Klientin Susanne O. (57 Jahre) schon als Kind davon, einmal in ihrem Leben für eine längere Zeit in Kanada zu wohnen. Ein Teil ihrer Familie ist nach dem Zweiten Weltkrieg in den 1950er-Jahren dorthin ausgewandert. Susanne O. würde gerne etwas mehr Zeit mit den dort noch lebenden Angehörigen verbringen.

Vielleicht lassen sich die erforderlichen Rahmenbedingungen erschaffen, die zur Verwirklichung dieser persönlichen Träume erforderlich sind.

Die persönliche Auseinandersetzung mit den tiefsten Sehnsüchten und Träumen führt nun zur „Inneren-Kind-Arbeit".

3.4 Kontakt zum inneren Kind

In diesem Abschnitt stelle ich das psychologische Modell des **„inneren Kindes"** vor, einer besonderen Form der inneren Selbstbegegnung. Neben der kurzen Beschreibung dieser psychotherapeutischen Intervention erfahren die Leser auch, welchen Nutzen sie gerade beim Älterwerden von einem Kontakt mit „ihrem" inneren Kind haben können.

Das innere Kind ist eine Metapher, die in der Psychotherapie sehr häufig angewendet wird. Besonders durch die beliebten Bücher von Chopich und Paul (2005, 2007) wurde das Modell in der breiten Bevölkerung sehr bekannt.

> „Das Kind ist unsere instinktive Seite; es steht für die Gefühle, die „aus dem Bauch" kommen." (Chopich und Paul 2007, S. 21)

Aufbauend auf die im vorigen Abschnitt thematisierte Analyse des eigenen Lebenslaufs werden die positiven Erlebnisse und persönlichen Sehnsüchte aus der eigenen Kindheit ins Bewusstsein geholt und als Ausgangspunkt genommen, um mehr Liebe, Freude und Humor ins jetzige Leben zu bringen.

> „Was Sie lieben – das ist es, was Begeisterung und Schwung in Ihr Leben bringt." (Chopich und Paul 2007, S. 100)

Beim Berufsausstieg stellt sich für viele die Frage: Wer bin ich unabhängig von meiner Arbeit? Der Blick in die eigene Kindheit zeigt Essenzielles über unsere Persönlichkeit und den damals schon angelegten Interessen. Die Spurensuche in der Kindheit – und natürlich auch in den Interessensgebieten der Gegenwart – deckt somit einige Möglichkeiten für sinnvolle Ruhestandsprojekte auf.

Ein erstes **Beispiel** aus meiner Coachingpraxis veranschaulicht, wie ein Berufsaussteiger zu seinem Ruhestandsprojekt gefunden hat.

Fallbeispiel: Der große Traum vom Drachenfliegen
Theodor O. (59 Jahre) spielte als Kind mit seinem Freund Max sehr viel draußen in der Natur. Sie bauten Sandburgen und spielten in ihrer Fantasie viele Indianer- und Cowboy-Szenen durch. Am meisten liebten sie es jedoch, bei windigem Wetter den Drachen steigen zu lassen. Mit viel Begeisterung und Faszination widmeten sich die beiden Jungen diesem Spiel.

Beide träumten natürlich auch davon, sich irgendwann einmal selbst – frei und leicht wie ein Vogel – durch die Lüfte bewegen zu können.

Später arbeitete Theodor O. als Führungskraft im Bankwesen. In seiner Freizeit kümmerte er sich um seine Familie. Die Erziehung seiner drei Söhne sowie die Beschäftigung mit den verantwortungsvollen Aufgaben in seinem Beruf ließen ihm keine Zeit für großartige Träumereien über zeitaufwendige Freizeitprojekte.

Theodor O. befand sich in einer Neuorientierungsphase, als er zu mir ins Coaching kam. Seine drei Söhne waren längst von zu Hause ausgezogen und studierten nun in anderen Städten. Er plante, in vier Jahren in Rente zu gehen. Der Klient fürchtete sich davor, mit dem Renteneintritt in das sogenannte „schwarze Loch" zu fallen. Es fehlten ihm für seinen bevorstehenden Ruhestand noch konkrete attraktive Lebensinhalte, für die er sich persönlich begeistern könnte.

Beim Lebensrückblick beschäftigten wir uns intensiv mit einzelnen Fotos aus seiner Kindheit. Er bemühte sich – in dieser Auseinandersetzung mit seiner eigenen Biografie – immer wieder, die Erlebniswelt seines inneren Kindes für sich selbst neu zu entdecken. Mit viel Geduld und Muße kamen dann mit der Zeit die einzelnen Erinnerungen wieder in sein Gedächtnis.

Bei einem Besuch des alten Freundes Max kam ihm der Kindheitstraum vom Drachenfliegen wieder in Erinnerung. Nach reiflichem Überlegen beschloss er dann, sich selbst in einer Drachenfliegerschule anzumelden, um sich diesen Traum zu erfüllen. Er kommentierte diese Entscheidung mit der

Aussage: „Solange meine Kräfte es noch zulassen, will ich mir jetzt noch diesen Kindheitstraum erfüllen."

Mit diesem konkreten Vorhaben schaute Theodor O. nun mit viel Vorfreude auf seinen bevorstehenden Ruhestand. Es war für sein Wohlbefinden sehr wichtig gewesen, ein Vorhaben für die nachberufliche Phase im Auge zu haben. Die Wunscherfüllung – sich einmal leicht und frei wie ein Vogel durch die Lüfte zu bewegen – reduzierte seine Ängste und sein allgemeines Unbehagen, die er zuvor mit dem Renteneintritt in Verbindung gebracht hatte.

Bezug nehmend auf die Innere-Kind-Arbeit kann der folgende Gedankengang ein weiterer Impulsgeber sein: **Was haben Kleinkinder und ältere Menschen gemeinsam?** Beide Personengruppen verfügen in der Regel über große Freiräume und befinden sich in der komfortablen Lebenslage, mit einer mehr kindlichen und spielerischen Einstellung an die Alltagsbeschäftigungen herangehen zu können. Der Berufsausstieg kann sozusagen mit einem Aufatmen einhergehen, denn endlich besteht die Möglichkeit, wieder zum Spielen zurückzufinden (Riemann und Kleespies 2016, S. 98).

> „Erst wenn wir Bekanntschaft und Freundschaft mit unserem inneren Kind schließen, werden wir erfahren, welche tiefen Sehnsüchte und Verletzungen wir in uns tragen." (Stahl 2015, S. 17)

Die Kontaktpflege zu unserem Inneren kann dabei einerseits sehr aufwühlend sein und auf der anderen Seite auch massive Lebensveränderungen mit sich bringen.

Wer beispielsweise jahrzehntelang durch seinen Einsatz mit einer großen Zufriedenheit die Erwartungshaltungen der Firma erfüllt hat, kommt nun mit dem Renteneintritt in den Genuss, endlich sein ureigenes Lebensprojekt verfolgen zu können.

Wie kann ein Laie sich nun die Innere-Kind-Arbeit vorstellen? Was genau geschieht bei dieser besonderen inneren Selbstbegegnung? Nachstehend erläutere ich noch genauer die Grundannahmen des Inneren-Kind-Modells von Chopich und Paul (2007, S. 20 ff.).

Vorstellung der Arbeit mit dem inneren Kind
Jeder Mensch trägt in sich selbst unterschiedliche Persönlichkeitsanteile, die er als innere unterschiedliche Sichtweisen zu einer Gegebenheit in seinem Leben wahrnehmen kann (Schulz von Thun 2005, S. 21 f.). Es gibt die Erwachsenenanteile, welche hauptsächlich der linken Gehirnhälfte

zugeordnet werden. Im Fokus ihrer Aufmerksamkeit steht das logische, lineare Denken. Der Erwachsene in uns interessiert sich hauptsächlich für das zielführende Handeln im alltäglichen Leben. Die Gefühle des Erwachsenen sind oft das Resultat seiner strategischen Denkleistungen.

Aufgrund seiner höchst persönlichen Kindheitserfahrungen verinnerlicht ein reifer Mensch sowohl die liebevollen als auch die lieblosen Reaktionen der eigenen Eltern und der Erzieher. Die konkreten Kindheitserfahrungen verblassen häufig im Laufe der Zeit. Die frühkindlich überlieferten Überzeugungen über sich selbst sowie über die Umwelt legt der heranwachsende Mensch in seinem Unbewussten ab. Übrig bleibt das sogenannte Bauchgefühl, das eine – durch die kindliche Prägung „gefärbte" – Reaktion auf die aktuellen Geschehnisse ist.

Im Erwachsenenalter finden sich dann diese verinnerlichten Botschaften in den sogenannten **Glaubensmustern** über sich selbst und das Leben wieder. Was denke ich beispielsweise über das Alter und über den Tod? Viele dieser persönlichen Einstellungen sind bereits früh durch die erste Meinungsbildung bei unseren Vorbildern beeinflusst worden. Es gibt also in jedem reifen Menschen die gefühlsgesteuerten Bauchreaktionen, die entweder durch den **liebevollen** oder **lieblosen Erwachsenen** hervorgerufen sein können.

Das innere Kind wird im menschlichen Gehirn der rechten Hälfte zugeschrieben. Die **kindlichen Anteile** im Menschen stehen eher für das einfache Sein, das Fühlen aus dem Bauch heraus und für das Leben nach dem Lustprinzip. Es wird getan, was Spaß macht und was den Betreffenden einfach nur gute Laune bringt.

Wenn in einem aktuellen Geschehnis plötzlich ein Mensch mit einer ganz unangenehmen Stimmung auf ein Ereignis reagiert, dann hat das innere Kind häufig die Oberhand über die Deutung und Interpretation des Vorgefallenen. Diese zuvor genannten Schilderungen werden aus psychologischer Sicht dem Begriff der sogenannten **Übertragung** zugeordnet. Diese ungefilterten instinktiven Bauchgefühle sind das Arbeitsmaterial für die Innere-Kind-Arbeit. Die Handlungsimpulse auf einen aktuellen Anlass sind nicht immer angemessen für den jeweiligen Menschen, denn sie resultieren aus seinem infantilen Situationserleben. Die verinnerlichten negativen Glaubenssätze – aus ähnlichen früheren Situationen – können die Wahrnehmung des Menschen über ein aktuelles Ereignis verändern und ihn zu ungünstigen Reaktionen verleiten. Dabei können sich die Erstreaktionen zu einem Vorfall auch durch eine nur eingeschränkte Emotionalität äußern, da manche Menschen ihre Gefühle abtrennen, wenn ihnen eine Situation als unangenehm erscheint. Sowohl eine übersteigerte Emotionalität als auch eine extreme Rationalisierung sind Antwortmöglichkeiten auf ein Ereignis in der aktuellen Situation. Die Zusammenhänge zwischen den Kindheitserfahrungen und dem aktuellen Erleben werden von den meisten Menschen verdrängt.

Während bei der Inneren-Kind-Arbeit kommt es zu einer besonderen Form der inneren Selbstbegegnung. Der Erwachsene widmet sich in einer fürsorglichen Art und Weise seiner augenblicklichen Stimmungslage und hinterfragt in konstruktiver Hinsicht sein Innenleben:

- Was ist los mit mir?
- Welche Gedanken gehen mir zu dem Ereignis durch den Kopf?
- Welche Grundüberzeugungen zu meinem augenblicklichen Lebensthema haben meine früheren Bezugspersonen an mich vermittelt?
- Warum reagiere ich so stark auf die aktuellen Vorfälle?
- Erinnert mich diese Situation an frühere Ereignisse, wobei die Empfindungen von damals jetzt wieder hochkommen?
- Wurde ich damals vielleicht in einer vergleichbar herausfordernden Situation von meinen Eltern und Erziehern ungerechtfertigt schlecht behandelt?

Eine vertiefende Erklärung, wie die Innere-Kind-Arbeit konkret aussehen kann, ist der Übersicht von Chopich und Paul (2007, S. 51) zu entnehmen (Abb. 3.2).

Durch Tagebuchaufzeichnungen, einen Briefwechsel mit dem inneren Kind oder auch mithilfe einer Psychotherapie können die entsprechenden Erinnerungen und Glaubensmuster dann (eventuell teilweise) wieder aufgedeckt werden und in eine verständnisvolle und angemessene Situationsantwort überführt werden. Die Erstreaktion wird dabei erst einmal willkommen geheißen, um sie im Anschluss daran in eine rationale Gedanken- und Handlungsbahn zu überführen.

Wer also mit sich selbst in einer guten Beziehung stehen möchte und sein Leben mit einer maximalen Zufriedenheit gestalten will, der kommt – meiner Meinung nach – nicht an den Empfindungen seines inneren Kindes vorbei.

Um Lebensqualität im Alter zu finden, ist es wichtig, zunächst die Tatsache zu realisieren und zu akzeptieren, dass niemand anderes uns glücklich machen kann und in der Lage sein wird, unsere emotionalen Wunden zu heilen (Chopich und Paul 2007, S. 191). In uns selbst entsteht die optimale oder auch weniger günstige Antwort auf die Geschehnisse in unserem Leben!

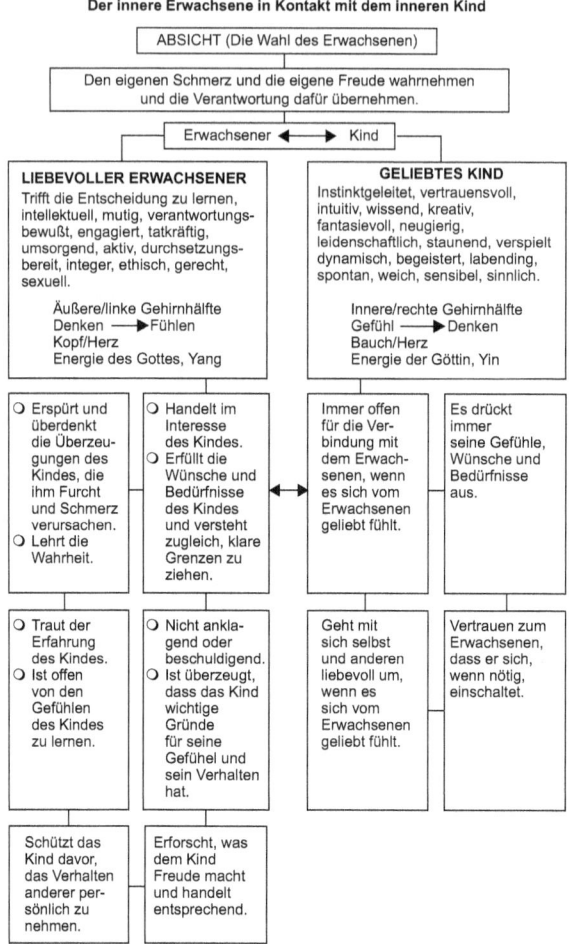

Abb. 3.2 Der liebevolle Erwachsene in Kontakt mit seinem inneren Kind. (Aus: Chopich und Paul 2007, S. 51, mit freundlicher Genehmigung von Ullstein, Berlin; Bemerkung: Nicht in allen Fällen war es uns möglich, den Rechteinhaber ausfindig zu machen. Berechtigte Ansprüche werden selbstverständlich im Rahmen der üblichen Vereinbarungen abgegolten.)

Wer geübt ist, im Kontakt mit seinem inneren Kind die emotionalen Herausforderungen des Alltags zu regulieren, erhöht in einem besonderen Maß sein persönliches Wohlbefinden. Der Innere-Kind-Kontakt ist somit ein effektiver Weg, um den dritten Lebensabschnitt mit mehr innerer Ausgeglichenheit erfahren zu können. Es ist die lohnenswerteste Beziehung, die wir in unserem Leben eingehen können, denn wir entkommen uns selbst nicht.

3 Perspektivenentwicklung – Themen der persönlichen Selbsterkundung

Zusammengefasst kann über die Innere-Kind-Arbeit gesagt werden: Alle unsere Lebenserfahrungen sind in Form von Erinnerungen und Gefühle in unserem Unterbewusstsein abgespeichert. Wenn ein Mensch in eine Situation gerät, in der er innerlich irritiert auf ein Ereignis reagiert, dann mischt sich häufig die frühkindliche Erlebniswelt in das aktuelle Empfinden mit hinein (Jacob et al. 2011, S. 12 ff.).

Unscheinbare Anlässe können somit unverhältnismäßig starke Gefühle wie Wut, Trauer oder auch Angst und Panik auslösen. Diese heftigen Reaktionen werden oftmals nur verständlich, wenn die Betreffenden ihre eigenen Kindheitserfahrungen – oder auch andere bedeutsame Erlebnisse im Erwachsenenalter – zu den Geschehnissen mit berücksichtigen.

Praxisbeispiele zur Inneren-Kind-Arbeit
Anhand der nachstehend aufgezeigten Fallbeispiele aus meiner Beratungspraxis erläutere ich, wie die Kontaktpflege zum inneren Kind aussehen kann.

Fallbeispiel: Angst vor dem Zahnarzt Die Klientin Petra V. (47 Jahre) hatte panische Angst vor einer ihr bevorstehenden Zahnbehandlung. Wir sprachen über ihre bisherigen Erfahrungen, die sie mit solchen Zahnarztterminen gemacht hatte. Es stellte sich heraus, dass sie mit 12 Jahren eine Wurzelbehandlung über sich ergehen lassen musste, bei der ein behandelnder Arzt mit dem Bohrer versehentlich den entzündeten Nerv getroffen und ihr damit sehr wehgetan hatte. Während der Behandlung schrie sie vor Schmerz auf und entwickelte daraufhin eine Zahnarztphobie.

Durch unser Gespräch konnte sie sich wieder genau an die damalige Situation erinnern. Ihre verdrängten Gefühle von Trauer und tiefer Bestürzung über das Geschehene brachen in der Sitzung hervor. Sie verstand nun, warum sie so eine starke Angst vor der bevorstehenden Zahnarztbehandlung hatte.

Petra V. brachte zunächst ihrem inneren Kind ganz viel Mitgefühl für seine verständliche und offensichtliche Angst entgegen. Sie tröstete es und versprach, dass es so etwas nie wieder erleben wird.

Eine tiefer gehende mentale Vorbereitung für den unvermeidlichen Zahnarzttermin war der Inhalt der kommenden Gesprächssitzungen. Immer wieder gab Petra V. ihrem verletzten inneren Kind viel Trost und Zuspruch für seine Befürchtungen, die es mit dem kommenden Zahnarzttermin verband.

Petra V. distanzierte sich mit der Zeit auf eine angenehme Art und Weise zu ihrer Zahnarztangst. So kultivierte sie die neue innere Einstellung: „Nicht ich habe so eine panische Angst vor der Zahnarztbehandlung, sondern mein verletztes inneres Kind." Diese bewusst gewählte innere Einstellungsänderung verschaffte Petra V. eine zunehmende Souveränität gegenüber diesen unangenehmen Gefühlen, und sie ermöglichte der Klientin eine stärkere Handlungsfähigkeit. Sie identifizierte sich fortan nicht mehr so stark mit diesen unangenehmen Emotionen und vertrat als Erwachsene die innere Haltung: „Ich bin als Erwachsene gefordert, mich liebevoll und fürsorglich um die Ängste und Sorgen meines inneren Kindes zu kümmern, und je mehr ich das tue, umso gefasster kann ich mit den schwierigen Situationen meines Lebens umgehen."

Im nächsten Schritt schauten wir dann gemeinsam, was sie noch alles tun könnte, um ihre Angst vor der Zahnbehandlung weiter zu reduzieren.

Nach einer ausführlichen Recherche fand sie in der Nähe ihres Wohnsitzes einen Zahnarzt, der sich auf Patienten mit einer Zahnarztphobie spezialisiert hatte. Sie führte vor dem medizinischen Eingriff mit diesem Experten ein ausführliches Gespräch und schilderte ihm genau ihre Kindheitserfahrungen. Mit ganz viel Fingerspitzengefühl und Vorsicht erfolgte dann die notwendige Zahnbehandlung.

Sie ging während der Zahntherapie innerlich immer wieder beruhigend und trostspendend mit ihrem ängstlichen „Kind" in Kontakt und versicherte ihm, dass diese Situation bald überstanden sein wird.

Nach Abschluss des erfolgreichen medizinischen Eingriffs belohnte die Klientin ihr inneres Kind, indem sie ihm einen großen Herzenswunsch erfüllte. Sie verbrachte mit ihrer besten Freundin ein verlängertes Wochenende in ihrer Lieblingsstadt Paris.

Aufgrund der schwierigen Kindheitserfahrungen, die diese Klientin mit einem Zahnarztbesuch gemacht hatte, war sie an dieser Stelle leicht zu labilisieren. Die Angst vor der Zahnbehandlung konnte mithilfe des Inneren-Kind-Kontakts zwar nicht komplett beseitigt werden, aber sie wurde verständlicher und erträglicher, als wir uns in dem Beratungsgespräch näher mit ihren Kindheitserfahrungen beschäftigt hatten.

Durch eine genaue Analyse der aktuellen Auslösesituation und den damit verbundenen frühkindlichen Vorerfahrungen konnte die Erstreaktion von ihr einerseits nachvollzogen werden, andererseits wurden wir dadurch in die Lage versetzt, gemeinsam nach geeigneten Lösungswegen zu suchen. In Abschn. 4.4 werde ich weiterführende Informationen zur Erhöhung der persönlichen Selbstberuhigungskompetenz bei Angstzuständen geben.

Kommen wir nun auf das Thema Älterwerden zurück. An zwei weiteren Beispielen zeige ich auf, wie typische Altersproblematiken mithilfe der Inneren-Kind-Arbeit behandelt werden können.

Fallbeispiel: Der Schönheitszwang mit fortschreitendem Alter Die Klientin Nicole T. (64 Jahre) leidet unter den zunehmenden Alterserscheinungen in ihrem Gesicht (vertiefte Falten und Altersflecken). Sie ist in ihrem Denken und Handeln stark darauf fixiert, bloß nicht zu altern.

In der Rückschau auf ihre Kindheit erinnert sie sich daran, dass in ihrer Familie sie und ihre Schwestern immer hübsch und sauber angezogen sein mussten. Wenn sich Nicole T. beim Spielen einmal schmutzig gemacht hatte, wurde sie von ihrer strengen Großmutter sofort umgezogen und ausgeschimpft. Nur als hübsch gekleidetes Mädchen wurde sie als liebenswert und ansehnlich anerkannt.

Aufgrund dieser frühkindlichen Erfahrungen prägte sich in der Klientin folgender Glaubenssatz ein: „Ich bin nur liebenswert für meine Umwelt, wenn ich mich immer nach den Schönheitsnormen der Gesellschaft zeige. Genüge ich den Anforderungen meiner Mitmenschen nicht, so erlebe ich eine persönliche Zurückweisung und einen Liebesverlust."

Diese negativen Überzeugungen filterten wir aus ihren Kindheitserlebnissen heraus.

Um aus der Leidensspirale aussteigen zu können, entwickelten wir in den folgenden Terminen einen Gegenentwurf zu den alten, dysfunktionalen inneren Botschaften.

Nicole T. sprach immer wieder mit ihrem inneren Kind: „Du bist liebenswert genau so, wie du bist. Du darfst – genau wie alle anderen Frauen deines Alters – Falten bekommen. Es ist normal, dass jetzt diese Lebenslinien sichtbar werden. Dein Selbstwert wird nicht über irgendwelche Äußerlichkeiten definiert. Entspanne dich und stelle dich mit Stolz und Würde diesen natürlichen Geschehnissen. Es ist jetzt aus, Schluss und vorbei mit diesem quälenden Anspruch, immer tadellos aussehen und gekleidet sein zu müssen."

Die Affirmation, die sie daraufhin für sich selbst kreiert hatte, lautete: „Ich bin die, die ich bin, und wer mich nicht so mag, wie ich bin, der soll es halt bleiben lassen."

Fallbeispiel: Dauerhafte Hochleistung als Mindestmaß Der Klient Udo M. (62 Jahre) arbeitete als Informatiker in einem Chemiekonzern. Er litt unter einem Perfektionszwang bei seiner Berufstätigkeit. Mit 54 Jahren bekam er einen Herzinfarkt, und es wurde ein Burn-out bei ihm diagnostiziert.

In den Gesprächssitzungen stellte sich heraus, dass sein Vater ihn als Kind geschlagen hatte, wenn er sich zu Hause – beim Umbau des Hauses – bei handwerklichen Arbeiten auch nur den kleinsten Fehler leistete.

Udo M. entwickelte aufgrund seiner frühkindlichen Prägung im Unbewussten den inneren Glaubenssatz: „Du darfst dir keine Fehler erlauben, weil ansonsten der Vater wieder heftig mit dir schimpfen und dich wieder schlagen wird. Sei perfekt, denn nur dann bist du für die anderen unangreifbar."

Als Erwachsener versuchte Udo immer alles daran zu setzen, seine Arbeitsaufgaben in der Firma möglichst fehlerfrei zu machen. Mit zunehmenden Alter ließen jedoch seine Kräfte und seine Konzentrationsfähigkeit nach, und er fühlte sich von der Angst und dem Gedanken verfolgt: „Bald kracht's und ich werde aus dem Unternehmen geworfen."

Udo M. fühlte sich unbewusst immer getrieben, alles richtig machen zu wollen. Er hatte als Erwachsener immer wieder panische Angst vor einer möglichen Kritik vonseiten der Firma.

Erst durch das Erinnern dieser frühkindlichen Erfahrungen konnte er nach und nach mehr Verständnis für sich selbst entwickeln. Es wurde in unseren Gesprächen offensichtlich, dass der kindliche Teil in ihm große Befürchtungen hegte, erneut solche Demütigungen wie früher erleiden zu müssen.

In einem Inneren-Kind-Dialog lernte er, seinen verängstigten „kleinen Jungen" zu trösten und zu beruhigen. Ein neuer realistischer Glaubenssatz wurde gegen das alte Skript gesetzt: „Du darfst Fehler machen und deine Arbeitsweise entschleunigen. Du bist gut genug, auch wenn Du einmal einen Fehler machst. Missgeschicke sind eine zutiefst menschliche Erfahrung. Wenn deine Arbeitsweise einmal Mängel aufweist, dann steht deine Liebenswürdigkeit nicht infrage. Ich werde dafür sorgen, dass dir nichts Schlimmes passiert, wenn du einmal nicht perfekt funktionierst.

Wir machen unsere Arbeit so gut wir nur können, und das reicht. Aus den gemachten Fehlern können wir außerdem noch etwas lernen, und mit dieser neuen inneren Einstellung dürfen wir gerne unsere weiteren Arbeitsschritte vollziehen. Es ist auch normal, dass du nicht mehr die gleiche Kraft wie früher hast. Erledige die Dinge in deinem ureigenen Tempo."

Zusammengefasst kann über die Innere-Kind-Arbeit gesagt werden, dass die aktuellen schwierigen Ereignisse auf ihre gesamtbiografischen Lebenshintergründe hin untersucht werden. Die aufgedeckten dysfunktionalen Glaubenssätze des inneren Kindes – sowie durch jüngere Geschehnisse – erleben dann eine Transformation, die in allen zukünftigen vergleichbaren Lebenssituationen richtungsweisend für das Denken und Handeln sein können.

Die Versprechen
Abschließend kann ich dem reiferen Menschen folgende Zusagen über die Arbeit mit seinem inneren Kind geben. Im umfassenden Sinne ermöglicht die regelmäßige Kontaktpflege zum inneren Kind ein tiefer gehendes Ankommen bei sich selbst. Durch das Aufspüren der dysfunktionalen inneren Glaubenssätze und deren Transformation erleben viele eine Befreiung von ihren veralteten Grundannahmen. Auch auf der Handlungsebene werden dann konstruktivere und wirkungsvollere Strategien bei der Bewältigung von schwierigen Situationen gewählt.

Bei der Inneren-Kind-Arbeit „beeltert" der Erwachsene auf eine liebevolle und fürsorgliche Art und Weise sich selbst. Diese emotionale Zuwendung richtet er fortan an sich selbst (Chopich und Paul 2005, S. 18). Das Leben wird völlig neu erlebt.

Die möglichen positiven Konsequenzen aus dieser Form der inneren Selbstbegegnung sind folgende:

1. Konkrete Leid bringende innere Einstellungen werden durch die fürsorgliche persönliche Selbstbegegnung aufgedeckt und im positiven Sinne aufgelöst. Ein Zuwachs an Kraft, Kreativität, Frieden und Freiheit wird im Alltagserleben wieder mehr möglich sein.
2. Die eigene Selbstberuhigungskompetenz erhöht sich. Die schmerzhaften Ereignisse und Verlusterfahrungen im Alter können zuversichtlicher durchlebt werden, weil durch den beständigen und liebevollen Kontakt zu sich selbst die Gewissheit bestehen bleibt, dass sich unangenehme Gefühlszustände nach kurzer Zeit wieder auflösen werden.
3. Aktuelle Probleme werden selbstkompetent gelöst. Eventuelle Hilfe von anderen kann mit einer höheren inneren Sicherheit eingeholt werden

und nicht aus dem beschämenden Gefühl heraus, dass Hilfsbedürftigkeit etwas zu Vermeidendes sei (Schulz von Thun 2003 S. 74). Selbstbewusst kann ein reifer Mensch im Kontakt mit diversen Fachkräften aus dem Gesundheitsbereich die folgende Auffassung vertreten: „Ich brauche einen Rat von Ihnen." Autarke Menschen tragen die folgende Gewissheit in sich selbst: „Sie wissen, wer sie sind, was sie wollen und was sie fühlen, und sie wissen, dass sie das Recht haben zu wollen, was sie wollen, und zu fühlen, was sie fühlen." (Chopich und Paul 2007, S. 89)

4. Der Mensch, der in einem guten Kontakt mit sich selbst steht, wird unabhängiger von anderen. Durch die wachsende Autonomie kann das Alleinsein viel mehr geschätzt und genossen werden (Chopich und Paul 2007, S. 88).
5. Die Selbstachtung wächst. Der Mensch, der mit sich selbst im Reinen ist, wird sich wertvoll, liebenswert und gut genug fühlen – unabhängig davon, was andere über ihn sagen (Chopich und Paul 2007, S. 87).
6. Die verbesserte Beziehung zu sich selbst führt auch zu einer verbesserten Beziehung zu anderen. Bestehende Konflikte können ruhiger und überlegter besprochen werden. Das Verhandlungsgeschick wächst. Kritik und Wut von anderen bringen den autarken Menschen – längerfristig gesehen – nicht aus dem emotionalen Gleichgewicht, weil der Selbstwert von innen kommt und nicht durch den Zuspruch anderer (Chopich und Paul 2007, S. 89). Der souveräne Mensch ist frei von der Meinung anderer.

Das Modell der Inneren-Kind-Arbeit baut auf das in Abschn. 2.2 dargestellte transaktionale Stressbewältigungsmodell von Richard Lazarus auf. Sowohl die Situationsbeurteilung als auch die lösungsweisenden Handlungen werden in der psychotherapeutischen Praxis genau auf ihre Effektivität hin untersucht.

> **Fazit**
>
> Zentral bei der Inneren-Kind-Arbeit ist, dass in uns selbst die grundlegende Entscheidung stattfindet, mit welcher Brille wir die Geschehnisse unseres Lebens betrachten. Unsere Betrachtungsweise ist in hohem Maß dafür verantwortlich, in welcher emotionalen Verfassung wir die Vorfälle in unserem Leben wahrnehmen. Unsere innerlich entwickelten Gefühle sind also das Ergebnis unserer persönlichen Situationsbewertung (Bohus und Wolf-Arehult 2013, S. 183). Außerdem wählen wir die wirkungsvollsten Strategien zur Regulierung unserer persönlichen Anliegen aus.

Im folgenden Kapitel werde ich auf die **innere Selbstbegegnung** eingehen, die der Grundstock für eine gelingende Emotionsregulation ist.

Literatur

Amrhein, L., & Backes, G. M. (2008). Alter(n) und Identitätsentwicklung: Formen des Umgangs mit dem eigenen Älterwerden. *Zeitschrift für Gerontologie und Geriatrie, 41,* 382–393.

Baddeley, A. (1986). *So denkt der Mensch.* München: Knaur.

Baltes, P. B., & Baltes, M. M. (1989). Optimierung durch Selektion und Kompensation. Ein psychologisches Modell erfolgreichen Alterns. *Zeitschrift für Pädagogik, 35,* 85–105.

Bohus, M., & Wolf-Arehult, M. (2013). *Interaktives Skilltraining für Borderline-Patienten.* Stuttgart: Schattauer.

Chopich, E. J., & Paul, M. (2005). *Das Arbeitsbuch zur Aussöhnung mit dem inneren Kind.* Berlin: Ullstein.

Chopich, E. J., & Paul, M. (2007). *Aussöhnung mit dem inneren Kind* (23. Aufl.). Berlin: Ullstein.

Csikszentmihalyi, M. (1975). *Beyond boredom and anxiety.* San Francisco: Jossey-Bass.

Csikszentmihalyi, M. (1985). *Das flow-Erlebnis: jenseits von Angst und Langeweile; im Tun aufgehen.* Stuttgart: Klett-Cotta.

Csikszentmihalyi, M. (1992). *Flow. Das Geheimnis des Glücks* (Charpentier A. Übersetzung). Stuttgart: Klett-Cotta.

Csikszentmihalyi, M. (2010). *Flow Das Geheimnis des Glücks.* Stuttgart: Klett-Cotta.

De Charms, R. (1968). *Personal causation.* New York: Academic Press.

Doubrawa, R. (2011). Übergang in den „Ruhestand" – Entwicklungsaufgaben des dritten Lebensalters. *Zeitschrift der Deutschen Gesellschaft für Entspannungsverfahren, 28,* 50–69.

Erikson, E. H. (1959). *Identity and the Life Cycle. Psychological Issues Monograph I.* New York: International University Press.

Erikson, E. H. (1973). *Identität und Lebenszyklus.* Frankfurt a. M.: Suhrkamp.

Frankl, V. E. (1987). *Ärztliche Seelsorge. Grundlagen der Logotherapie und Existenzanalyse.* Frankfurt a. M.: Fischer Taschenbuch.

Frankl, V. E. (1991). *Der Wille zum Sinn. Ausgewählte Vorträge über Logotherapie.* München: R. Piper.

Frankl, V. E. (1998). *Logotherapie und Existenzanalyse.* Weinheim: Beltz.

Häcker, H., & Stapf, K. H. (Hrsg.). (1998). *Dorsch Psychologisches Wörterbuch.* Göttingen: Hans Huber.

Hautzinger, M. (2000). *Depression im Alter.* Weinheim: Beltz.

Heckhausen, H. (1980). *Motivation und Handeln. Lehrbuch der Motivationspsychologie.* Berlin: Springer.
Jacob, G., Genderen, H., van, & Seebauer, L. (2011). *Andere Wege gehen.* Weinheim: Beltz.
Kindermann, L.-S., Leve, V., & Reddemann, L. (2013). *Imagination als heilsame Kraft im Alter.* Stuttgart: Klett-Cotta.
Kleinschmidt, C. (2010). *Jung alt werden.* Hamburg: Ellert & Richter.
Krech, D., & Crutchfield, R. S. (1992). *Grundlagen der Psychologie.* Weinheim: Beltz.
Lang, F. R., Martin, M., & Pinquart, M. (2012). *Entwicklungspsychologie – Erwachsenenalter.* Göttingen: Hogrefe.
Lomranz, J. (2011). „Aintegration" – ein komplementäres Paradigma zum Verständnis von Holocaust-Überlebenden. In J. Brunner & N. Zajde (Hrsg.), *Holocaust und Trauma* (S. 223–241). Göttingen: Wallstein.
Lindenberger, U., & Brandtstädter, J. (2007). *Entwicklungspsychologie der Lebensspanne: ein Lehrbuch.* Stuttgart: Kohlhammer.
Maslow, A. H. (1977). *Motivation und Persönlichkeit.* Olten: Walter-Verlag AG.
Maercker, A., & Forstmeier, S. (Hrsg.). (2013). *Der Lebensrückblick in Therapie und Beratung.* Berlin: Springer.
Mietzel, G. (2012). *Entwicklung im Erwachsenenalter.* Göttingen: Hogrefe.
Nigg, B., & Steidl, S. (2005). *Gerontologie, Geriatrie und Gerontopsychiatrie.* Wien: Facultas Verlags- und Buchhandels AG.
Rabaioli-Fischer, B. (2015). *Biografisches Arbeiten und Lebensrückblick in der Psychotherapie.* Göttingen: Hogrefe.
Radebold, H., & Radebold, H. (2009). *Älterwerden will gelernt sein.* Stuttgart: Klett-Cotta.
Riemann, F., & Kleespies, W. (2016). *Die Kunst des Alterns.* München: Ernst Reinhardt Verlag.
Schulz von Thun, F. (2003). *Miteinander Reden 2. Stile, Werte und Persönlichkeitsentwicklung.* Reinbek bei Hamburg: Rowohlt.
Schulz von Thun, F. (2005). *Miteinander Reden 3. Das „Innere Team" und situationsgerechte Kommunikation.* Reinbek bei Hamburg: Rowohlt.
Stahl, S. (2015). *Das Kind in dir muss Heimat finden.* München: Kailash.
Steinfort, J. (2010). *Identität und Engagement im Alter.* Wiesbaden: VS Verlag.
Zimbardo, P. G., & Gerrig, R. J. (1996). *Psychologie.* Berlin: Springer.

4

Krisenbewältigung von unangenehmen Emotionen

Die im vorigen Kapitel näher erläuterte Innere-Kind-Arbeit wird in der Fortführung dieses Buches immer wieder Thema sein, um eine Transformation Leid bringender Lebensinhalte zu erreichen.

Vorweg eine Information für alle Menschen, die unter quälenden Emotionen leiden:

> „Gefühle sind immer flüchtige Zustände. Bei unseren Glücksgefühlen wissen wir das. Wenn wir uns sehr freuen, dann wissen wir schon im Voraus, dass diese Freude nicht ewig währt. Bei belastenden Gefühlen meinen wir hingegen manchmal, die gingen nie wieder weg." (Stahl 2015, S. 197)

Tatsache ist jedoch, dass sich alle unangenehmen Emotionen mit der Zeit verwandeln werden. Unsere Gefühle sind Informationsträger der Lebensinhalte, die uns im Augenblick beschäftigen. Sie bilden auch das Arbeitsmaterial für die Neugestaltung des dritten Lebensabschnitts. Wer für sich eine gute Lebensqualität entwickeln möchte, der kommt nicht daran vorbei, sowohl seine Gedanken- und Gefühlsinhalte als auch der daraus gewählten Handlungen zu hinterfragen.

Beginnen möchte ich den großen Themenblock **Emotionsregulation im reiferen Erwachsenenalter** mit den vielseitigen Möglichkeiten der Situationsbeurteilung. Jedes Leben enthält Widrigkeiten und Bewältigungsaufgaben. Folgende Fragen sind in dem Zusammenhang wichtig:

- Wie reagiert jemand auf die einschneidenden biografischen Ereignisse in seinem Leben?
- Was geschieht beim plötzlichen Tod eines nahestehenden Freundes?
- Wie geht jemand mit einer schweren Krankheit um?
- Welche Strategien wählt jemand zur Regulierung seiner unangenehmen Emotionen?
- Wie steht es um die innere Selbstbegegnung?
- Wohin tendieren die Gedanken in einer Krise?

Gefühle wie **Trauer**, **Angst** oder auch **depressive Verstimmungen** gehören zum letzten Lebensabschnitt eines Menschen dazu. In den kommenden Abschnitten zeige ich den Lesern Strategien zum Umgang mit diesen unangenehmen Emotionen auf.

4.1 Die erneute innere Selbstbegegnung

Neben dem Inneren-Kind-Kontakt gibt es noch weitere psychologische Konzepte, die eine emotionale Transformierung von unangenehmen Stimmungen unterstützen können. Sie sind nützlich, wenn es darum geht, in positiver Weise die aktuellen Geschehnisse erleben zu können. In diesem Abschnitt veranschauliche ich das **ABC-Modell**. Es handelt sich dabei um einen wichtigen Baustein aus der rational-emotiven Verhaltenstherapie (REVT). Albert Ellis gilt als ihr Begründer.

4.1.1 ABC-Modell von Albert Ellis

Diese besondere psychologische Methode verfolgt das Ziel, das Leiden der Menschen zu reduzieren und sie darin zu unterstützen, ihr Leben mehr genießen zu können (Ellis und Ellis 2012, S. 23 ff.). Die Autoren vertreten die Auffassung, dass das, „was wir uns selbst über das Geschehene sagen", ausschlaggebend dafür ist, wie wir uns in einer Situation fühlen.

> „Menschen machen sich nicht nur aufgrund von unerfreulichen Widrigkeiten (A = adversities) unglücklich, die sich in ihrem Leben ereignen, sondern auch durch Überzeugungen, Gefühle und Verhaltensweisen (B = beliefs), die sie zu diesen Widrigkeiten hinzufügen." (Ellis und Ellis 2012, S. 24)

Also entstehen aus **A** (das als **auslösendes Ereignis** einer Emotion betrachtet werden kann) und **B** (den persönlichen **Bewertungen**) die daraufhin erfolgenden körperlichen und mentalen **Konsequenzen** (C = „consequences" im Englischen). Die Kernaussage dieses psychologischen Modells lautet: **A + B = C**.

Diese Formel werde ich jetzt anhand eines Beispiels näher veranschaulichen.

Die Sehbehinderung von Charlotte K. (64 Jahre)
Die Klientin kam zu mir in die Beratung mit dem Anliegen, dass sie mit ihrer Erkrankung, der **Makuladegeneration** (eine altersbedingte nachlassende Sehfähigkeit), immer wieder in ihrem Alltag in diverse Stimmungstiefs verfällt. Sie berichtete, dass es Tage gibt, an denen sie ganz gut mit dieser visuellen Einschränkung leben kann, aber es gäbe auch oft Zeiten, in denen sie innerlich sehr darunter leiden würde.

Wir durchleuchteten zunächst alle medizinischen Möglichkeiten, mit denen sie etwas gegen die Reduzierung ihres Sehvermögens unternehmen könne. Sie berichtete von speziellen Medikamenten, kleinen medizinischen Eingriffen und einer besonderen Lesebrille, die ihr als Therapiemöglichkeiten gegeben seien. Leider gäbe es jedoch keine Behandlung, die gegen die Ursache dieses Krankheitsbildes etwas bewirken könne. Der schärfste Punkt des Sehens lasse einfach altersbedingt nach.

Wir analysierten gemeinsam die Situationen, in denen es ihr besonders schlecht ging. Es kristallisierte sich folgende Szene als hauptsächlicher Auslöser für ihre Stimmungstiefs heraus: Gerade abends, wenn sie schon etwas müde sei, saß sie oft alleine in ihrer Küche und grübelte über ihre schlechter werdenden Lebensumstände nach. Sie sagte dann – mehr oder weniger bewusst – zu sich selbst: „Ich will die gleiche Vitalität und Gesundheit wie früher haben und nicht krank oder behindert sein. Körperliche Schwäche oder mich ängstlich zu fühlen, das darf einfach nicht sein. Außerdem möchte ich mich nicht abhängig fühlen." Völlig niedergeschlagen hörte sie dann oft nur noch Musik und ging früh zu Bett. So schwierig ihre Lebensumstände auch waren, aber mit dieser Art von innerem Selbstgespräch verschlechterte sich ihre seelische Verfassung nur noch mehr.

Kommen wir zum **ABC-Modell** zurück und analysieren diese Situation auf ihre Bestandteile:

- A (der Auslöser): Es liegt eine Augenerkrankung (Makuladegeneration) vor.
- B (die persönliche Bewertung der Lebensumstände): Was ist, darf nicht sein.
- C (die Konsequenz aus A + B): Eine große Niedergeschlagenheit sowie ein körperliches Schwächegefühl sind deutlich spürbar.

Natürlich hatte diese Denkweise auch etwas mit ihrer frühkindlichen Prägung zu tun. Sie wuchs in einer Bauernfamilie auf, in der es immer viel zu tun gab. Krankheiten und Schwächegefühle wurden in ihrem Elternhaus massiv abgelehnt. Nun saß Charlotte K. in ihrer Küche und sprach mit sich selbst genau so, wie sie es thematisch zu Hause bereits gelernt hatte. Im ersten Schritt der Psychotherapie lernte sie zunächst, ihr **inneres Kind** liebevoll zu bemuttern und zu trösten.

Im Anschluss daran konzentrierten wir uns auf die alternativen Möglichkeiten, sich selbst innerlich neu gegenüber der Augenkrankheit zu positionieren. Ich fragte sie danach, ob sie noch andere Menschen kennen würde, die ebenfalls an einer Makuladegeneration erkrankt wären. Die Klientin erzählte, dass sie im Wartezimmer ihres Augenarztes schon eine gleichaltrige Frau kennengelernt habe, die ebenfalls diese Krankheit hatte. Die beiden Betroffenen hatten sogar ihre Telefonnummern ausgetauscht, und es gäbe hier und da ein persönliches Treffen.

Ich fragte Charlotte K., wie diese Frau zu ihrer Krankheit stehen würde. Völlig begeistert berichtete sie, dass diese Bekannte namens Sabine – trotz ihrer nachlassenden Sehfähigkeit – abends gerne noch in Klassik-Konzerte gehe. Sie sagte: „Der Verlust meiner Sehkraft ist schlimm für mich, aber es könnte schlimmer sein. Ich lasse den Kopf einfach nicht hängen. Auch mit meinen Einschränkungen und Behinderungen kann ich das Leben immer noch genießen." Sabine hatte also die gleiche Krankheit wie Charlotte K., ihre persönliche Auffassung zu der Krankheit führte jedoch zu einer völlig anderen Konsequenz.

Diese Situationsbeurteilung von Sabine brachte Charlotte K. dazu, die Beeinträchtigung durch die Krankheit zwar als unangenehm zu registrieren, sich dann aber ganz bewusst auf Aktivitäten in ihrem Alltag zu konzentrieren, die ihr Lebensfreude brachten.

Ich ermutigte Charlotte K., auf die Suche nach weiteren attraktiven Vorbildern zu gehen. Sicherlich gab es noch mehr Menschen in ihrem Leben, die eine Krankheit hatten und für sich selbst einen guten Umgang damit gefunden haben. Ich forderte die Klientin auf, genau zu schauen, **was sie von den anderen Menschen lernen und übernehmen könnte**. Inspiriert von dieser Vorstellung beschäftigten wir uns in den kommenden Sitzungen mit den sie positiv ansprechenden Mitmenschen aus ihrem Umfeld. Wir entwickelten daraufhin neue Vorstellungen, die mit einem höheren Wohlbefinden verbunden waren.

Diese neuen Perspektiven, die sie beim Beobachten der Vorbilder für sich selbst entwickeln konnte, sprach sie nach unseren Gesprächen auf ihr Smartphone.

Um ihre aktuellen persönlichen Gegebenheiten mit mehr Lebensqualität wahrnehmen zu können, führte die Klientin fortan jeden Morgen ein kleines Mentaltraining durch. Beim Frühstück hörte sie sich dann immer diese neuen Ansichten an und stimmte sich damit positiver auf den Tag ein.

Auch änderte sie ihre abendlichen Gewohnheiten. Anstatt alleine in der Küche zu sitzen und zu grübeln, ging sie nun häufiger abends zu ihrer netten Nachbarin im Haus und beide redeten ein bisschen über die Ereignisse ihres Alltags.

Mit der bewusst gewählten Änderung ihrer Situationsbeurteilung und der Alltagsgewohnheiten reduzierten sich nach und nach die Zeiten des Kummer erzeugenden Grübelns.

In dieser beschriebenen sogenannten „kognitiven Verhaltenstherapie" von Albert Ellis werden die Klienten dazu ermutigt,

> „[…] sich nach Vorbildern zu richten, die sie kennen oder von denen sie wissen, dass sie ihre Einschränkungen überwunden haben." (Ellis und Ellis 2012, S. 113)

Fassen wir zusammen: Was ein lebenserfahrener Mensch zu den Widrigkeiten in seinem Leben sich selbst gegenüber äußert, ist sehr entscheidend dafür, ob er daraus letztendlich das Gefühl für sich selbst entwickeln kann, mit den jeweiligen Gegebenheiten gut zurechtzukommen. Das innere Selbstgespräch legt die Grundlage dafür, wie sich beim Eintreten von Unannehmlichkeiten die Gefühlslage eines Menschen ändert.

Normale Reaktionen auf negative Ereignisse sind nach Ellis und Ellis (2012, S. 24) zufolge Trauer, Frustration und Enttäuschung. Wenn ein Ereignis von einer Person als „schlecht" identifiziert wird, so besteht die Chance, rationale Überzeugungen folgen zu lassen. Eine Bewertung könnte z. B. so lauten:

> „Ich mag keine A und wünschte, es gäbe sie nicht. Es gibt sie aber, und ich komme damit zurecht." (Ellis und Ellis 2012, S. 24)

Führen jedoch die Bewertungsprozesse zu einer eher negativen inneren Einstellung, dann werden die Vorfälle als „furchtbar, schrecklich oder nicht aushaltbar" eingestuft. Die irrationalen inneren Argumente haben leider oft die Konsequenz, dass die Betreffenden nur sehr schwer mit den unerwünschten Vorfällen ihres Lebens zurechtkommen. Wenn eine Person häufig oder längerfristig irrationale innere Selbstgespräche führt, so können diese zu depressiven Verstimmungen, Angstzuständen oder auch zu starken Wutgefühlen führen (Ellis und Ellis 2012, S. 24).

Nachstehend erläutere ich noch genauer die Unterschiede zwischen dem rationalen und irrationalen Denken:

- Das **rationale Denken** ist gekennzeichnet durch eine große Realitätsnähe mit einem vernünftigen Augenmaß. Diese Person fordert nicht, dass sich die Dinge so verhalten, wie sie es gerne hätte. Die erträglichen Emotionen entstehen aufgrund der hohen aufgebrachten Frustrationstoleranz, die jemand für die augenblickliche Lebenslage mit sich bringt.
- Das **irrationale Denken** zeichnet sich hingegen durch Übertreibungen und/oder durch eine katastrophale und schreckliche Sicht der Geschehnisse aus. Diese Person fordert durch „sollte" oder „muss", dass sich die Dinge so verhalten, wie sie es gerne hätte. Die daraus resultierende niedrige Frustrationstoleranz führt dann oft zu schwächenden und quälenden Befindlichkeitszuständen bei den Betreffenden (Ellis und Ellis 2012, S. 26).

Diese unterschiedlichen Sichtweisen mögen beim Lesen vielleicht plausibel klingen. Tatsache ist jedoch, dass wir alle Menschen sind. Und es ist nur allzu menschlich, wenn eine Person erst einmal mit Widerstand oder auch mit irrationalen Denkweisen auf eintretende unangenehme Lebensveränderungen reagiert. Wir gelangen also manchmal erst nach einem gewissen Abstand zu den Geschehnissen an den Punkt, an dem wir die Wahl haben, entweder in leidvollen Gedankenstrukturen zu verharren oder uns auf eine konstruktive Sichtweise zu den Geschehnissen zu konzentrieren. Ein hierzu passendes Sprichwort lautet: „Die Zeit heilt oftmals unsere erlittenen Wunden."

Entscheidend bei der Bewältigung von unerwarteten Ereignissen ist es, dass sich ein Mensch mit einem verständnisvollen und mitfühlenden „Lächeln nach innen" viel mehr den Belastungen seines Lebens stellen kann.

Kristin Neff (2015, S. 13) schreibt in ihrem Buch *Selbstmitgefühl* über die zu entwickelnde „Freundlichkeit als emotionale Antwort auf unser eigenes Leiden". Die Autorin vertritt die Auffassung, dass die meisten Menschen – wenn sie leiden – häufig auch noch sehr kritisch und grob mit sich selbst umgehen. Diese Selbstabwertung führt jedoch keinesfalls zur Verbesserung der Lebensumstände.

In der Art und Weise, wie wir liebevoll mit einem guten Freund sprechen würden, wenn dieser Kummer hat, besteht auch für uns die Möglichkeit, mit uns selbst annehmend und mitfühlend zu reden. Kristin Neff (2015) postuliert, dass, wenn ein Mensch mit erheblicher **Selbstkritik** auf sein bestehendes inneres Leiden antwortet, dies zu Ängsten, Stress oder sogar zu depressiven Verstimmungen führen kann. Beim **Selbstmitgefühl** hingegen

> „[…] fühlen wir uns sicher und emotional ausgeglichen. Wir fühlen uns akzeptiert und geliebt." (Neff 2015, S. 22)

Die Folge davon ist, dass das innere Leiden danach oft auf natürliche Weise allmählich zum Abklingen kommt (Neff 2015, S. 26).

Ein bestehender Kummer kann chronisch werden, wenn wir ihn innerlich bekämpfen, abwerten oder ihn – grundsätzlich gesehen – überhaupt nicht haben wollen. Alle Unternehmungen, die zur Lösung eines Konflikts beitragen sollen, scheitern dann oft an der inneren Abwehrhaltung, die jemand gegenüber den Wandlungen seines Lebens einnimmt.

An dieser Stelle sei jedoch besonders hervorgehoben, dass eine Umstrukturierung der eigenen inneren Überzeugungen durchaus möglich ist.

> „Dank ihrer Bewustheit können sie wählen, wie sie denken-fühlen-handeln (an Punkt B). Wenn sie eine dysfunktionale Wahl treffen (was bei vielen von uns häufig der Fall ist), können sie sie umgestalten und sich für eine funktionalere Alternative entscheiden." (Ellis und Ellis 2012, S. 25).

Üben Sie sich deshalb – gerade um ihres inneren Friedens willen – in der inneren Selbstaufmerksamkeit und setzen Sie den dysfunktionalen Gedankenstrukturen eine rigorose Grenze: „Nein! Mit diesem oder jenen Denkansatz füge ich mir nur unnötiges Leid zu. Ich entscheide mich dafür, die Geschehnisse mit einer anderen und positiveren Brille zu betrachten."

Die Anwendung des **ABC-Modells** von Albert Ellis ist ein Weg, wie eine Situationsbewältigung auch längerfristig gelingen kann.

Wir alle wünschen uns inneren Frieden und Gelassenheit. Es ist eine Illusion, zu glauben, dass einem das Glück dauerhaft einfach so zufällt. Die Wirklichkeit ist jedoch, dass das emotionale Wohlbefinden oft erst das Resultat einer positiven inneren Haltung ist.

In dem Zusammenhang stelle ich den Lesern noch eine weitere Herangehensweise vor, die den Menschen dazu verhelfen kann, die sich wandelnden Lebensumstände mit mehr Ausgeglichenheit wahrzunehmen. Riemann und Kleespies (2016, S. 117) drücken dies wie folgt aus:

> „Nichts im Leben hat nur einen positiven oder negativen Aspekt."

4.1.2 Dankbarkeit entwickeln

Jede Veränderung im Leben bringt Verluste und Gewinne mit sich. Wer kurz vor dem Eintritt in den Ruhestand steht, hat beispielsweise schon viele Lebensjahre geschenkt bekommen. Auch das ist ein Grund zur Dankbarkeit! Es gibt z. B. Mitmenschen aus dem gleichen Jahrgang, die dieses Alter gar nicht erreicht haben.

Unabhängig davon, wie die eigene Biografie bisher gelaufen ist: Die Tatsache, dass ein Berufsaussteiger an diesem Wendepunkt seines Lebens steht, beinhaltet demnach schon einen Aspekt von vielen weiteren, für den dieser Mensch Dankbarkeit empfinden kann. Um emotional gesehen immer wieder ins Gleichgewicht zu kommen, kann es für den Berufsaussteiger hilfreich sein, sich eine schriftliche Übersicht über seine erfreulichen Aspekte in seiner augenblicklichen Lebenssituation anzufertigen.

Notieren Sie sich alle positiven Gesichtspunkte und lesen Sie diese regelmäßig durch. Ein Bewusstsein für die Geschenke, die jemand in seinem bisherigen Leben erhalten hat, kann den Betreffenden Stärke verschaffen, die ihn wappnen für die Widrigkeiten des dritten Lebensabschnitts.

Abschließend möchte ich jedoch auch vor einem übersteigerten positiven Denken warnen. Ich vertrete an dieser Stelle nicht die Auffassung: „Denk positiv, und alles ist und wird gut." Gerade diese gesellschaftlich gern gesehene Schönfärberei von schwierigen Situationen hat nichts mit Ehrlichkeit zu tun. Jede innere Neuausrichtung sollte auf ein ehrliches Situationserleben aufbauen. Wer von sich selbst abverlangt, immer nur das Positive zu denken und zu sehen, der steht in Gefahr, früher oder später unter Selbstzweifeln zu leiden.

Auch die buddhistische Lehre enthält einen Lösungsweg zum Ausstieg aus dem Leiden. In dieser Weltanschauung wird die Auffassung vertreten, dass Leiden aus folgendem Grund entstehe:

> „Alter und Tod werden zum Leiden, wenn man danach dürstet, ewig jung und unsterblich zu sein; Krankheit ist Leiden angesichts des Durstes nach Gesundheit." (Gäng 2002, S. 79)

Der Ausstieg aus dem Leiden geschieht, indem ein Mensch in sich selbst den Durst nach Gesundheit, Leistungsstärke, ewigem Leben oder anderen Begehrlichkeiten erlöschen lässt (Gäng 2002, S. 81).

Auch ein selbstbetäubender Umgang mit den kritischen Lebensereignissen ist nicht ratsam. Da leider zu viele Menschen zu Suchtmitteln greifen, erläutere ich im Folgenden die Dysfunktionalität von missbräuchlichem Umgang mit diesen Substanzen.

4.1.3 Kein Konsum von Drogen!

Wer seine unangenehmen Stimmungen durch Alkohol, Tabletten oder stimmungsverändernde Substanzen aus dem Bewusstsein verdrängt, verliert dadurch die Beziehung zu sich selbst und oft auch zu seinen nahestehenden Mitmenschen. Drogen in jeglicher Form treiben uns selbst von der Chance weg, an den Wachstumsthemen unseres Lebens zu reifen. Alles, was sich im Inneren eines reiferen Menschen zeigt, will eine Antwort bekommen. Wer betäubt ist, kann die Botschaften seiner Seele nur unzureichend verstehen und so auch kaum beantworten.

Ein Weglaufen vor der inneren Selbstbegegnung kann z. B. dadurch verhindert werden, dass jemand für sich selbst entlastende Dialoge mit guten Freunden sucht, sich für eine Psychotherapie entscheidet oder an Selbsthilfegruppen teilnimmt, wobei Letztere wissenschaftlich evaluiert als besonders wirkungsvoll gelten (Bohus und Wolf-Arehult 2013, S. 348).

4.2 Trauerbewältigung – Trost finden

In diesem Abschnitt geht es um Vorgehensweisen, Trauer zu bewältigen. Dem Thema Trost wird in diesem Zusammenhang eine besondere Aufmerksamkeit gewidmet. Was genau tröstet uns Menschen in zwischenmenschlichen Beziehungen? Wie können wir uns selbst in einem emotionalen Stimmungstief beruhigen? Auch die Hilfestellung, durch den persönlichen Austausch innerhalb einer Schicksalsgemeinschaft eine stabilisierende Zuwendung zu erfahren, wird in diesem Abschnitt noch näher angesprochen.

Der Austritt aus dem Arbeitsleben ist gekoppelt an viele Prozesse des Loslassens. Für Menschen, die ihre Arbeit geliebt haben, geht ein bedeutsamer Teil ihres Alltags unwiederbringlich verloren. Daneben steht noch eine weitere unangenehme Tatsache im Raum: So gut wie niemand verfügt über ein konkretes Wissen darüber, wie viel Restlebenszeit ihm selbst noch zur Verfügung steht.

4.2.1 Ja! Schlimmes geschieht

Mit zunehmendem Alter mehren sich die Erfahrungen der Vergänglichkeit des eigenen Lebens. Dies ist für jeden reiferen Menschen eine unumkehrbare Realität.

Jeder Berufsaussteiger steht somit vor der Aufgabe, sich mit diesem Naturgesetz irgendwie aussöhnen zu müssen. Eine zentrale Frage lautet in diesem Zusammenhang: **Wie bewältige ich die Herausforderungen, die in Zukunft von mir gefordert werden?**

Dabei geht es insbesondere um folgende Aspekte:

- Umgang mit der zunehmenden Schwäche
- Körperlicher Abbau
- Bewältigung von Krankheit und Tod vertrauter Weggefährten

Alle diese unangenehmen Erfahrungen haben eines gemeinsam, dass wir **Abschied nehmen müssen.** Bisher vertraute und als selbstverständlich wahrgenommene Lebenswirklichkeiten wandeln sich. Nachdem jahrzehntelang eine hohe Leistungsfähigkeit etwas ganz Normales und Alltägliches war, bröckelt nun diese Erfahrungswelt. Gerade mit dem Eintritt einer Krankheit kann eine vermehrte Verunsicherung eintreten.

> „Trauer ist die Patin jeden Abschieds." (Müller und Schnegg 1998, S. 11)

Immer wenn wir Verluste zu ertragen haben, reagiert der gesunde Mensch mit Trauer.

> „Trauern heißt: allmählich schmerzlich zu begreifen, wen und was man verloren hat." (Radebold und Radebold 2009, S. 168)

Ein typisches Symptom einer Trauerreaktion ist die reduzierte Lebendigkeit. Vielfach findet ein sozialer Rückzug statt, und es kommt zu einem nachlassenden Interesse an den gewohnten Aktivitäten. Auch können Schlafstörungen, phasenweise anhaltende Müdigkeit und Antriebsschwäche Folgereaktionen sein. Aber auch ausgeprägte Wutgefühle oder Ängste können mit einem Trauererleben einhergehen. Schnelzer (2008, S. 15 ff.) legt dar, dass es sich hierbei häufig um „vorübergehende Erfahrungen" handelt, „die in der ersten Zeit nach einem Verlust auftreten und Ausdruck normaler Trauer sind".

Es gibt verschiedene Perspektiven, mit denen jemand auf diese Situation reagieren kann. Zwei Tendenzen sind dabei besonders häufig anzutreffen:

1. Der **Widerstand** oder das persönliche **Hadern** und **Kämpfen** gegen diese unangenehmen Lebensveränderungen. Diese innere Einstellung kostet viel Kraft und führt zu einer zusätzlichen Schwächung des eigenen Energiehaushalts (Heller 2013, S. 38).

2. Die grundsätzliche **Annahme** und **Bejahung** der eintretenden Wandlungsprozesse. Diese Perspektiven fördern eine kürzere Verweildauer in dem zu durchfühlenden Trauerprozess. Dieser nahezu ideale Blickwinkel auf die Geschehnisse ist aber oft nur vorübergehend erreichbar, denn als älter werdende Menschen kommen wir höchstwahrscheinlich immer wieder an einen Punkt, an dem uns das Annehmen der Wirklichkeit eher schwerfallen wird (Schmidbauer 2003, S. 57).

Wie bereits in Abschn. 4.1 angedeutet, geht es bei der Bewältigung der altersbedingten Lebensumbrüche immer wieder um einen grundsätzlichen Respekt gegenüber den aktuellen Stimmungen, die ein Mensch in seinem Inneren wahrnimmt (Kindermann et al. 2013, S. 34). Es ist jedoch lohnenswert, soweit wie möglich eine annehmende innere Einstellung zu den Geschehnissen zu entwickeln. Die Autoren Ellis und Ellis (2012, S. 28 f.) sowie Bohus und Wolf-Arehult (2013, S. 147 ff.) teilen die Auffassung, dass, wenn Geschehnisse nicht zu ändern sind, oftmals nur das grundsätzliche Annehmen des Unveränderlichen hilft.

4.2.2 Radikale Akzeptanz

„Ja, so ist das." (Bohus und Wolf-Arehult 2013, S. 149)

Es bringt nichts, einen Kampf zu führen, den man nicht gewinnen kann. Ellis und Ellis (2012, S. 29) unterteilen die radikale Akzeptanz grob in folgende drei Kategorien:

1) Bedingungslose Selbstakzeptanz
Hiermit ist Folgendes gemeint: „Sie akzeptieren sich immer – ja, immer – mit all Ihren Schwächen." Im Gegenzug sollte jegliche Form der inneren Selbstabwertung strengstens abgewehrt werden. Fehler und Mängel gehören zu unserem Menschsein dazu und sollten von uns mit einer inneren Sanftheit und Milde betrachtet werden. Ein Satz zur inneren Einstellung könnte in dem Zusammenhang lauten: **„Soweit es mir möglich ist, akzeptiere ich mich selbst, so wie ich jetzt gerade bin."**

2) Bedingungslose Akzeptanz anderer
Anstatt die Mitmenschen für ihre Unzulänglichkeiten zu verdammen, besteht auch hier die Möglichkeit, mit mehr Mitgefühl auf die Schwächen der anderen zu schauen. Im Zustand der Nachsicht und der Toleranz sowie

durch das Einfühlungsvermögen in die jeweiligen Mitmenschen entsteht im Inneren eine Tendenz zu Frieden und Gelassenheit.

3) Bedingungslose Akzeptanz des Lebens

Die Schwierigkeiten im Leben zu erkennen und im realistischen Rahmen für Verbesserungen zu sorgen, ist eine gesunde Perspektive auf die jeweiligen Konstellationen. Die entgegengesetzte Annahme, dass das Dasein als hoffnungslos und ohne jegliche Korrekturmöglichkeit angesehen wird, ist zwar in manchen akuten Krisensituationen sehr nachvollziehbar; eine Abschwächung dieser drastischen Sicht ist jedoch empfehlenswert, wenn ein Mensch die Aufrechterhaltung seines eigenen Seelenfriedens zum Ziel hat. Unangenehme Lebensumstände innerlich einfach nur als „schlecht" oder „lästig" einzustufen, mildert das Trauererleben bereits etwas ab. Egal, wie traurig die Rahmenbedingungen eines Menschen auch aussehen mögen, es gibt sicherlich in jeder Konstellation des Lebens eine Möglichkeit zur Erleichterung der höchst persönlichen Lebenslage.

George A. Bonanno, Professor der Klinischen Psychologie an der Universität Columbia in den USA, hat sich intensiv mit der Trauererforschung auseinandergesetzt. Er kommt zu folgendem Ergebnis:

> „Kummer wendet unsere Aufmerksamkeit nach innen, ermöglicht uns, Bilanz zu ziehen und Ordnung zu schaffen." (Bonanno 2012, S. 43)

In einem Gefühl der Traurigkeit achtet ein Mensch mehr auf die Details in seinem Leben. Bei Gedächtnisuntersuchungen, in denen die Probanden durch bestimmte Filme oder Musikstücke in eine trübsinnige Stimmung versetzt wurden, fand man heraus, dass mit dem Kummer die Genauigkeit des Denkens zunimmt.

> „Menschen, die man in einen Zustand der Traurigkeit versetzt hat, sind auch genauer in der Beurteilung ihrer eigenen Fähigkeiten und Leistungen und aufmerksamer und weniger voreingenommen in der Wahrnehmung anderer." (Bonanno 2012, S. 43)

> „Nicht selten sind große kreative Begabungen aus Trauerprozessen gewachsen, weil die Seele in der angespannten Enge des Trauererlebens das Notventil des schöpferischen Ausdrucks in Musik, Malerei, Sprache, Tanz usw. suchte." (Müller und Schnegg 1998, S. 23 f.)

Thomas Schnelzer (2008, S. 26) hat ein Lehrbuch zum Thema „Trauerpsychologie" geschrieben. Er legt dar, dass es für die Bewältigung der Trauer sehr wichtig ist, den Schmerz zu erfahren und zu durchleben.

„Innere Harmonie und Ausgewogenheit können durch Ausgrenzung schwieriger Lebensbereiche nicht erreicht werden und rücken in immer weitere Ferne. Gefühle, die mit Verlusterfahrungen verbunden sind, sollten in unseren gesamten Gefühlsschatz integriert und nicht abgespalten werden! Nur die gedankliche und emotionale Auseinandersetzung mit dem Thema Tod, das Zulassen schmerzhafter Erfahrungen und das Durchleben von Trauerprozessen können zu jener inneren Gelassenheit und menschlichen Reife führen, die an sogenannten weisen Menschen so bewundert wird." (Specht-Tomann und Tropper 2013, S. 14)

„Altern verlangt so als durchgängige Entwicklungsaufgabe, immer wieder zu trauern mit der Chance, sich abzulösen und wieder befreiter zu leben." (Radebold und Radebold 2009, S. 89)

Zur Bewältigung der Verlusterfahrung ist es somit von großer Bedeutung, den **Trauerschmerz zu durchfühlen** und „verständnisvolle, anteilnehmende Mitmenschen um sich zu haben" (Specht-Tomann und Tropper 2013, S. 7).

Inwieweit können nun Trost und Mitgefühl durch unsere Mitmenschen eine Linderung unseres seelischen Schmerzes mit sich bringen?

4.2.3 Einfühlsame Trauerbegleitung

Der ehemalige Bürgermeister der Hansestadt Bremen, Henning Scherf, vertritt in dem von ihm mit verfassten Buch *Das letzte Tabu* die Auffassung:

> „Um die Trauer leben, aber auch überwinden zu können, brauche ich Zeit und die Hilfe anderer Menschen." (Keil und Scherf 2016, S. 233)

> „Verletzungen der Seele heilen nach allem, was man jetzt weiß, am besten durch mitmenschliche Zuwendung, Verständnis, Anerkennung des Leidens und Trost." (Kindermann et al. 2013, S. 135)

Befassen wir uns als nächstes mit der Frage, welches konkrete Verhalten Trost bringend für das Gegenüber ist. Wie kann eine einfühlsame Begleitung aussehen, damit die/der Trauernde eine Linderung seines Kummers erfährt?

Die Autorinnen Monika Specht-Tomann und Doris Tropper (2013, S. 137) veranschaulichen dies sehr konkret: „**Was kann trösten?**

a. Schmerzen und Tränen aushalten
b. Fragen, Klagen, Anklagen … zulassen

c. Körperkontakt (falls erwünscht und in der Situation angemessen) zulassen
d. Zeitnehmen/Zeithaben/Zeitgeben
e. Gemeinsames Traurigsein
f. Traueraktivitäten unterstützen, begleiten (z. B. Grabbesuche von Verstorbenen)
g. Selbst ruhig bleiben und Da-Sein."

Zudem machen alle Gleichaltrigen zur selben Zeit vermehrt ähnliche Erfahrungen, die Geschehnisse im eigenen Leben – im höheren Maß wie früher – hinnehmen zu müssen.

Die Gemeinsamkeit aller Menschen ist das Leben mit der Bewusstheit der eigenen Endlichkeit. Wir sitzen alle im selben Boot. Es geht den anderen Altersgenossen genauso. Auch sie empfinden Trauer und Schmerz über die zu erleidenden Verluste. Eine weitere Trostmöglichkeit besteht also auch darin, sich mit diesen Gleichaltrigen zu verbinden. „Geteiltes Leid ist halbes Leid", so lautet ein altbekanntes Sprichwort.

Eine Schmerzlinderung kann vielleicht auch die folgende innere Einstellung mit sich bringen: „Ich reihe mich ein unter all den Altersgenossen und nehme bewusst wahr, dass auch die anderen ihre schwerwiegenden Abschiedsthemen in ihrem Lebens zu ertragen haben."

> „[Eine] Schicksalsgemeinschaft lässt uns unsere Lage leichter ertragen; wir sind dann nicht mehr so allein, und der Trost, dass es anderen genauso wie uns ergeht, ist allein schon eine gewisse Erleichterung und Hilfe. Aber aus der Notgemeinschaft können auch neue Ideen entstehen; das gemeinsame Bemühen um Abhilfen, Versuche, die Situation zu ändern, etwas gegen sie unternehmen, wozu der Einzelne allein nicht in der Lage ist oder nicht genügend Macht hat. Dies kann Dinge möglich machen, die sonst nicht möglich wären. Die Quantität ist immer auch eine Macht, der manches gelingen kann, was dem Einzelnen nicht gelingt." (Riemann und Kleespies 2016, S. 157).

Ein regelmäßiger Besuch von Selbsthilfegruppen und themenzugeschnittenen Gesprächskreisen oder diverse Gruppentherapien können eine große Beruhigung des eigenen Trauerschmerzes mit sich bringen, denn dort besteht – neben dem Trost bringenden Gemeinschaftserleben – auch die Möglichkeit, sich Anregungen und hilfreiche Impulse für die eigene Lebenslage zu holen (Riemann und Kleespies 2016, S. 163 f.).

In welchem Rahmen ein trauernder Mensch diese manchmal als bedrohlich erlebten Empfindungen zulassen kann, ist höchst unterschiedlich. Manche Menschen gehen in die Natur und finden dort Trost und Geborgenheit, um sich diesen Gefühlen zu stellen. Andere wiederum brauchen Menschen um sich herum, um diese Empfindungen ertragen zu können. Betrachten Sie auch hierzu Ihre eigene Biografie: „Wo und an welchen Orten konnte ich früher schon immer meine traurigen Empfindungen zulassen und durchfühlen? Welche Aktivitäten haben mir immer wieder über den Schmerz hinweggeholfen und mir eine gewisse innere Stabilität gegeben?"

Eine weitere optimale Trostsituation könnte z. B. folgende sein:

> „Im Arm gehalten zu werden, wenn man leidet und bei den eigenen Gefühlen bleiben zu dürfen, einfach als Mensch mit seinen Gefühlen angenommen und geliebt zu werden ohne die Erwartung, sich zu ändern oder die Lektion eines anderen lernen zu müssen – von jemandem gehalten zu werden, der sich mit meinem Schmerz nicht unbehaglich fühlt." (Chopich und Paul 2007, S. 195)

Diese Bemutterung erfahren normalerweise Kinder, wenn sie Kummer über irgendeinen Vorfall in ihrem Leben empfinden. Es ist sehr bedauerlich, dass wir mit zunehmendem Erwachsenenwerden diese tief greifende Form des Trostes häufig nicht mehr erfahren bzw. zulassen können.

Umso mehr sind wir als eigenverantwortliche reifere Menschen gefordert, uns diese beruhigende Trosterfahrung im eigenen Leben zu verschaffen. Jirina Prekop (1999) beschreibt in ihrem Buch *Hättest du mich festgehalten ...* ausführlich die Heil bringende Wirkung der **Festhaltetherapie**.

Trost können wir durch die Zuwendung unserer Mitmenschen erfahren, aber wir können auch lernen, in einem Stimmungstief mit uns selbst in einer besänftigenden Art und Weise umzugehen.

Möglichkeit der Selbstberuhigung in Trauerprozessen
Im Folgenden zeige ich einige Möglichkeiten auf, wie Sie sich in Trauerprozessen selbst unterstützen und beruhigen können.

Einen Lieblingsplatz gestalten In Krisensituationen kann es wichtig sein, sich zu Hause einen Ort zu erschaffen, an dem Sie sich bewusst auf eine Begegnung mit sich selbst und den Verlustgefühlen einlassen können. Dieser Platz sollte ein Refugium sein, in dem sich der Mensch sicher und geborgen fühlt. Alle Gefühle und Gedanken, die sich im Inneren zeigen, dürfen dort existieren und werden erst einmal wertfrei wahrgenommen. Mit welchen Utensilien Sie sich solch einen Sitzplatz schön gestalten können, beschreibe ich nachstehend.

Dieser Ort sollte für Sie der Inbegriff an Gemütlichkeit sein. Platzieren Sie dort sämtliche Lieblingsgegenstände, die für Sie Behaglichkeit und ein

Wohlgefühl verkörpern, z. B. schöne Pflanzen, Kerzen, Kissen, Parfüms, eine Wärmflasche, ihre Lieblingsbücher und Bilder aus ihrer Kindheit oder auch Fotos von Orten, die für Sie persönlich eine große Bedeutung haben. Außerdem gehören an diesen Zufluchtsort annehmbare Symbole der Trauer. So können Sie dort auch Bilder von den Kollegen platzieren, die Sie während Ihrer Berufstätigkeit sehr geschätzt haben, und mit denen Sie jetzt nicht mehr Ihren Alltag teilen können.

Überprüfen Sie genau, welche Gegenstände Ihnen wirklich guttun. Verweilen Sie dann regelmäßig an diesem Ort und schauen Sie nach innen. Wenn traurige Gedanken und Gefühle ins Bewusstsein kommen wollen, heißen Sie diese willkommen. Nehmen Sie sich die Zeit zum Ergründen der Botschaften Ihrer Seele.

Gestalten Sie dann den vorübergehenden Trauerprozess so liebevoll, wie es nur irgend geht. Zünden Sie eine Kerze an. Kochen Sie sich einen leckeren Tee. Verzehren Sie eine Speise, die Sie lieben. Auch ein Trauertagebuch kann sehr unterstützend sein, wenn es darum geht, Ihrem Verlustschmerz einen würdevollen Platz zuzuweisen. Früher saßen viele ältere Menschen in einem Schaukelstuhl, der ebenfalls für viele ein Trost bringender Platz war, an dem sich die Betreffenden auf sich selbst besinnen konnten. Im Inneren-Kind-Kontakt ist ebenfalls eine tiefer gehende innere Selbstberuhigung möglich.

Das traurige innere Kind selbst bemuttern Luise Reddemann ist eine Professorin für psychotherapeutische Medizin, die sich auf die Behandlung von Psychotraumatologie spezialisiert hat. Sie hebt in dem Buch *Imagination als heilsame Kraft im Alter* (Kindermann et al. 2013, S. 136) hervor, dass Menschen schlimme Erfahrungen emotional bewältigen können, wenn die Betreffenden Trost, Mitgefühl und Verständnis für das Geschehene in einer psychotherapeutischen Beziehung erleben können.

Um jedoch eine dauerhafte Abhängigkeit von einem Therapeuten zu verhindern, ist es demnach wichtig, dass die Patienten auch lernen, sich mithilfe ihrer Vorstellungskraft den Trost selbst zu geben. Das traurige kindliche Ich in dem Inneren der Betroffenen wird dabei liebevoll umarmt und vom Erwachsenen gehalten (Abb. 4.1).

In der Inneren-Kind-Selbstbegegnung wird der Erwachsene dabei aufgefordert, genau nachzuprüfen, was der traurige kindliche Anteil in ihm jetzt braucht.

4 Krisenbewältigung von unangenehmen Emotionen

Abb. 4.1 Bildliche Darstellung eines fürsorglichen Kontakts zwischen der verständnisvollen Mutter und dem Trost suchenden Mädchen. (Aus: Jacob et al. 2011, S. 107, mit freundlicher Genehmigung von Beltz, Weinheim)

Folgende Orientierungsfragen können als wegweisender Impulsgeber dienen:

- Warum fühle ich mich jetzt in diesem Augenblick traurig oder verletzt?
- Was bräuchte ich jetzt, um dieses Gefühl erst einmal zuzulassen?
- Gibt es eine geeignete Aktivität, die mir Trost und Ausgleich bringen könnte?
- Womit würde ich mich im Nachhinein vielleicht wohler fühlen?

> „Sich um sein verletzliches Kind zu kümmern, ist eng verbunden mit dem Begriff Selbstfürsorge oder Selbstzuwendung. Damit ist eine Grundhaltung gemeint, in der man sich selbst liebevoll begegnet und versucht, den eigenen Bedürfnissen soweit als möglich nachzukommen." (Jacob et al. 2011, S. 107 ff.).

Die Heil bringende Selbstfürsorge hat insofern sehr viel damit zu tun, die verletzten und traurigen inneren Anteile in sich selbst gut zu versorgen (Kindermann et al. 2013, S. 139).

Der Briefwechsel mit dem inneren Kind Beispielsweise äußert das innere Kind in einer Tagebuchaufzeichnung folgenden Gedanken: „Ja, es macht mich sehr traurig, dass ich meine Arbeit und den engen Kontakt zu meinen Kollegen nunmehr unwiederbringlich verloren habe."

Schreiben Sie hierzu Ihrem inneren Kind vielleicht regelmäßig eine liebevolle Antwort. Bekräftigen Sie darin Ihr Versprechen, dass Sie sich um es kümmern werden, z. B.: „Deine Trauer kann ich sehr gut verstehen. Ich bin als Erwachsene jetzt für dich da. Nimm dir erst einmal den Raum und die Zeit dafür, diese Gefühle zuzulassen. Ich werde mich bemühen, so liebevoll wie möglich mit dir in diesem Stimmungstief umzugehen. Hand in Hand schauen wir uns beide später dann nach Aktivitäten um, die uns dabei behilflich sein können, die traurigen Geschehnisse in unserem Leben besser zu ertragen. Vermutlich ist es morgen schon nicht mehr so schlimm wie heute. Fühl Dich gesehen, geliebt und umarmt von mir."

Lieben Sie dieses innere Kind bedingungslos, unabhängig davon, welche Gedanken und Gefühle sich in Ihrem Inneren zeigen.

Suchen Sie sich – falls erwünscht – in Ihrem Umfeld eine Trost spendende Begleitperson aus, der Sie Ihre ehrlichen Gedanken und Gefühle mitteilen können. Dies sollte jemand sein, der Sie ohne Vorbehalte akzeptiert, auch wenn Sie trübsinnige Sichtweisen zu den Geschehnissen äußern.

Die Kurzformel zum konstruktiven Umgang mit der Trauer lautet: **Zulassen – Wahrnehmen – Wertschätzen – Integrieren**, und dann darauf vertrauen, dass sich dieser Gefühlszustand wieder wandeln wird (Franz 2013, S. 146 ff.). Gönnen Sie sich in diesem Zusammenhang ausreichend Ruhe- und Mußestunden sowie aufbauende Beschäftigungen.

Religiöse Menschen können schwierige Lebenslagen besser verkraften
Der Klient Volker R. (63 Jahre) hatte leider schon vor seinem Eintritt in den Ruhestand enge Freunde durch den Tod verloren. Er fand Kraft und Trost in seinem christlichen Glauben. Durch Gebet und Meditation war es ihm immer wieder möglich, eine seelische Stabilität in diesen Abschiedssituationen für sich erfahrbar zu machen.

Die Psychoanalytiker Riemann und Kleespies (2016) beobachten bei ihren Patienten eine Überbewertung des menschlichen Intellekts. Ein Großteil unserer Gesellschaft idealisiert die naturwissenschaftlichen Gesetze:

„Wenn wir uns heute so ausschließlich an das Rationale und experimentell Beweisbare halten, deutet das auf eine Angst vor dem Irrationalen (hin), das man heute so gern mit dem Unvernünftigen gleichsetzt und das doch die „andere Seite" unseres Lebens ist." (Riemann und Kleespies 2016, S. 110 f.)

Wie ist jedoch die Tatsache zu erklären, dass wir uns in schwierigen Lebenslagen nur begrenzt mithilfe unseres Verstandes verändern können? Der anhaltende Kummer über den Verlust eines geliebten Menschen erscheint dem Einzelnen nach geraumer Zeit vielleicht als lästig und extrem unangenehm. Die Selbsterfahrung, zwar Einfluss auf das eigene Leben ausüben, aber dennoch nicht alle Entwicklungsverläufe bestimmen zu können, bringt viele reifere Menschen zur Religiosität. Der Gläubige wendet sich in seiner Not an eine Kraft, die größer ist als er selbst, und erfährt durch eine konstruktive Außenorientierung einen gewissen Trost und eine Linderung seiner Angst in kritischen Lebenslagen.

Die Autoren Lanfranconi und Markus (2007, S. 176) interviewten in ihrem Buch *Schöne Aussichten* die Hundertjährige Mathilde Knupfer. Sie vertrat in ihrem Gottvertrauen die innere Einstellung: „Mach dir keine Sorgen. Es kommt, wie es kommt!" Diese Grundeinstellung gab ihr viel Kraft, mit den Schicksalsschlägen ihres Lebens gelassener umgehen zu können.

In Bezugnahme zur Religiosität möchte ich an dieser Stelle Folgendes besonders hervorheben: Der Glaube kann den Menschen Kraft geben, durch schwierige Zeiten mit mehr innerer Stabilität zu kommen. Zudem wächst bei vielen Älteren das Bedürfnis nach einer verlässlichen Konstanz in ihrem eigenen Leben:

- Wer ist bei uns, wenn wir aus dem Leben gehen?
- Gibt es eine Begleitung über das jetzige irdische Dasein hinaus?

Bei vielen Älteren besteht die Sehnsucht: „Etwas möge – über meinen eigenen Tod hinaus – bei mir sein."

Dabei gilt, dass selbstverständlich jeder Berufsaussteiger frei in seiner Entscheidung ist, ob er eine religiöse Weltansicht für sich annehmen möchte oder nicht.

Zentrale Aufgabe beim Erfahren von Trauerprozessen ist es, mit der Zeit den Verlustschmerz zu überwinden und sich wieder neu der Umwelt zuzuwenden (Schnelzer 2008, S. 29). Gönnen Sie sich jedoch – beim Eintritt einer Verlusterfahrung – immer wieder Momente der Trauer, um die Geschehnisse auch längerfristig gut bewältigen zu können.

> „Man braucht Zeit, um sich mit dem Verlust einzurichten." (Keil und Scherf 2016, S. 232)

So gesehen ergibt das traditionelle Trauerjahr in vielen Kulturen einen Sinn, bis das seelische Gleichgewicht wiedergefunden ist.

Die **Rückgewinnung der Lebensbalance** ist das langfristige Ziel, auf das sich der Trauernde immer wieder ausrichten sollte (Bonanno 2012, S. 89). Trauern heißt, die Gefühle zuzulassen und zu durchleben. Nach einer gewissen Zeit geht es aber auch wieder darum, sich ins Leben zu begeben und die Trauerinhalte nach und nach immer mehr loslassen zu können. Eine gesunde Trauerreaktion auf einen eingetretenen Verlust bedeutet, dass die Gefühlsintensität des Verlustschmerzes mit der Zeit immer mehr abflachen wird.

Wer jedoch beständig versucht seine Trauergefühle zu vermeiden, der steht in Gefahr, an einer **Depression** zu erkranken. Manche Betroffene leiden auch unter Gefühllosigkeit.

> „[Wenn ein] Verlust nicht akzeptiert wird, kann es zu einer Depression als einem fortgesetzten Nicht-wahrhaben-Wollen kommen." (Schnelzer 2008, S. 36)

Ebenfalls kann das Unterdrücken von Klagen und Weinen zu einer Depression führen.

4.3 Umgang mit einer Depression – Lebensfreude entwickeln

In diesem Abschnitt folgen Informationen zum Thema Depression. Außerdem geht es darum, welche Faktoren die Entstehung dieser niedergeschlagenen Stimmungslage begünstigen. Daneben werden konkrete Maßnahmen aufgeführt, die die Betroffenen wieder zu mehr Lebensfreude führen können.

Definition und Hauptmerkmale einer Depression

> „Ältere Menschen sind häufig mit einer Vielzahl an Belastungen konfrontiert, wie beispielsweise auftretenden körperlichen Beschwerden, psychischem Stress durch Vereinsamung, Verlusterlebnissen usw. Kognitive Beeinträchtigungen und psychische Erkrankungen wie Depressionen gehören zu den häufigsten Gesundheitsproblemen in der älteren Bevölkerung." (Steixner et al. 2015, S. 121)

„Im Alter zeigen sich Depressionen grundsätzlich nicht anders als in jüngeren Jahren." (Hautzinger 2000, S. 3)

Der Begriff Depression leitet sich von dem lateinischen Wort „deprimere" ab, was so viel bedeutet wie „nieder- oder herunterdrücken".

Typische Erscheinungsbilder einer Depression können folgendermaßen zusammengefasst werden:

a. Die Stimmungslage ist gedrückt, niedergeschlagen und ohne Freude.
b. Die Gedanken sind gefärbt durch eine starke Negativität und Katastrophenvorstellungen. Vereinzelt bestehen Konzentrationsstörungen.
c. Der Körper kann unter anderem mit Nervosität, Herzbeschwerden, Kopfschmerzen, Schlafstörungen, Magenschmerzen und Gewichtsschwankungen reagieren (Schäfer 2001, S. 16).
d. Weitere mögliche Symptome: Interesselosigkeit, Schuldgefühle, Unruhe, Suizidideen, Selbstschädigung, diffuse Schmerzen, Kloßgefühl im Hals, Erschöpfungszustände, reduziertes Selbstwertgefühl, Gehemmtheit in kritischen Situationen, Antriebsstörungen, Druckgefühl und Enge im Brustbereich sowie Schwindel.

Von einer depressiven Erkrankung kann jedoch nur die Rede sein, wenn mehrere dieser Symptome über einen längeren Zeitraum bestehen. Diagnostik und Therapie einer Depression gehören in die Hände von Psychologen, Ärzten und Psychotherapeuten!

Die Autorin Ulrike Schäfer (2001, S. 11 ff.) beschreibt die Hintergründe weiterer depressiver Erkrankungsformen, die nicht Gegenstand dieses Buchs sind. Vielmehr möchte ich mich darauf konzentrieren, den Lesern Auswege aufzuzeigen, wie sie aus einem länger anhaltenden Stimmungstief am besten wieder herausfinden.

4.3.1 Risikofaktoren für die Entstehung einer depressiven Stimmungslage

Es gibt viele **mögliche Auslöser**, welche die Entstehung einer Depression begünstigen können.

> „In verschiedenen Studien wurde nachgewiesen, dass in dem Jahr vor dem Auftreten einer Depression bei den betreffenden Menschen eine größere Zahl negativer Ereignisse vorkam als bei gesunden Personen." (Schäfer 2001, S. 36)

Zu diesen Vorfällen zählen beispielsweise

- Todesfälle im nahen Bekanntenkreis,
- einschneidende gesundheitliche Beschwerden,
- Operationen,
- finanzielle Problemlagen oder
- anderweitige Extrembedingungen,

in denen ein Mensch über einen längeren Zeitraum einer hohen Belastungs- und Überforderungssituation ausgesetzt war (Davison und Neale 2002, S. 601 ff.).

Neben diesen auslösenden Faktoren gibt es ebenfalls **genetische** sowie **biologische Komponenten**, die für die Entstehung einer Depression verantwortlich sein können. Eine Tendenz zur chronischen Niedergeschlagenheit kann innerhalb einer Familie vererbt werden; der genetische Einfluss beträgt hierbei ca. 41 % (Schäfer 2001, S. 41). Auf der biologischen Ebene kann eine dysfunktionale Neurotransmitter-Balance vorliegen. Wenn ein Mangel an Serotonin und Noradrenalin in einem Körper vorliegt, so kann dies zu einer Antriebshemmung des Körpers führen (Schäfer 2001, S. 41 ff.).

Auch ein **Nährstoffmangel im Organismus** kann einen Zustand der Niedergeschlagenheit oder der Schwäche verursachen. Beispielsweise können sich Defizite an Vitamin B_6, Vitamin B_{12}, Folsäure, Eisen, Kalzium, Magnesium, Kalium, Zink, Natrium und Selen in Müdigkeit und Antriebsarmut zeigen. Besonders zu betonen ist jedoch in diesem Zusammenhang, dass es sich hierbei um einen Mangelzustand an Mikronährstoffen im Organismus handelt und nicht zwangsläufig um eine Depression. Die körperlichen Entbehrungssymptome können jedoch sehr ähnliche Erscheinungsformen aufweisen wie die psychische Störung. Einem Mangel ist von ärztlicher Seite zu begegnen. Eine gesunde nährstoffreiche Ernährung mit einem ausreichenden Anteil an Vitalstoffen gilt allerdings als eine grundlegende Prophylaxe, um der Entwicklung einer Depression vorzubeugen. Insbesondere ein erhöhter Verzehr von Speisen die im erhöhten Maße die Aminosäure L-Tryptophan enthalten, soll sich lindernd auf eine depressive Verstimmung auswirken (Davison und Neale 2002, S. 324).

Kommen wir nun zu den **psychologischen Faktoren**, die bei einem Menschen zur Depression führen können. Die mentale Einstellung zu den Geschehnissen spielt hierbei eine zentrale Rolle. Gerade im dritten Lebensabschnitt werden die Berufsaussteiger dahingehend herausgefordert, z. B. von ihren Ansichten über eine fortdauernde persönliche Expansion Abschied nehmen zu müssen oder eine eingeschränktere Daseinsform als würdevoll und lebenswert gelten zu lassen.

„Schließlich gelingt Menschen mit festen, wenig flexiblen und rigiden Vorstellungen, hohen Ansprüchen und Perfektionismus, ausgeprägter Misserfolgsorientierung und fatalistischen Attributionsstilen die Anpassung an sich verändernde Gegebenheiten und unveränderbaren Entwicklungen deutlich schwerer, was über das Festhalten an den alten Zielen und Ansprüchen Enttäuschung und Hilflosigkeit begünstigt und so das Depressionsrisiko erhöht." (Hautzinger 2000, S. 17)

Wenn nicht alles nach Plan läuft, reagieren viele Betroffene auch mit einer kritischen inneren Selbstbeschuldigung auf die unzureichende Situation in ihrem Leben.

„Die Reaktion der Selbstkritik führen vor allem zu Stress, Angst und Depression. Das ist keine gute emotionale Haltung, wenn man ein erfülltes und sinnvolles Leben führen will." (Neff 2015, S. 22)

Wie in Abschn. 4.1.1 bereits beschrieben, ist hier die Einstellung der bedingungslosen Selbstakzeptanz zu empfehlen. Kristin Neff steigert und transformiert diese Perspektive noch in Gestalt des **Selbstmitgefühls**. Bei dieser Art der Innenschau geht es dann darum, innerlich mit einer liebevollen Freundlichkeit und mit einem wohltuenden Gewähren-Lassen auf die aktuellen Geschehnisse zu antworten (Neff 2015, S. 10 ff.).

Doch kommen wir zurück zur Entstehung einer depressiven Stimmung. Hautzinger (2000, S. 66) führt in seinem Buch *Depression im Alter* eine Spirale auf, wie der Weg in eine depressive Stimmungslage normalerweise verlaufen kann (Abb. 4.2).

4.3.2 Maßnahmen, die wieder zu mehr Lebensfreude führen können

Nach den Hintergründen, wie eine Depression entstehen kann, zeige ich Ihnen in folgendem Abschnitt verschiedene Wege auf, wie Sie eine länger andauernde Niedergeschlagenheit überwinden können.

Vorweg möchte ich an dieser Stelle betonen, dass die folgenden Hinweise nur für leichte bis mittelschwere Erscheinungsformen einer Depression gedacht sind. Wer unter einer starken Niedergeschlagenheit leidet, für den ist es unbedingt empfehlenswert, die professionellen Hilfsangebote in seiner Wohngegend zu nutzen. Neben dem Hausarzt, den Psychotherapeuten sowie dem Psychiater gibt es weitere unterstützende Angebote wie Familienberatungsstellen, Selbsthilfegruppen und/oder auch Heilpraktiker, die eine hervorragende Unterstützung sein können bei der Linderung von den unerwünschten Stimmungstiefs.

Den Weg in eine depressive Stimmung kann man mit dem Bild einer Spirale verdeutlichen:

2. Sie haben im Alltag keine positiven Erlebnisse.

1. Sie fühlen sich niedergeschlagen und haben keine richtige Lust etwas zu tun.

3. Ihre Stimmung wird schlechter, und Sie tun nur noch das Nötigste.

4. Sie haben überhaupt nichts mehr, an dem Sie sich freuen können.

5. Ihre Stimmung ist auf dem Nullpunkt, und Ihnen ist alles zu viel.

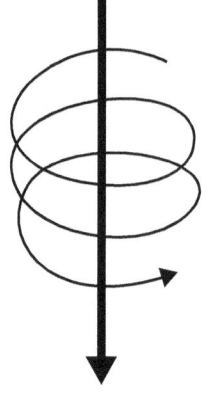

Abb. 4.2 Kreislauf zur Entstehung von Depressionen. (Aus: Hautzinger 2000, S. 66, mit freundlicher Genehmigung von Beltz, Weinheim)

Die persönliche Lebensweise passend gestalten

Wer sich also trotz medizinischer oder und psychologischer Unterstützung weiterhin niedergeschlagen in seinem Leben fühlt, für den kann es lösungsweisend sein, die eigene Daseinsgestaltung grundlegend zu überdenken und sie gegebenenfalls zu verändern. Zum Hinterfragen des persönlichen Alltags kann es dabei hilfreich sein, mit einer Person des Vertrauens über die eigene Situation zu sprechen. Aufdeckende Gespräche können die eigenen Belastungsfaktoren besser sichtbar machen, um sie dann später auch abbauen zu können.

Es gibt weiterhin zwei Herangehensweisen, durch die sich ein positiver Stimmungsaufbau ermöglichen lässt: Sowohl konkrete **Verhaltensänderungen** als auch die Wandlung der eigenen **kognitiven Denkstrukturen** können wieder mehr Schwung in das Leben von niedergeschlagenen Menschen bringen.

Aktivität und Stimmung beeinflussen sich gegenseitig Anhand der persönlichen Selbstbeobachtung kann sowohl der tägliche als auch der wöchentliche Ablauf eines Betroffenen zunächst sorgfältig untersucht werden. Hierbei sollte festgestellt werden,

> „[…] welche Aktivitäten sehr unangenehm und häufig sind und welche potentiell angenehm wären, aber nicht durchgeführt werden." (Heimann 1990, S. 122 ff.)

Im nächsten Schritt besteht die Möglichkeit, im konstruktiven Sinne die kritischen Situationen dahingehend zu hinterfragen, inwieweit die unangenehmen Aktivitäten reduziert und wodurch gleichzeitig die befriedigenden Tätigkeiten erhöht werden können. Eine Neuorganisation der alltäglichen – vielleicht schon längst routiniert ablaufenden – Vorgänge ist hierbei zur persönlichen Steigerung des Wohlbefindens notwendig.

Fallbeispiel: Die Kochunlust der Ingeborg K. (64 Jahre) Die Klientin berichtete zu Beginn unserer Gesprächsreihe, dass sie sich in ihrem Alltag oft sehr antriebsarm fühlt und dass sie – neben ihrem „normalen Tagesgeschäft"– für außergewöhnliche Unternehmungen kaum mehr die Kraft findet. Gemeinsam analysierten wir ihr persönliches Erleben bei den normalen Aktivitäten innerhalb einer gewöhnlichen Woche.

Es stellte sich heraus, dass Ingeborg K. viel Zeit für das Kochen von hochwertigen und gesunden Mahlzeiten aufbringt. Bei der genauen Betrachtung ihrer persönlichen Stimmungslage in diesen Situationen stellte sich jedoch heraus, dass sie eigentlich keine Lust mehr dazu hatte, jeden Tag zu kochen. Die Klientin hatte drei Kinder und neben ihrer Betreuung immer für die ganze Familie gekocht. Der Vorgang des Kochens war für sie so selbstverständlich gewesen, dass sie diesen normalen Akt des Alltags für sich selbst bisher noch nie hinterfragt hatte.

Wir überprüften weiterhin, welche **Bedürfnisse in ihrem Leben** vernachlässigt wurden. Ihre Kinder waren längst ausgezogen, und es stellte sich heraus, dass sie seitdem sehr isoliert in dem großen Familienhaus lebte und es ihr an netten Kontakten in ihrem nahen Umfeld mangelte. Wir entwickelten und erprobten dann folgende Veränderung ihres Alltags:

Anstatt täglich, kochte sie fortan nur noch zwei Mal pro Woche für mehrere Tage für sich selbst. Am Wochenende ging sie jeden Samstag in ein sehr schönes Lokal in der Stadt essen und ließ sich dort kulinarisch verwöhnen. Zudem verabredete sie sich nun des Öfteren mit ihrer besten Freundin zum gemeinsamen Kochen, wobei die großen Portionen dann auch noch für die kommenden Tage ausreichten.

Nach langem Überlegen entschied sich Ingeborg K. auch noch dazu, ihr großes Haus am Rande der Stadt zu verkaufen und für sich selbst eine kleine Eigentumswohnung in der Innenstadt zu erwerben. Eine weitere große Befreiung ging für sie mit dieser Entscheidung einher, denn sie unterdrückte schon seit Jahren ihren persönlichen Widerwillen gegen die zeitaufwendige Gartenarbeit. Ihre Herzenssehnsucht war vielmehr, mit noch mehr Freiräumen und Mußestunden ihren Alltag genießen zu können.

Das konstruktive Hinterfragen und die Veränderung ihrer wöchentlichen Gewohnheiten sowie ihrer Wohnsituation brachten für die Klientin wieder eine neue Lebendigkeit mit sich.

Um das ureigene Dasein mit mehr Lebensfreude zu füllen, empfiehlt Heimann (1990, S. 124), jeden Tag etwas zu erledigen, sich persönlich etwas Gutes zu tun sowie täglich eine Aktivität für das körperliche Wohlbefinden zu unternehmen. Zudem sollten ein- bis mehrmalige soziale Kontakte unter der Woche gepflegt werden.

Für positive Wachstumserfahrungen sorgen
Wie in Kap. 3 erläutert, sind die persönlichen Selbsterfahrungen, die mit Kompetenzzuwachs und mit einer positiven Selbstbestätigung verbunden sind, für das grundlegende Wohlbefinden vieler Menschen sehr wichtig. Um in einer ausgeglichenen Stimmungslage den Ruhestand genießen zu können, ist es empfehlenswert, sich ein neues Betätigungsfeld nach dem Berufsausstieg zu suchen, in dem auch weiterhin persönliche Wachstumserfahrungen für den Einzelnen erlebbar gemacht werden können:

- Gibt es in meiner näheren Umgebung ein interessantes Projekt, dem ich mich widmen möchte? In welchen Interessensgebieten könnte ich noch etwas dazulernen und somit für spannende Wachstumserfahrungen sorgen?
- Was könnte mich begeistern und in welchem Bereich könnten ich – und auch andere – von meiner persönlichen Weiterentwicklung profitieren?
- Wäre beispielsweise der Besuch eines Sprachkursus reizvoll für mich, oder möchte ich lieber meine PC-Kenntnisse weiter ausbauen?

4.3.3 Transformierung ungünstiger Denkmuster

In den vorigen Kapiteln habe ich bereits einige mentale Einstellungsmöglichkeiten für eine weniger belastende Situationsbeurteilung vorgestellt. Nachstehend zeige ich noch einzelne typische dysfunktionale Denkformen von depressiven Personen auf und im Anschluss daran vereinzelte Möglichkeiten zur positiven Umwandlung (Davison und Neale 2002, S. 311 f.).

Eine sehr bedeutsame Theorie für die Entstehung einer Depression ist die des US-amerikanischen Psychiaters und Psychotherapeuten **Aaron T. Beck** (1967, 1987). Die Kernaussage seines psychologischen Ansatzes lautet, dass Menschen depressiv werden, weil ihre persönlichen Gedanken und die daraus resultierenden Schlussfolgerungen negative Realitätsverzerrungen aufzeigen.

4 Krisenbewältigung von unangenehmen Emotionen

Es folgen die hauptsächlichen Denkmuster von depressiven Menschen und erste Lösungshinweise zu ihrer Transformierung.

Typische Denkmuster depressiver Menschen nach Beck

1) **Über- und Untertreibung** Eine konkrete Sachlage oder die persönlich erbrachte Leistung wird fehleingeschätzt.

Beispielsweise kann eine neu entstandene Kratzerspur am Auto so wahrgenommen werden, als wäre der Wagen nun völlig ruiniert (**Übertreibung**). Oder eine Person betrachtet sich selbst – grundsätzlich – als wertlos, obwohl sie auf eine beachtliche erbrachte Lebensleistung schauen kann (**Untertreibung**). Beide Extreme wirken sich ungünstig auf das persönliche Wohlbefinden aus.

Eine nützlichere Perspektive zu den Geschehnissen ist es, das nüchterne Maß zu allen Lebensbereichen zu erreichen, wie z. B. ein Nachrichtensprecher die Fakten des Tagesgeschehens ohne jegliche Form der Über- und Untertreibung vermittelt. Unter diesem Blickwinkel werden extreme Enttäuschungsgefühle und Niedergeschlagenheit verhindert bzw. reduziert. Es kann hier hilfreich sein, das persönliche Anliegen einmal wie ein Nachrichtensprecher ohne jegliche Form der Über- und Untertreibung zu formulieren. Welche Emotionen würden sich dann entwickeln?

2) **Übergeneralisierung** In einer beliebigen Lebenslage wird ein einziges negatives Detail herausgepickt und wie mit einem Vergrößerungsglas betrachtet. Im Anschluss daran erfolgt dann eine negative Übertragung des zuvor wahrgenommenen Gesichtspunktes auf die allgemeinen Lebensumstände.

Beispielsweise erlebt jemand ein Missgeschick vonseiten der örtlichen Stadtbücherei bei der Rückgabe seiner geliehenen Bücher. Die elektronische Erfassung der zurückgegebenen Literatur hat nicht funktioniert. Im Anschluss daran reagiert der Betroffene mit einer allgemeinen Abwertung des gesellschaftlichen Systems: „Überall wird gespart, nichts funktioniert mehr in diesem Land." Alle erfreulichen Gesichtspunkte der augenblicklichen Lebenslage der betreffenden Person werden überhaupt nicht mehr von ihr wahrgenommen.

Hier kann es hilfreich sein, sich immer wieder ein möglichst neutrales Gesamtbild der eigenen Lebenskonstellation zu verschaffen.

3) **Willkürliche Schlüsse** Ohne einen konkreten Anhaltspunkt oder hinreichende Beweise werden ungerechtfertigte Schlüsse gezogen.

Beispielsweise blickt jemand – aus Angst vor dem Berufsausstieg und den damit verbundenen Veränderungen – ausschließlich negativ in seine Zukunft. Er erwartet sozusagen, dass sich alles ungünstig entwickeln wird, ohne den geringsten Beweis für diese Annahme zu haben.

Eine Vertiefung dieser pessimistischen Sicht schwächt in ungerechtfertigter Weise den eigenen Kräftehaushalt. Es ist hingegen empfehlenswert, innerlich eine optimistische und handlungsorientierte Perspektive für die bevorstehenden Ereignisse zu verfolgen.

4) **Selektive Abstraktion** Ein subjektiv ausgewähltes Motiv zu einer ungünstigen Lebenslage wird gedanklich besonders intensiv verfolgt. Eine Person nimmt diese Gegebenheiten dann selektiv wahr, ohne einen realistischen Bezug zur Komplexität einer Situation herzustellen.

Beispielsweise bekommt die Ehepartnerin eines Mannes eine schwere Krankheit, z. B. Parkinson. Der Ehemann fühlt sich schuldig, weil seine Frau nun unter den Symptomen der Parkinson-Krankheit zu leiden hat. Er glaubt felsenfest daran, dass sie krank geworden ist, weil er ihr zuvor den Reisewunsch in ihre Heimatstadt Lyon in Frankreich nicht erfüllt hat.

Auch hier hilft der umfassende Blick auf die Gesamtsituation, um eine Relativierung der Ursachenzuschreibung zu erreichen.

Relativierung der ungünstigen Ursachenzuschreibung

Die genannten negativen Perspektiven können sich leider zu einem Teufelskreislauf bei den Betreffenden entwickeln, der sie unnötig viel Lebensqualität kosten wird. Es ist in diesem Zusammenhang wichtig, die oftmals auch unbewusst ablaufenden pessimistischen Gedanken erst einmal zu identifizieren, um sie danach in eine realistische und wohltuende Sichtweise umwandeln zu können.

Selbstverständlich ist der persönliche Weg zu einer ausgeglichenen Perspektive auf die jeweiligen Geschehnisse im eigenen Leben unterschiedlich schwer. So gibt es durchaus auch schwerwiegende Schicksalsschläge, unter denen Menschen leiden. Gerade wenn ein geliebter Mensch unter einer schweren Krankheit zu leiden hat oder vielleicht sterben wird, gestaltet es sich sehr viel mühseliger,

> „[…] zu einer inneren Haltung zu finden, mit der man sein Schicksal meistern kann. Aber selbst unter den schlimmsten Lebensumständen schaffen es manche Menschen, sich innerlich so einzustellen, dass sie ihr Schicksal annehmen und hierdurch auch in gewisser Weise gestalten können." (Stahl 2015, S. 162 f.)

Ein möglicher Ausweg aus dysfunktionalen Denkstrukturen besteht beispielsweise darin, positive (verbesserte) Glaubenssätze auf kleine Karteikarten zu schreiben und sie täglich durchzulesen. Dadurch besteht die Chance, sich selbst in eine positivere Grundstimmung zu bringen, um den persönlichen Geschehnissen „gewappnet" begegnen zu können (Hautzinger 2006, S. 57).

Die alternativen Denkweisen sollten dabei über sechs bis acht Wochen täglich innerlich geübt werden, damit die Person eine grundlegende Tiefenwirkung und somit auch längerfristig eine deutliche Steigerung des eigenen Wohlbefindens erreicht (Bohus und Wolf-Arehult 2013, S. 88). Es ist hierbei sehr wichtig, in besonders herausfordernden Situationen mit viel Geduld und Zeit auf die eigene positive Perspektivenauswahl zu schauen.

Das eben Beschriebene wird aus psychologischer Sicht dem Oberbegriff der **kognitiven Umstrukturierung** zugeordnet. Diese Verfahrensweise erfolgt oft im Rahmen einer Psychotherapie, insbesondere in der Verhaltenstherapie.

Neben dieser persönlichen Umwandlung der inneren Einstellung von einer negativen Realitätsverzerrung zu einer wohltuenden Einschätzung ist es auch hilfreich, die jeweiligen Perspektiven in konkrete Handlungen zu überführen. Die Übertragung der selbstberuhigenden und auch Freude bringenden Glaubensmuster auf die Aktivitätsebene bewirkt oft die Auflösung der dysfunktionalen inneren Glaubenssätze. Beispielsweise könnte jemand, der morgens auf seiner Arbeitsstelle einen Fehler gemacht hat, sich – anstelle der üblichen Reaktion in Form der persönlichen Selbstabwertung – selbst nachmittags zu einem Eis einladen – frei nach dem Motto: „Trotz des vorgefallenen Missgeschicks, liebe ich das kleine Kind in mir bedingungslos. Ich lerne aus meinem gemachten Fehler etwas dazu, und beim nächsten Mal wird es höchstwahrscheinlich wieder besser funktionieren."

Abschwächung unangenehmer Emotionen
Abschließend werde ich noch näher auf die konkrete Fragestellung eingehen, wie unangenehme Emotionen abgeschwächt werden können.

Ganz pragmatische Hinweise hierzu geben Bohus und Wolf-Arehult (2013, S. 190 ff.), die einen Ausweg aus unbehaglichen Gefühlszuständen aufzeigen. Bei einer Depression ist – wie bereits oben aufgeführt – die Wahrnehmung der Umwelt eher grau und düster. Die Betreffenden erleben körperlich gesehen eine Antriebsschwäche, und viele möchten sich am liebsten nur ins eigene Bett legen und nichts tun. Um aus einem depressiven

Stimmungstief wieder herauszufinden, empfehlen Bohus und Wolf-Arehult (2013, S. 242) ein **entgegengesetztes Vorgehen** in der jeweiligen Situation.

Gegenläufige Aktionen können auf mehreren Ebenen hilfreich sein:

1) **Entgegengesetztes Handeln** Anstatt trübsinnig zu Hause zu sitzen, kann es stimmungsaufhellend sein, das Haus zu verlassen und sich in Bewegung zu setzen, Fahrrad zu fahren, etwas mit Freunden zu unternehmen, zum Tanzen zu gehen oder auch einfach eine größere Strecke zu laufen oder zu wandern.

2) **Entgegengesetztes Denken** In einer niedergeschlagenen Stimmungslage denken viele, dass alles einfach nur schlimm ist und vieles im Leben einfach keinen Sinn macht. Entgegengesetztes Denken kann bedeuten, sich selbst an eine Situation zu erinnern, in der Sie Ihren Mitmenschen durch eine konkrete Tat einen wichtigen Dienst erwiesen haben. Oder Sie können an zukünftige Ereignisse denken, auf die Sie sich vielleicht schon freuen, z. B. den Besuch einer Freundin oder eines Freundes.

Schaffen Sie sich kleinere und größere Höhepunkte in Ihrem Leben, auf die Sie im Vorfeld schon mit Freude blicken können. Auch ist das Lesen von spannenden Büchern ein möglicher Weg, um die eigene Gedankenwelt mit positiven Inhalten zu füllen.

Zudem besteht für jeden immer wieder die Chance, sich in einer erhöhten Achtsamkeit auf die kleinen Genussmomente des Alltags zu besinnen, z. B. Naturschauspiele zu beobachten oder mit Achtsamkeit eine Tasse Tee zu trinken.

3) **Entgegengesetzte Körperhaltung** In einer niedergeschlagenen Stimmung möchten sich die Betreffenden körperlich häufig schonen. Mit herunterhängenden Schultern und einem trübsinnigen Gesichtsausdruck bewegen sie sich nur langsam in ihrem Leben.

Auch hier kann ein entgegengesetzter körperlicher Ausdruck hilfreich sein. Richten Sie Ihren Körper gerade auf, straffen Sie die Schultern und üben Sie ein leichtes Lächeln. Ebenfalls können einige sanfte gymnastische Übungen ein positives Gegengewicht zu der depressiven Stimmungslage verschaffen.

Wichtig ist in dem Zusammenhang Folgendes: **Gehen Sie in allen Lebenslagen authentisch und liebevoll mit sich selbst um.** Es ist eine Frage der höchst persönlichen inneren Wahrheit, ob sich das Verweilen in einer gedrückten Stimmungslage für jemanden stimmig anfühlt oder ob die bewusste Auswahl einer entgegengesetzten Aktivität besser ist. Wegweisend ist hierbei die Erkundung der eigenen Bedürfnislage: „Was brauche ich jetzt gerade in diesem Augenblick, um mich mit meinen jeweiligen Gegebenheiten wohl zu fühlen? Geht es für mich mehr um ein besinnliches Bei-mir-Sein oder ist es gerade besser für mich, ein positives Gegengewicht herbeizuführen?"

Abschließend komme ich zurück zur anfänglich aufgeworfenen Fragestellung: „Wie bewältige ich am besten das Thema der Vergänglichkeit menschlichen Daseins?" Im günstigsten Fall entwickelt sich bei einem reiferen Menschen ein innerer Aussöhnungsprozess zu den Naturgesetzen des Lebens. Es ist menschlich, beim Realisieren der Abschiede für eine gewisse Zeit Trauer und eine niedergeschlagene Stimmung zu empfinden. Vielleicht hilft es innerlich auch, eine gewisse Toleranz im Umgang mit diesen Empfindungen zu entwickeln. Auf alle Fälle ist es immer erstrebenswert, in der jeweiligen Gemütslage liebevoll mit sich selbst und den nahestehenden Mitmenschen umzugehen.

Der Berufsausstieg befördert den Menschen in seine dritte Lebensphase. Diverse weitere Abschiedsthemen werden auftreten. Das Realisieren der eigenen Sterblichkeit kann die Entstehung einer Depression begünstigen (Schmidbauer 2003, S. 30), aber auch unterschiedliche Ängsten hervorrufen.

4.4 Anregungen zur Angstlinderung vor Krankheiten, Operationen und dem Tod

Neben der Depression gehören die Angststörungen zu den häufigsten Belastungsreaktionen von älteren Menschen (Schneider und Heuft 2012, S. 337). Ein häufig anzutreffendes Grundgefühl bei dieser Bevölkerungsschicht ist ein sorgenvoller Blick auf ihre unmittelbare Zukunft.

Wie ein erträglicher Umgang mit der eigenen **Angst vor Krankheiten – insbesondere vor größeren Operationen – und dem Tod** gestaltet werden kann, erfahren die Leser in diesem Abschnitt. Es werden auch hierzu den Interessierten wieder konkrete Strategien vorgestellt, die zu einer Regulierung dieser unangenehmen Empfindungen führen können.

4.4.1 Hauptursachen für die Angstentstehung

Charakteristisch für diese sorgenvolle mentale Einstellung ist:

> „Ängste oder auch Befürchtungen sind im täglichen Leben vorkommende Gefühle oder Gedanken von Besorgnis und Beunruhigung, die sich auf Ereignisse, Personen und Lebenslagen beziehen. Sie haben in den allermeisten Fällen eine reale Grundlage, da sie auf gefährliche Situationen oder mögliche Beeinträchtigungen aufmerksam machen." (Blonski 1995, S. 34)

Bei der **Angstentstehung antizipiert der Mensch das Zukünftige** und wird somit in die Lage versetzt eine mögliche Gefahrensituation durch ein gezieltes Handeln abzuwenden. Das Gefühl der Angst hat somit eine sehr wichtige Überlebensfunktion für den Menschen, da es die Betreffenden auf bestehende Situationsrisiken hinweist.

Wie steht es jedoch mit der Gefahrenabwendung, wenn ein Mensch in seiner nahen Zukunft sein unvermeidliches Lebensende vorausahnt? Eine erfolgreiche Beseitigung der lebensbedrohlichen Gegebenheiten durch eine gezielte Aktivität wird hier nicht dauerhaft Erfolg versprechend sein.

> „[Die] Todesfurcht gehört mit zu den tiefgreifendsten Besorgnissen, die bei Menschen auftreten können." (Mietzel 2012, S. 470)

In dem Zusammenhang verspüren viele im Ruhestand gelegentlich ein latent vorhandenes existenzielles Bedrohungsgefühl. Die Betroffenen fürchten sich insgeheim vor schweren Krankheiten, risikoreichen Operationen, vor Immobilität und Pflegebedürftigkeit sowie vor einem schmerzhaften Sterbeprozess.

Wie kommt es jedoch zu dem Phänomen, dass die meisten unserer Mitmenschen in ihrem Alltag nur selten an die unumkehrbare Tatsache ihrer eigenen Sterblichkeit denken? Im mittleren Erwachsenenalter verdrängen viele den Gedanken an die Begrenztheit ihres eigenen Lebens mit der häufig anzutreffenden Grundannahme,

> „[…] sie seien noch viel zu jung, um bereits an den Tod denken zu müssen. Solche Mechanismen sind jedoch nicht dauerhaft erfolgreich, weil man sich im Alltag nicht vollkommen jenen Situationen entziehen kann, die auf das ständig bestehende Sterbensrisiko des Menschen aufmerksam machen." (Mietzel 2012, S. 475 f.)

Wenn ein lebenserfahrener Mensch jedoch seine Erwerbstätigkeit verlässt und sich in den „Ruhestand" begibt, so wird er irgendwann intensiver mit dem Bewusstsein der Endlichkeit seines eigenen Lebens konfrontiert.

Gerade dann, wenn erste schwerwiegende gesundheitliche Beschwerden auftreten, wächst die beunruhigende Erkenntnis, dass das eigene Dasein durch den unabwendbaren Tod begrenzt sein wird.

Nach Meinolf (2006, S. 119 f.) hat die Angstentwicklung auch viel mit folgender Situation zu tun:

> „Die Konfrontation mit Zeitlichkeit verweist auf die begrenzte Zukunft und die Endlichkeit des Lebens. Viele älter werdende Menschen sehen sich ihrer eigenen Zeitlichkeit und Sterblichkeit ausgeliefert, ohne diese Erfahrung akzeptieren zu können."

Eine sorgenvolle Befangenheit entsteht auch, wenn jemand diese Realität nicht wahrhaben will.

> „Unterschwellig arbeitet häufig eine diffuse Angst vor bestimmten Wahrheiten in uns. So lange wir jedoch vor dieser Wahrheit, vor dieser Erkenntnis davonlaufen, so lange bleibt die Angst bestehen, und wir entwickeln uns nicht weiter. Halte ich jedoch inne und gestehe mir ein: Ja, so ist es!, dann kann sich die Angst auflösen und vielleicht einer gewissen Trauer weichen. Hierdurch kann Raum für Neues entstehen." (Stahl 2015, S. 194).

Lang, Martin & Pinquart (2012) haben sich in dem Fachbuch *Entwicklungspsychologie – Erwachsenenalter* mit der Erhöhung der Todesangst beim älteren Menschen beschäftigt. Unter Bezugnahme auf Cicirelli (2003) verursacht ihnen zufolge der **Überlebenstrieb** eine Verstärkung dieser unangenehmen Empfindungen. Häuft sich im Alltag die Erfahrung der Vergänglichkeit der eigenen Existenz – und auch die nahestehender Mitmenschen, so wird die Furcht vor dem eigenen Lebensende bei den Betroffenen oftmals vergrößert.

Nachstehend zeige ich den Lesern typische Bewältigungsmechanismen auf, die Menschen aufgrund ihrer Ängste oftmals wählen.

4.4.2 Menschliche Wege im Umgang mit der Endlichkeit ihres eigenen Lebens

Im Kontext mit der bereits genannten Verdrängung – also dem Nicht-wahrhaben-Wollen von offensichtlichen Tatsachen – vermeiden die meisten Menschen über einen längeren Zeitraum die bewusste Auseinandersetzung mit ihrer eigenen Sterblichkeit. Der Nachteil dieser Herangehensweise besteht jedoch darin, dass sich durch die Vermeidungsstrategie das innere Unbehagen bei den Betreffenden nicht grundlegend reduzieren lässt. Latent spürt ein Mensch vielleicht hier und da, dass es noch etwas Wichtiges zu klären gäbe. Diese Nichtbeachtung von sich anbahnenden biografischen Herausforderungen – beispielsweise das Auftreten einer schwerwiegenden Krankheit – kann auch die unangenehme Konsequenz mit sich bringen, dass jemand für den Ernstfall nicht ausreichend vorbereitet ist.

Lang et al. (2012) zeigen auf, dass sich eine zunehmende Akzeptanz bei den Betroffenen erst dann einstellt, wenn sie sich durch gezielte Vorsorgemaßnahmen auf das Eintreten einer persönlichen Ausnahmesituation gerüstet haben.

Aus dieser Erkenntnis erwächst dann die folgende Fragestellung: Worin liegt der Unterschied, dass es Menschen gibt, die es schaffen – trotz widriger Lebensumstände – ihr Leben auch noch zu genießen, während andere Mitmenschen in einer ähnlichen Lebenslage völlig überfordert reagieren? Die Verschiedenheit zwischen diesen beiden Personengruppen besteht unter anderem darin, dass die äußeren Faktoren – jeweils subjektiv gesehen – unterschiedlich gedeutet werden: Diese werden entweder als handlungsorientierte Herausforderung oder als Bedrohung wahrgenommen (Csikszentmihalyi 2010, S. 274).

Die Bearbeitung von formellen Vorkehrungen – wie das Verfassen einer Patientenverfügung oder eines Testaments, aber auch die Beschäftigung mit den persönlichen Wünschen in Bezug auf das Eintreten einer schweren Krankheit oder einer Sterbesituation – können den reiferen Menschen helfen, die letzte Lebensphase mit einer zunehmenden inneren Gelassenheit zu erleben (Lang et al. 2012, S. 255).

Die Autoren Maercker und Forstmeier (2013, S. 103) geben zur Klärung der persönlichen Vorstellungen im Hinblick auf das Eintreten einer schweren Krankheit oder des plötzlichen Todes folgende hilfreiche Orientierung.

> **Möglicher Umgang mit einer Ausnahmesituation**
> - **Aufdecken des persönlichen Willens** in Bezug auf eine vielleicht eintretende Sondersituation (Maercker und Forstmeier 2013, S. 103):
>   – Gibt es bestimmte Dinge, die Ihre Angehörigen über Sie persönlich wissen sollten? Oder konkrete Gegebenheiten, die sie in Ihrer Erinnerung aufbewahren sollten?
>   – Gibt es etwas Wichtiges, was Sie Ihren Liebsten noch gerne sagen möchten?
>   – Was sind Ihre persönlichen Sehnsüchte und Wünsche für Ihre Familienmitglieder?

- Welche Weisheiten haben Sie über das Leben gelernt, die Sie gerne noch an die anderen weitergeben möchten? Gibt es irgend etwas, vor dem Sie Ihre Nächsten warnen möchten?
- Welche konkreten Anweisungen wollen Sie Ihren Angehörigen noch mitteilen, damit diese in der Zukunft auch ohne Sie gut zurechtkommen können?
• **Zusätzliche Anregungen** geben Radebold und Radebold (2009, S. 211):
- Welche konkreten Verhaltenswünsche haben Sie an Ihre Angehörigen im Falle des Eintritts einer schweren Krankheit (z. B. der Einsatz von medizinischen Maßnahmen, die zum Lebenserhalt oder der Lebensverlängerung dienen, die Sondenernährung, die Palliativmedizin oder die lindernden Maßnahmen bei bestehenden Krankheitsbeschwerden)?
- Angesichts einer akut vielleicht eintretenden Notfallsituation: Wo befinden sich die wichtigsten Unterlagen für die Hinterbliebenen?
- Welche konkreten Vorstellungen hegen Sie für Ihren Todesfall (Begräbnisform, Benachrichtigung, Texte, Musik, Gestaltung)?
• Außerdem könnten die folgenden Fragen ebenfalls von großer Wichtigkeit sein:
- Haben Sie jemandem Unrecht angetan?
- Gibt es etwas aus Ihrer Vergangenheit, das Sie unbedingt noch vor Ihrem Ableben bereinigen möchten?
- Möchten Sie bei einer bestimmten Person aus Ihrer Vergangenheit eine Wiedergutmachung leisten oder Ihr noch etwas Bedeutungsvolles sagen?

Zu den dargestellten Klärungspunkten gibt es im Buchhandel diverse Handbücher, die den Lesern detailliertere Informationen zu ihrer persönlichen Perspektivenentwicklung liefern können. Außerdem besteht immer das Angebot, sich bei ortsansässigen Beratungszentren mit integriertem Pflegestützpunkt, Beerdigungsinstituten, Krankenkassen, konfessionsgebundenen Geistlichen sowie bei Notaren einen Gesprächstermin für die Regelung dieser persönlichen Anliegen geben zu lassen.

Nach der Erledigung dieser zentralen Fragen stellt sich bei den Betreffenden oftmals ein beruhigendes Gefühl ein, denn sie haben alles Wesentliche für die letzte Phase in ihrem Leben sorgfältig vorbereitet. **Der aufgeräumte Mensch weiß, was im schlimmsten Fall auf ihn zukommen wird, und kann sich somit wieder entspannt den schönen Dingen seines augenblicklichen Lebens widmen**.

Die bewusste Beschäftigung mit dem eigenen Ableben bedeutet auch, dass jemand in seiner eigenen Lebenskonstellation alle Gestaltungsspielräume für sich ausschöpfen kann. Niemand anderes bestimmt dann in einer Sondersituation über den persönlichen Umgangsstil.

Aber die Angstinhalte von reiferen Menschen beschränken sich nicht nur auf den Verlauf ihrer letzten Lebensphase. Auch fürchten sich viele

Lebenserfahrene schon viel früher vor risikoreichen Operationen. Wie kann in einer solchen Situation eine angstreduzierende Vorgehensweise aussehen?

Die bewusste Abwägung des Nutzens und der Risiken vor einer operativen medizinischen Behandlung
Zunächst ist es für die Betroffenen sinnvoll, sich ausführliche Informationen zu den Behandlungsmöglichkeiten in Bezug auf das eigene Krankheitsbild einzuholen. Bitte kontaktieren Sie hierzu die behandelnden Ärzte sowie alle weiteren zugänglichen Informationsquellen, die Ihnen zur Klärung Ihrer Fragen von Nutzen sein können (Fachverbände für das jeweilige Krankheitsbild – die Adressen sind alle im Internet zu finden –, Krankenkassen, Pflegestützpunkte oder auch anderweitige Beratungsstellen). Auch die Wege der Komplementärmedizin können die Ratsuchenden für sich erschließen.

Die zentrale Kernfrage lautet: Welche Heilmethode bei dem gegebenen Krankheitsbild ist für mich die passende? Ergibt es für mich einen persönlichen Sinn, einen operativen Eingriff durchführen zu lassen? Neben der Rücksprache mit den zuständigen Ärzten kann es auch gelegentlich von Bedeutung sein, sich eine Zweitmeinung bei einem weiteren fachlichen Experten einzuholen.

Unabhängig von der Meinung der anderen besteht für den Einzelnen ebenfalls die Möglichkeit, zu seinen Entscheidungsfragen eine **Pro-Kontra-Liste** anzufertigen. Bei dieser gezielten Auseinandersetzung sammelt ein Mensch über einen längeren Zeitraum die Argumente, die für oder gegen eine entsprechende Behandlungsmethode sprechen. Es ist hierbei immer empfehlenswert mindestens drei Nächte über eine wichtige Frage zu schlafen, damit das Unbewusste auch die Chance bekommt, die einzelnen Argumente tiefer gehend zu durchdringen.

Anschließend werden die einzelnen Gesichtspunkte nach ihrer Wichtigkeit beurteilt. Von 1–10 kann jedem Standpunkt eine Bewertung zugeordnet werden. Ansichten mit einem niedrigen Stellenwert werden mit einer geringeren Punktzahl versehen. Je höher die Bedeutung des Aspekts für einen persönlich ist, umso höher sollte auch dieses Argument zahlenmäßig bewertet werden. Wenn die wichtigsten Punkte auf der Liste aufgeführt und eingruppiert wurden, erfolgt abschließend eine Addition der Pro- und der Kontraseite. Der Behandlungsweg mit der höchsten Punktzahl enthält vermutlich die sinnvollste Herangehensweise für die Ausgangsfragestellung. Bitte beachten Sie bei all Ihren Bemühungen auch immer Ihr Gefühl! Unser Bauchgefühl ist manchmal klüger als unser weitläufig argumentierender Intellekt.

Wie auch immer ein Mensch sich im Einzelfall entscheiden mag, es ist und bleibt eine höchst persönliche Frage, die niemand anderes für ihn beantworten kann.

Hat sich ein Mensch gründlich mit der Durchleuchtung der einzelnen Gesichtspunkte zu einer Behandlungsmethode auseinandergesetzt, so stellt sich mit dem Treffen einer Entscheidung oftmals auch ein ruhigeres Gefühl ein. Die Angst reduziert sich also oftmals erst nach dem Vollzug dieser teils nervenaufreibenden Auseinandersetzung um den richtigen medizinischen Behandlungsweg.

Unabhängig davon, ob es um eine Operation, eine Krankheit oder um den Tod geht, eine Vermeidung der direkten Auseinandersetzung mit dem Stressauslöser kann zu einer latenten Erhöhung der Ängste führen. Die direkte Konfrontation mit den Gegebenheiten ist längerfristig gesehen der bessere Weg, um das innere Unbehagen zu reduzieren. Schauen Sie also den Tatsachen ins Auge und handeln Sie wohlüberlegt für sich selbst und im Sinne Ihrer Angehörigen.

Trotz einer gründlichen informellen Recherche zu möglichen Behandlungsmethoden des eigenen Krankheitsbildes gibt es dennoch immer wieder Momente, in denen höchstwahrscheinlich die Ängste vor dem gewählten operativen Eingriff wieder auftreten werden. „Operation bedeutet stets ein Eindringen in den Organismus, Eindringen in unbekannte Tiefen der eigenen Existenz" (Uhlig und Schmucker 1997, S. 316 f.), weshalb wir diesen unangenehmen Gefühlen mit viel Verständnis begegnen sollten.

Ein weiterer Weg zur Reduzierung der Angst ist die **präzise Analyse der Alltagssituationen, in denen die Furchtgefühle auftreten**:

- Wann sind die sorgenvollen Emotionen am häufigsten da?
- Welche konkreten Aktionen schwächen diese unangenehmen Stimmungen dann wieder etwas ab?
- Welche Handlungen intensivieren die Furcht?

Ziel bei der Beantwortung dieser Fragen ist es, herauszufinden, welche Aktivitäten bisher gut funktioniert haben, um einen Stimmungsausgleich in den schwierigen Momenten zu schaffen. Und diesen konstruktiven Betätigungen sollte sich der ängstliche Mensch in Zukunft viel häufiger widmen.

Im Zentrum dieser vertieften Auseinandersetzung mit den eigenen Gewohnheiten geht es darum, dem ängstlichen Menschen seine Handlungsspielräume aufzuzeigen, sodass er die Erfahrung machen kann, den Angstgefühlen nicht hilflos ausgeliefert zu sein. Das Vertrauen in die eigene Kompetenz wird dadurch gestärkt.

4.4.3 Weitere Möglichkeiten zur Linderung der Angstgefühle

Nachstehend führe ich noch weitere Möglichkeiten zur Linderung der Angstgefühle auf:

1) **Meditation** Über die **Lebensgesetze des Werdens und des Vergehens** meditieren. Bonanno (2012, S. 136 f.) berichtet über eine entsprechende Meditationspraxis im Buddhismus. Die Buddhisten vertreten die Auffassung, dass durch eine unmittelbare Beschäftigung mit der Vergänglichkeit des Lebens eine heilsame Wirkung bei den Meditierenden eintritt. Der Dalai Lama äußert sich zu diesem Thema wie folgt:

> „In der Tat ist die Realität des Todes in allen buddhistischen Gesellschaften stets Ansporn zu tugendhaftem und intelligentem Handeln gewesen. Über den Tod zu kontemplieren, gilt durchaus nicht als morbide, sondern im Gegenteil als etwas, das von Furcht befreit und sogar der Gesundheit förderlich ist." (zitiert in Bonanno 2012, S. 137)

Sich an den Gedanken des eigenen Todes zu gewöhnen, bringt also für die Betreffenden eine Angstreduktion mit sich.

2) **Stresstoleranz** Wenn sich starke Angstgefühle im Inneren eines Menschen bemerkbar machen, besteht eine weitere Möglichkeit der Emotionsregulation darin, sich selbst an das Naturgesetz der Flüchtigkeit aller Emotionen zu erinnern. Schauen Sie auf die Uhr und sagen Sie vielleicht Folgendes zu sich selbst: „Ich habe einfach Angst, weil ich mich vor etwas Konkretem fürchte. Ich halte dieses Gefühl jetzt ca. 15–20 Minuten einfach nur aus und tue nichts Unvernünftiges. Vermutlich ist meine Gefühlslage schon in wenigen Augenblicken viel leichter zu ertragen." Integrieren Sie diese Emotionen als eine typisch menschliche und durchaus verständliche Reaktion auf die schwierigen Lebensumstände. Diese **Stresstoleranz** zeichnet viele gelassene Menschen auf ihrem – auch manchmal unbequemen – Lebensweg aus.

3) **Gespräche/Telefonseelsorge** Bei der Bewältigung der Angstgefühle kann auch ein **Gespräch** oder ein **Telefonat** mit einer Person des

Vertrauens entlastend wirken und bisher unerkannte Lösungswege aufzeigen. Wenn Sie keinen Menschen in Ihrer direkten Umgebung zum Reden antreffen können, so besteht auch die Möglichkeit einen Anruf bei der **Telefonseelsorge** zu tätigen (Rufnummer: 0800/1110111). Dort können Sie kostenfrei mit einer neutralen Person über Ihre Lebenslage sprechen. Ein fruchtbarer Dialog kann in einer Krisensituation wertvolle Hinweise für einen geeigneten Lösungsweg liefern. Holen Sie sich bitte so viel soziale Unterstützung, wie Sie sich innerlich wünschen. Der emotionale Beistand von verständnisvollen Mitmenschen ist eine sehr wesentliche Kraftquelle bei der Angstlinderung in herausfordernden Lebenslagen.

4) **Atmung** Was haben wir Menschen neben unseren mentalen Fähigkeiten immer bei uns? Es ist der **Atem**.

> „Fast alle Emotionen führen ab einer gewissen Stärke zu einer Aktivierung des Kreislaufes und damit zu einer Beschleunigung der Atmung. Es ist also immer nützlich, die Atmung zu verlangsamen und zu beruhigen." (Bohus und Wolf-Arehult 2013, S. 196)

Beispielsweise atmen Sie langsam und tief durch die Nase ein und halten Sie am Ende der Einatmung die Luft für ein paar Sekunden an. Das Ausatmen erfolgt dann bedächtig durch den Mund mit einem zischenden, seufzenden oder anderen leisen Geräusch. Wiederholen Sie diese Übung mindestens zehn Mal, damit sich so nach und nach eine körperliche Beruhigung in der Angstsituation einstellen kann. Um in konkreten Krisensituationen die auftretenden unangenehmen Emotionen regulieren zu können, ist es sehr empfehlenswert, im Vorfeld regelmäßig geeignete Atemtechniken zu üben.

5) **Rückbesinnung** Wie am Anfang dieses Abschnitts bereits angedeutet, hat die Ursache der Angstentstehung ganz viel damit zu tun, dass Menschen in ihrer Zukunft eine Gefahr sehen. Die Rückbesinnung auf das **Hier und Jetzt** kann also auch als wichtige Prophylaxe angesehen werden, um keine unnötigen schmerzhaften Empfindungen über die Sorgen von morgen in sich selbst zu erzeugen.

Fallbeispiel: Eine Interviewteilnehmerin namens Elke (79 Jahre) berichtete zum Thema der inneren Selbstberuhigung vor ihrer Todesfurcht Folgendes:

> „Fest in der Gegenwart verankert zu sein, sich nicht im Gestern zu verstricken oder um das zu sorgen, was morgen kommt, ist keine leichte Übung, aber je mehr mir das gelingt, desto ruhiger werde ich." (Kleinschmidt 2010, S. 212)

6) **Aufmerksamkeitsprozesse** Zentral im Zusammenhang mit der Entstehung unserer Emotionen sind auch unsere **persönlichen Blickwinkel auf eine bestimmte Situation.** In Abschn. 3.1 wurde bereits näher erläutert, inwieweit die uneingeschränkte Konzentration auf eine spannende Beschäftigung auch eine Möglichkeit ist, sich von so manchen unangenehmen Gefühlen im Inneren zu distanzieren. Das Bewusstsein drängt diejenigen Lebensinhalte an den Rand der Aufmerksamkeit, welchen keine besondere Beachtung geschenkt wird. Durch die gezielte Auswahl der Informationen aus unserem nahen Umfeld bestimmen wir Menschen letztendlich selbst, ob wir mehr Glück oder Unglück in unserem Leben empfinden werden (Csikszentmihalyi 2010, S. 53). Wer sich also hauptsächlich auf die Abschiedsthemen des dritten Lebensabschnitts konzentriert, der verbaut sich damit selbst die Chance, eine Öffnung für freudige Lebensinhalte zu erfahren.

7) **Soziale Betätigung** Zu der Aufmerksamkeitsausrichtung auf interessante Ruhestandsaufgaben sei noch ergänzend erwähnt: Wer eine Beschäftigung mit einer **sozialen Anerkennung** wählt, der legt damit ebenfalls den Grundstein für dauerhaft positive Gefühle in seinem dritten Lebensabschnitt. Hautzinger (2000, S. 33) bezieht sich auf die Studien von Schneider (1987) und erläutert diesen Sachverhalt wie folgt:

> „Die Anerkennung durch möglichst statushöhere Personen bzw. das Sozialgefüge (die Statusgruppe, die Gemeinde, die Gesellschaft) sind günstige Voraussetzungen für dauerhafte positive Gefühle. Ein Leben mit niedrigem Status in vielen Bereichen führt zu Einschränkungen des Wohlbefindens und macht krank."

8) **Werteorientiertes Handeln** Auch eine sinnvolle positive Aktivität befähigt viele Menschen, über ihre Ängste hinaus zu wachsen und lösungsorientiert zu handeln.

Fallbeispiel: Ein belesener Experte in dem Sachgebiet der Schiffsicherheit litt gelegentlich unter der Angst, vor einer größeren Menschengruppe sein Wissen verbal zu vermitteln. Mit dem Bewusstsein, dass diese Informationen für die Belegschaft des Schiffes von großer Bedeutung sind, gelang es ihm immer wieder, seine Sprechängste zu überwinden und seine Kenntnisse an die Schiffsinsassen weiterzugeben.

Werte wie **Altruismus**, **Gerechtigkeit**, **Zivilcourage** oder – generell gesehen – ein **nützliches Handeln** befähigen viele Menschen oft erst dazu, ihre auf Selbstschutz bedachten Sorgen zu überwinden. In furchterfüllten Situationen kann ein Mensch sich deshalb auch ganz bewusst auf die höheren Werte in seinem Handeln besinnen, die ihm dann Kraft und Halt geben können, um die jeweiligen Lebensumstände zu meistern (Stahl 2015, S. 168 f.).

Ein Arzneimittel gegen die Angst könnte sich somit in der folgenden inneren Einstellung widerspiegeln: „Ich gebe etwas an meine Mitmenschen weiter und vollbringe damit eine sinnvolle und gute Tat. Ich lasse mich von meiner Angst nicht tyrannisieren und entscheide mich dafür – trotz dieser unangenehmen Gefühle – die Situation bestmöglich zu gestalten."

9) Sportliche Aktivität Eine weitere Quelle zur Angstlinderung ist der **Sport**. Eine kreislaufanregende Bewegungsaktivität ist ebenfalls ein konstruktiver Weg, die eigenen Ängste innerlich kleinzuhalten. Die bewusst gewählte Gegenbewegung auf der körperlichen Ebene führt unter anderem dazu, dass sich die emotionale Stimmung der körperlichen Aktivität unterordnet. Wer beispielsweise dem Nordic Walking nachgeht, kann innerlich nicht gleichzeitig trübsinnige Gedanken verfolgen. Beide Gefühle können sich nicht synchron in einer Person entfalten.

4.4.4 Lenkung innerer Aufmerksamkeitsprozesse

Doch kommen wir zurück zu den Aufmerksamkeitsprozessen. Neben den oftmals zeitintensiven Ruhestandsbeschäftigungen gibt es für jeden auch noch die Chance, regelmäßig im Alltag die sogenannten Achtsamkeitsübungen zu praktizieren. Eine deutliche Stressreduzierung auf der körperlichen und seelischen Ebene ist auch hierüber für die Praktizierenden erreichbar (Bohus und Wolf-Arehult 2013, S. 91 ff.). Bei dieser besonderen inneren Bewusstseinsausrichtung geht es hauptsächlich darum, mit einer erhöhten Wachsamkeit und Intensität die augenblicklich wahrnehmbaren Reize sowohl aus dem Körperinneren als auch aus der nahen Umwelt wertfrei zu erleben.

Achtsamkeitsübungen
Bewusste Nahrungsaufnahme Organisieren Sie für sich selbst eine leicht einzunehmende **Lieblingsspeise**, beispielsweise ein paar Rosinen, etwas Käse oder auch ein paar kleine Stücke frisches Obst. Setzen Sie sich gemütlich an einen ruhigen und ungestörten Platz in Ihrer Wohnung oder vielleicht auch in der Natur. Schließen Sie Ihre Augen und führen Sie diese Speise zu Ihren Lippen. Öffnen Sie den Mund und nehmen Sie Ihre Lieblingsspeise in sich auf. Mit ganz viel Zeit beobachten Sie

nun, wie die Speise unter dem Kauvorgang zerkleinert wird und sich die Geschmacksnuancen so nach und nach entfalten. „Was genau geschieht in meinem Inneren beim Verzehr dieser Lieblingsspeise? Wie nehme ich die einzelnen Facetten dieser Selbsterfahrung wahr?" Konzentrieren Sie sich voll und ganz nur auf dieses Geschehen und weigern Sie sich konsequent, ängstliche Gedankeninhalte in Ihrem Inneren mit unnötiger Aufmerksamkeit zu bedenken. Um die Intensität dieser Übung noch zu erhöhen, kann es auch angebracht sein, die eigenen Augen mit einem Tuch zu verbinden.

Bewusste Erlebnisse in der Natur Eine weitere Gelegenheit des Achtsamkeitstrainings könnte auch sein, mit allen Sinnen einen **Spaziergang** bewusst zu erleben:

- Wie fühlt sich der Sonnenstrahl auf meiner Haut an?
- Was sehe ich ansonsten noch in diesem Augenblick?
- Wie ist der Duft der frischen Morgenluft?

Ist ein Mensch in der Lage, sich diesen Feinheiten des Augenblicks hinzugeben, kann es ihm gelingen, für eine gewisse Weile Abstand zu seinen angstbesetzten Lebensinhalten zu erreichen.

Das gesunde Maß der Selbstaufmerksamkeit
Aber Achtung: Die dauernde Selbstbeobachtung der inneren Vorgänge des eigenen Körpers birgt auch die Gefahr, eine hypochondrische Sichtweise zu den inneren Geschehnissen zu entwickeln. Bei der **Hypochondrie** handelt es sich um ein subjektives Empfinden von Krankheitssymptomen, z. B. Rückenschmerzen, Atembeschwerden oder auch Herz-Kreislauf-Probleme, für die es organisch gesehen keine erklärbare Ursache gibt. Gerade wenn eine hohe Ängstlichkeit in einer Lebenssituation besteht, kann der intensive Blick nach innen auf die Körpergeschehnisse die unangenehme Stimmungslage auch verstärken. Kindermann et al. (2013, S. 82) bekräftigen diese Aussage mit dem folgenden Hinweis:

> „Es ist jedoch für ältere Menschen mit chronischen Schmerzen nicht immer wohltuend, sich intensiver auf ihren Körper und damit ihr Schmerzempfinden zu konzentrieren."

Zur Steigerung des persönlichen Wohlbefindens ist es insofern zielführend, ein **gesundes Maß** an Selbstaufmerksamkeit zu entwickeln. Ablenkende Aktivitäten sowie die Konzentration auf interessante und positive Aspekte des eigenen Lebens sind ebenfalls geeignete Lösungsansätze, um ein ängstliches – oftmals unfruchtbares – Nachsinnen über die eigenen Körpersymptome zu relativieren. Flöttmann (2011, S. 126) legt dar, „dass [das] Grübeln unfruchtbar ist und lediglich schlechte Gefühle hinterläßt."

Zur konstruktiven Ausbalancierung der inneren Wahrnehmungsprozesse kann es deshalb auch vorteilhaft sein, sich auch immer auf die **äußere Welt** zu besinnen. So beschreibt Cszikszentmihaly (2010, S. 129 f.) den Glücksweg eines Menschen wie folgt:

> „Ich lernte allmählich, gleichgültig gegenüber mir selbst und meinen Mängeln zu werden. Ich konzentrierte meine Aufmerksamkeit immer mehr auf äußere Objekte: den Zustand der Welt, die verschiedenen Wissenszweige, Individuen, denen gegenüber ich Zuneigung empfand."

Eine optimale Bewusstseinsausrichtung hat auch immer etwas damit zu tun, ein Nebeneinander an erfreulichen, aber auch an herausfordernden Gegebenheiten in der aktuellen Lebenslage innerlich herzustellen. Nachstehend erläutere ich diesen Sachverhalt anhand eines konkreten Fallbeispiels.

Das Schlüsselerlebnis „Ich habe die Wahl" von Axel K. (59 Jahre)
In einem Beratungsgespräch erläuterten wir gemeinsam die hohe Bedeutsamkeit der inneren Aufmerksamkeitsprozesse zur Steigerung des persönlichen Wohlbefindens. Plötzlich erinnerte sich Axel K. an die folgende spannende Situation in seinem Alltag:

Der Klient ist in seiner Freizeit ein begeisterter Langläufer. In der nassen Jahreszeit ärgert er sich jedoch oft über den Schlamm und Dreck, der nach dem Joggen an seinen Schuhen hängt. Eines Tages schaute er nach dem Laufen nach unten auf seine Füße. Neben seinen schmutzigen Schuhen blühte eine Butterblume mit einer kleinen Biene darauf.

Er war zunächst etwas irritiert über diesen Anblick, weil er sich innerlich fragte: „Worauf soll ich denn jetzt meine Aufmerksamkeit richten? Soll ich mich nun über die schmutzigen Schuhe ärgern oder mich an dem schönen Anblick der Butterblume erfreuen?"

In dem Augenblick realisierte er die Tatsache: „Ich habe die Wahl! Ich kann mich über die Blume freuen oder über die Schuhe ärgern – beide Gefühlsregungen gehen nicht zur gleichen Zeit."

In dieser Situation vertiefte sich in dem Klient das Bewusstsein, dass er sehr wohl über ein großes Spektrum an Gestaltungsspielräumen in seinem Situationserleben verfügt.

Wenn wir uns – in einer Art Tunnelblick – innerlich auf angstfördernde Informationen konzentrieren können, so besteht im Gegenzug auch immer die Chance, uns selbst innerlich auf die Freude bringenden Lebensinhalte im eigenen Umfeld auszurichten.

Die Wirkung von Entspannungsübungen und Bewegungsaktivitäten auf die mentalen Verarbeitungsprozesse
In einem Experiment untersuchte Allmer (1996, S. 119 ff.), inwieweit – nach einer durchgeführten hoch anspruchsvollen Konzentrationsübung – ein mentaler Erholungseffekt bei den Probanden erreicht werden konnte, wenn sie – im Anschluss an die kognitive Übung – eine Entspannungsübung oder eine Bewegungsaktivität durchführten.

Die Teilnehmer des Experiments wurden zunächst mit einer Konzentrationsaufgabe getestet, bei der sie auf vorgegebene Lichtreize mit der Betätigung der linken oder rechten Taste am Adaptiven Konzentrationstestgerät (AKG) reagieren sollten. Es wurde dabei eine kognitive Überforderung in der Situation initiiert, indem – während der Ausgabe der Lichtreizsignale – die Versuchsteilnehmer „über einen Kopfhörer akustische Signale in entgegengesetzter Abfolge – aber in gleicher Frequenz – zu den Lichtreizen dargeboten wurden" (Allmer 1996, S. 119). In der darauffolgenden Erholungsphase nahmen einige Teilnehmer an einer Entspannungsübung in Liegeposition teil, die anderen Versuchspersonen sollten sich mithilfe eines Fahrradergometers sportlich aktiv erholen. Im Anschluss an diese Erholungsphase erfolgte eine weitere Sequenz der Konzentrationsaufgabe. Bei dieser Gelegenheit wurden die Veränderungen der subjektiven Befindlichkeit bei den Teilnehmern überprüft.

Die innere und auch äußere Konfrontation mit einem konkreten Angstthema im eigenen Leben hat einen ähnlichen Effekt wie die Bearbeitung einer anspruchsvollen kognitiven Aufgabe. Beide können – bedingt durch die starke mentale Beanspruchung – zu Belastungsreaktionen bei einer Person führen.

Mithilfe der Eigenzustandsanalyse von Nitsch (1976) hat Allmer (1996, S. 119 f.) die mentale Wirkungsweise der Konzentrationsaufgabe auf die Teilnehmer des Experiments untersucht. Aufgrund der Überforderungssituation in der Konzentrationsübung kam es bei den Teilnehmern zunächst zu einem reduzierten Gefühl der inneren Sicherheit. Die nachfolgenden Bewegungsaktivitäten führten zu einer Erhöhung des Selbstvertrauens der Teilnehmer. Die Liegeposition förderte die körperliche Entspannung der Teilnehmer, wodurch diese in der späteren Leistungskontrolle in einem erholten körperlichen Zustand ihre Aufgaben besser bewältigen konnten. Sowohl die Entspannungsverfahren als auch die Bewegungsaktivitäten führten zum Abbau von psychischem Stress und schafften leistungssteigernde Bedingungen für die Teilnehmer.

Wieland-Eckelmann et al. (1994, S. 139) schreiben der **Bewegungsaktivität** ebenso eine stressreduzierende Wirkung zu. Sie beschreiben, dass sich unerwünschte Emotionen wie Angst in kognitiven und somatischen Systemen manifestieren. Bei einer körperlich stark beanspruchenden Bewegungsaktivität, beispielsweise beim Jogging, handelt es sich um eine neutrale Aktivität. Mit Neutralität ist in diesem Zusammenhang gemeint, dass die körperliche Beanspruchung beim Laufen nichts im direkten Sinne mit der Angstthematik zu tun hat, jedoch kommt es zu einer Konkurrenzsituation mit der in Anspruch genommenen Bearbeitungskapazität des Gehirns. Aufgrund der psychosomatischen Begrenzung der mentalen Kapazität für die jeweilige Auseinandersetzung mit den Stressauslösern führt die neutralisierende Aktivität des Joggings zu einer Verringerung der Angst.

Wer sich also in angsterfüllten gedanklichen Endlosschleifen über mögliche Erkrankungen oder anderweitigen altersbedingten Katastrophenvorstellungen befindet, für den kann sich eine sportliche Aktivität – wie Fahrrad fahren oder auch das Nordic Walking – sehr befreiend auf die eigene Stimmungslage auswirken.

Sport wird auch als Begleittherapie bei einer Krebsbehandlung sehr empfohlen. Neben den positiven Effekten für den Organismus – beispielsweise dem Aufbau und Training der Muskulatur – bringt die Bewegungsaktivität auch eine deutliche mentale Verbesserung für den Krebspatienten mit sich. Dimeo et al. (2006, S. 94 ff.) führen die lohnenswerten Effekte bei einer regelmäßigen sportlichen Aktivität auf die Gemütslage eines Menschen auf. Unter anderem kommt es bei den bewegungsaktiven Krebskranken zu einem Aufbau ihrer persönlichen Entspannungsfähigkeit, und die Schlafqualität verbessert sich. Eine Reduzierung der Ängste und Depressionen konnte ebenfalls beobachtet werden, und die Betreffenden sind insgesamt gesehen zufriedener und optimistischer in ihrem Leben.

Ein **konstruktives Kontrastprogramm** zu einer ängstlichen Stimmungslage zu entwickeln, ist somit in jeder Hinsicht zielführend, wenn es darum geht, mehr Lebensqualität ins eigene Leben zu bringen. Jeder Augenblick, den wir nicht mit hypochondrischen Grübeleien verbringen, ist doch in diesem Sinne schon eine kostbare Lebenszeit (Schmidbauer 2003, S. 66).

In umfangreichen epidemiologischen Studien wurde die hohe Bedeutung der körperlichen Aktivität auf neurodegenerative Krankheitsbilder wie Alzheimer-Demenz untersucht.

> „Ein körperlich und kognitiv aktiver Lebensstil scheint die Wahrscheinlichkeit für das Auftreten einer Demenz zu reduzieren." (Schneider und Lindenberger 2012, S. 727)

Die geläufige Redewendung „Turne bis zur Urne" scheint in dieser Beziehung zutreffend zu sein.

Die Wichtigkeit der körperlichen Bewegung wurde nun ausführlich erläutert. Als nächstes widmet sich dieses Buch dem Einfluss unserer **kognitiven Vorstellungskraft** auf unsere emotionale Befindlichkeit.

4.5 Humor – eine besondere Ressource gegen Stresserfahrungen

Wer lacht, kann nicht gleichzeitig Angst empfinden. Die bewusste Beschäftigung mit humorvollen Bildern, Witzen, Comics, aber auch mit Komödien oder in der Satire befähigt einen Menschen zunehmend dazu, mit mehr Souveränität den eigenen Ängsten in seinem Leben zu begegnen.

Sigmund Freud (1905) beschreibt die Beschaffenheit des Humors wie folgt:

> „Mit seiner Abwehr der Leidensmöglichkeit nimmt der Humor einen Platz ein in der großen Reihe jeder Methoden, die das menschliche Seelenleben ausgebildet hat, um sich dem Zwang des Leidens zu entziehen." (zitiert in Hoffmann und Hofmann 2012, S. 219)

Insofern widmen wir uns in diesem Abschnitt mit dem Humor als einer weiteren Möglichkeit, mit mehr Freude die nachberufliche Lebensphase erleben zu können.

Warum ist es so lohnenswert, sich – besonders im dritten Lebensabschnitt – mit einem humorvollen Gedankengut zu beschäftigen? Anhand von einzelnen Fallbeispielen führe ich auf, wie ein innerer Bilderwechsel eine emotionale Erleichterung in den jeweiligen Konfliktkonstellationen bringen kann.

Dem Humor wird in diesem Beitrag aber nicht die Funktion eines Allheilmittels für alle Lebensschwierigkeiten zugeschrieben. Auch die kritischen Gesichtspunkte zu dieser Perspektivenwahl werden mit ins Visier genommen.

Am Ende dieses Abschnitts zeige ich den Lesern außerdem Aktivitäten auf, bei denen der reifere Mensch innerlich humorvolle Sichtweisen kultivieren und weiterentwickeln kann.

Vorweg eine kurze skurrile Einstiegsszene, die Barbara Wild (2012, S. 235) in ihrem Buch beschrieben hat: Ein Mann (70 Jahre) kommt in eine Beratungsstelle und berichtet, dass er nun seine Firma an seinen Sohn übergeben hat und fortan zum sogenannten „alten Eisen" gehört. Die Beraterin fragt ihn daraufhin, was er denn ansonsten noch alles tun könne. Er antwortet: „Eigentlich nichts. Ich habe immer für die Firma gearbeitet und kann sonst nichts." „Nun, dann müssen Sie wohl noch viel lernen", entgegnet die Beraterin. Der Mann ist zunächst etwas irritiert über diese ungewöhnliche Rückmeldung der Frau und erwidert dann schmunzelnd: „Da habe ich wohl noch nicht ausgelernt." Zukünftig widmete er sich dann seinen früheren Interessensgebieten und bemühte sich darum, die daraus persönlich entwickelten Ziele noch Schritt für Schritt zu erreichen.

Den Einstieg in die konkrete thematische Auseinandersetzung beginne ich mit der Fragestellung: Was ist eigentlich der Humor, und wie wirkt sich diese Perspektive auf den Menschen aus?

Der Humor sowie das Lachen können als eine Art **Daseinsgenuss** betrachtet werden (Lutz 1983, S. 83). Bei humorvollen Inszenierungen kommt es zu einer ungewohnten, unerwarteten und auch skurrilen Darstellung der Wirklichkeit, die aber durchaus eine realistische Möglichkeit der Perspektive und des Verhaltens der Protagonisten auf einen normalen Sachverhalt des Lebens enthält. Die Absurdität des jeweiligen Geschehnisses führt dann bei den Beobachtern zu einer Heiterkeit und zu einem Gelächter (Wild 2012, S. 80).

> „Humor ist insofern auch ein Spiel mit Ideen, Möglichkeiten oder Ansichten." (Falkenberg et al. 2013, S. 36).

> „Für einen jüngeren Menschen besitzt der Humor eine eher sozial-kommunikative Funktion, einem älteren Menschen dient er eher zur Bewältigung von Stresssituationen." (Fey 2016, S. 120)

Betrachten wir als nächstes etwas präziser die Prozesse, die sich bei einem humorvollen Erleben normalerweise beim Menschen abspielen.

Das Wesen des Humors

Grundsätzlich gesehen kann zur persönlichen Entwicklung von inneren Vorstellungen und Gedanken gesagt werden, dass sie

> „[…] ähnliche Auswirkungen auf das Erleben haben wie real stattgefundene Erlebnisse" (Kindermann et al. 2013, S. 15)

Diese Tatsache legt für den reiferen Mensch die Konsequenz nahe, dass es am besten für ihn ist, seine subjektiv fantasierten

> „[…] Bilder und Vorstellungen positiv zu gestalten, um eine wohltuende Wirkung auf den physischen und psychischen Zustand zu erzeugen." (Kindermann et al. 2013, S. 15)

> „Es gibt Bilder, aus denen Menschen Mut, Ausdauer und Zuversicht schöpfen, und es gibt solche, die Menschen in Hoffnungslosigkeit, Resignation und Verzweiflung stürzen lassen." (Wild 2012, S. 190)

Der Humor ist ein vielfältiges und komplexes Phänomen, das als ein dreiphasiger Prozess vom Einzelnen erlebt wird: Auf der kognitiven Ebene wird die witzige Inszenierung erst einmal wahrgenommen und in ihrer Komik verstanden, in emotionaler Hinsicht kommt es daraufhin zu einer Belustigung und zur Freude. Die physische Reaktion beinhaltet das Lachen (Robinson 2002, S. 10). Um eine konkrete Situationskomik auch gedanklich zu erfassen, ist der Beobachter persönlich gefordert, sich auf das konkrete Geschehnis auch mental einzulassen. Im umfassenden Sinne erlebt ein Mensch bei der Wahrnehmung von lustigen Szenen eine **Transformation seiner ursprünglichen Befindlichkeitslage.**

Der Humor gehört neben dem Altruismus, der Sublimierung sowie der Selbstreflexion zu der Liste der hoch adaptiven Bewältigungsmechanismen im Bereich der Stressreduktion (Falkenberg et al. 2013, S. 6).

Welches zusätzliche weiterführende Wirkungsspektrum entfaltet sich beim Menschen, wenn er sich geistig mit einer Situationskomik auseinandersetzt?

Humor reduziert unangenehme Stimmungen
Stefanie Stahl (2015, S. 179) beschreibt sehr treffend die Wirkung des Humors in der Aussage eines ihrer Seminarteilnehmer: „Lachen schadet meiner Depression." Die persönliche Beschäftigung mit positiven Bildern, insbesondere mit humorvollen Sichtweisen, vermag demnach den Einzelnen – zumindest für einige Augenblicke – aus seinen ursprünglich unangenehmen Gefühlslagen herauszuholen. Es ist ein Lösungsweg von vielen, um „sich eigenständig zu guten Gefühlen zu verhelfen" (Kindermann et al. 2013, S. 57).

So bietet die persönliche Blickrichtung auf Szenen, die eine witzige Akzentuierung der Aufmerksamkeit in den Vordergrund der Betrachtungsweise stellen, die Möglichkeit einer Leidensreduzierung für den Einzelnen. Robinson (2002, S. 41) äußert sich hierzu folgendermaßen:

> „Eine der wichtigsten Funktionen des Humors bestehe darin, uns die Last der Realität von den Schultern zu nehmen."

Beispielsweise werden in Westafrika bei der Bevölkerungsschicht der Dahomey auf den Beerdigungen der Verstorbenen anzügliche Witze und Geschichten über die tote Person erzählt, um diese einerseits zu amüsieren, und um andererseits den eigenen Trauerschmerz dadurch etwas zu lindern (Bonanno 2012, S. 175).

Kleinschmidt (2010, S. 188) gruppiert den Humor als sehr zu empfehlenden „Jungbrunnen" für die Bewältigung der Altersthemen ein. Wenn ein lebenserfahrener Mensch innerlich ein äußerst positives Bild, eine witzige Szene oder auch eine erfreuliche Erinnerung für sich selbst gefunden hat, so wirkt diese Entdeckung über den Augenblick hinaus fort und kann den Alltag des Betreffenden auch längerfristig gesehen erhellen.

> „Altersbedingte Einschränkungen und belastende Gefühle lassen sich so selbstbestimmt mindern." (Kindermann et al. 2013, S. 57)

Zusammengefasst kann gesagt werden, dass positive und humorvolle Bilder dem Menschen helfen können, Situationen mit einer hohen Belastungsschwere besser zu bewältigen. Die Imaginationen bringen eine Erleichterung in das persönliche Erleben hinein, und negative Emotionen können müheloser reguliert werden.

> „Man sollte die Gewohnheit einüben, in dem Moment, in dem lauter negative Dinge passieren, positive Gefühle aus dem Boden zu stampfen." (Wild 2012, S. 200)

4.5.1 Gegenläufige Vorstellungen zu inneren Schreckensbildern gestalten

Die Beschäftigung mit Satire, Witzen oder auch mit dem Anblick der lustigen Gaukeleien der Klinik-Clowns ist auch eine konstruktive Methode, um für eine kurze Zeit die Ängstlichkeit zu reduzieren. Falkenberg et al. (2013, S. 12) berichten von einer Studie von Szabo et al. (2005), in der einigen gesunden Frauen ein zwanzigminütiger lustiger Film gezeigt wurde, während die Vergleichsgruppen ein ebenso langes Training auf einem

Fitnessbike durchführten oder angenehme Musik hörten. Als Ergebnis der Untersuchungsreihe kam heraus, dass der witzige Film gegenüber den anderen wohltuenden Aktivitäten doppelt so stark auf die Stimmungslage der Frauen wirkte.

> „Einerseits verdrängt quasi die positive Emotion Erheiterung die negative Emotion Angst. Andererseits gibt es den Mechanismus der ‚**kognitiven Distraktion**‘, der beinhaltet, dass zum Verstehen eines Witzes (im Gegensatz zu einfach nur angenehmen Stimuli) mentale Kapazität benötigt wird, die dann nicht für ängstliches Grübeln zur Verfügung steht." (Falkenberg et al. 2013, S.12 f.)

> „Lachen und Angst wie auch Lachen und depressive Verstimmung sind Antagonisten, also gegeneinander wirkende und sich ausschließende Emotionen." (Lutz 1983, S. 90)

In der **hypnosystemischen Psychotherapie** wird oft bei der Behandlung von Angstzuständen mit einem inneren Bilderwechsel gearbeitet (Wild 2012, S. 187 f.). Diese kognitive Umstrukturierung von problematisch erlebten Gedankengängen erfolgt nicht aufgrund von lustigen Kommentaren, die der Psychotherapeut mal eben zwischendurch in das Beratungsgespräch einwirft. Nein, im Gegenteil, es findet eine gemeinsame Weiterentwicklung der ursprünglich angstbesetzten Fantasien statt. Die Angstvorstellungen werden hierbei geschickt in witzige, liebevolle und einfühlsame Folgebilder überführt.

Wenn jemand die ersten körperlichen Symptome und Gefühle seiner Furcht in sich selbst entdeckt, so besteht das therapeutische Ziel dieser Imaginationsarbeit darin, dass sich die gemeinsam konstruierten Lösungsbilder weiter in einer Person abspielen können, die dann als Befreiung empfunden werden und einen konstruktiven Abstand zum ursprünglichen Problem erzeugen.

Diese besondere psychologische Vorgehensweise veranschauliche ich nun anhand eines Fallbeispiels:

Vom Schambild zum Bild der Überlegenheit und Unabhängigkeit

1. Die Ausgangslage Der Klient Valentin F. (62 Jahre) schilderte im Erstkontakt unserer Beratungsgespräche, dass er sehr unter dem Verlust seiner Kopfhaare leidet. Für ihn sei es eine schreckliche Vorstellung, von seinen Mitmenschen möglicherweise abgewertet zu werden, weil er zunehmend eine Glatze bekam. Valentin arbeitete bei einer Krankenversicherung als Sachbearbeiter in einem Großraumbüro. Zur Klärung der einzelnen Sachverhalte der Mitglieder der Krankenkasse sei es oftmals wichtig, dass er gelegentlich in Kontakt zu seinen Kollegen trete. Es sei dann oft erforderlich durch den weitläufigen Büroraum zu gehen. Immer wenn er zu einem Kollegen marschierte, plagten ihn innerlich schlimme Gedanken, was die Kollegen wohl über ihn denken würden. Er betrachtete sich selbst durch den Haarverlust als hässlich und unattraktiv. Eine Haartransplantation kam für ihn jedoch nicht infrage, weil er befürchtete, dass dann die anderen ihn nur noch mehr belustigt anschauen würden. Zudem hatte er auch eine große Angst davor, rot vor Scham anzulaufen, wenn ihm jemand direkt ins Gesicht schauen würde. Dieses innerliche Szenario quälte ihn fast täglich in seinem Arbeitsalltag.

2. Die gemeinsame Entwicklung eines witzigen Lösungsbildes Um eine alternative Erlebnisweise zu den unangenehmen Gedankengängen von Valentin F. zu finden, schauten wir uns nach attraktiven Vorbildern um. Wer hat auch eine Glatze und geht mit dieser Tatsache selbstbewusst und attraktiv um? Der Klient war ein großer Fan von Bruce Willis und liebte es, gelegentlich zu Hause die DVD-Filme von ihm anzuschauen.

Wir vereinbarten dann gemeinsam, fortan diesen Schauspieler als Hilfs-Ich für diese Problematik nutzbar zu machen.

Der Klient schaute sich in der kommenden Zeit noch bewusster die Filme von Bruce Willis an. Er entwickelte daraufhin innerlich allmählich eine attraktive Vorstellung, wie sich ein selbstbewusstes Dasein mit einer Glatze anfühlen könnte.

Auch besorgte er sich ein paar kleine Fotos über diesen Schauspieler, die er sich in das Seitenfach seiner Geldbörse legte.

Immer wenn Valentin auf der Arbeit dieses Schamgefühl über seine Kahlköpfigkeit plagte, stellte er sich vor, dass er nun der Doppelgänger von Bruce Willis sei. Er kokettierte dann innerlich mit den Vorstellungen, sich beim Gang zu einem Kollegen so selbstbewusst, wie dieser Schauspieler es wohl tun würde, zu verhalten.

Diese Idee, sich wie ein Teenager an die Imitation eines Idols zu hängen, amüsierte Valentin so sehr, dass sich sein Schamgefühl zunehmend in den Hintergrund seiner Wahrnehmung drängte. Fortan setzte er innerlich immer wieder die Bruce-Willis-Geschichte aus einer Filmszene ein, wenn er nur die leisesten Schamgefühle über seine nachlassende Haarpracht in sich verspürte. Auch nahm er gelegentlich die lustigen Fotos von Bruce Willis aus seiner Geldbörse heraus und lachte über sich selbst und seine positive und kindliche Art, mit dieser Situation umgehen zu können. Die innere Dramatik mit dem zunehmenden Verlust seiner Haare löste sich immer mehr auf. Er nahm die Geschehnisse immer mehr als eine Art positiv inszeniertes geheimnisvolles inneres Schauspiel wahr.

Der Klient entwickelte mithilfe dieser Imaginationsarbeit mit der Zeit eine größere Souveränität und Distanz zu seinem Ausgangsproblem und fühlte sich freier und unabhängiger.

Dieses Fallbeispiel zeigt auf, inwieweit eine humorvolle Perspektive hilft, das Stresserleben eines Menschen in konstruktiver Weise zu lindern. Es kann in dem Zusammenhang auch lohnenswert sein, sich manchmal die **Absurdität der eigenen Sichtweise** erheiternd vor die Augen zu führen. Oft beinhalten Angstfantasien eine Perspektive des Größenwahns, als ob die ganze Welt an den persönlichen Problemvorstellungen des einzelnen furchterfüllten Menschen teilhaben würde.

Zur bewusst einsetzbaren Selbstironie stelle ich ein weiteres Fallbeispiel vor.

Der schmunzelnde Blick auf die altersbedingte Vergesslichkeit

1. Die Ausgangslage Ursula K (58 Jahre) erzählte im Erstkontakt, dass sie unter ihrer zunehmenden Schusseligkeit leiden würde. Sie berichtete, dass sie sich zu Hause oft tagsüber einen Cappuccino kochen würde und danach irgendeiner Beschäftigung nachginge. Nach einiger Zeit wolle sie dann etwas von ihrem gekochten Getränk trinken, wüsste jedoch oft nicht mehr genau, wo sie ihre Tasse hingestellt hat. Sie kochte sich dann in ihrer Verzweiflung häufig eine neue Tasse ihres Lieblingsgetränks. Im Laufe des Tages fand sie dann häufig die zuvor vermisste Tasse an den unterschiedlichsten Stellen in ihrer Wohnung, vom Badezimmer bis hin zum Kleiderschrank.

Schon vor unseren Beratungsgesprächen hatte Ursula K. diverse medizinische Untersuchungen bei einem erfahrenen Neurologen vornehmen lassen, um die Frage für sich beantworten zu können, ob sie an einer schweren geistigen Erkrankung wie Demenz leiden würde. Der Arzt gab ihr die Rückmeldung, dass es sich lediglich um eine normale altersbedingte Vergesslichkeit handeln würde und sie keine Geisteskrankheit habe. Trotz dieser erfreulichen Rückmeldung reagierte Ursula K. immer wieder niedergeschlagen, weil sie diese Vergesslichkeit nicht in den Griff bekommen konnte.

In den Beratungen sprachen wir dann darüber, ob es eine reale Gefahr bei dieser von ihr so bekundeten „persönlichen Marotte" gäbe. Wir stellten beruhigend fest, dass es keine herausragenden Risiken bei dieser Vergesslichkeit der Stellplätze der Cappuccino-Tasse gab – außer dass der erhöhte Konsum des Kaffeepulvers Ursula K. etwas mehr Kosten abverlangte.

2. Die gemeinsame Entwicklung eines amüsanten Lösungsbildes Im Laufe unserer Gespräche fragte ich die Klientin dann Folgendes: Liegt in dieser persönlichen Schusseligkeit nicht auch eine gewisse Liebenswürdigkeit? Es gäbe doch viele reifere Menschen, die immer mal wieder ihren Schlüssel oder die Brille verlegen würden. Gäbe es nicht auch die Möglichkeit, diese persönliche Eigenart mit etwas mehr Milde und Freundlichkeit zu betrachten? Sich an dieser Situationskomik vielleicht sogar etwas zu ergötzen?

Ursula K. fing daraufhin im vermehrten Maß an, ihre Tassen-Such-Geschichte von der lustigen Seite her zu sehen. Sie fantasierte sich im Fortlauf unserer Beratungen eine höchst amüsante Geschichte von der „zerstreuten Professorin" zusammen, die ebenfalls immer wieder Ausschau nach ihren verschwundenen Gegenständen hielt.

Am Ende unserer Psychotherapie war Ursula K. in der Lage, ihre Vergesslichkeit mit mehr Gelassenheit zu betrachten. Immer wenn sich in ihr die ersten Anzeichen der Verzweiflung bemerkbar machen wollten, weil sie mal wieder etwas in ihrer Wohnung nicht finden konnte, dachte sie dann immer schneller an die witzige Suchaktion der von ihr kreierten zerstreuten Professorin.

Konstruktive Perspektivenwechsel
Neben der zuvor aufgeführten **Selbstironie** können auch persönliche **Übertreibungen** ein wirkungsvolles Hilfsmittel sein, um so manchem situativem Belastungsfaktor ein wenig die Schwere zu nehmen.

> „Wenn Belastungen auf übertriebene Weise dargestellt und überzeichnet werden, werden sie lächerlich und dadurch weniger bedrohlich." (Falkenberg et al. 2013, S. 51)

Eine übertriebene Inszenierung der eigenen Problematik vermag somit die Betroffenen zum Schmunzeln anzuregen. Außerdem kann durch eine „Relativierung der gesamten Symptomatik" der Weg geebnet werden zu einem konstruktiven Perspektivenwechsel der aktuell zu bewältigenden Themen im Leben eines lebenserfahrenen Menschen (Wild 2012, S. 187).

Die vorgenannten Fallbeispiele verdeutlichen die Tatsache, dass unsere subjektiven Bewertungsprozesse auf die aktuellen Geschehnisse in unserem Leben sehr maßgeblich dafür sind, wie wir uns innerlich fühlen.

> „Unsere Freude im Leben, die Qualität unserer Beziehungen und Arbeit, unsere Entscheidungen und unser Verhalten, das alles hängt davon ab, wie wir die Welt sehen." (Gilmore 2007, S. 25)

Wir haben also die **Wahl**, wie wir die Wirklichkeit betrachten und welche subjektiven Akzente wir bei der jeweiligen Situationsbeurteilung setzen. Es ist somit auf alle Fälle lohnenswert, sich selbst die amüsanten Gesichtspunkte von bestimmten Ereignissen zu vergegenwärtigen.

Viele Humorbücher – wie beispielsweise die bekannte Loriot-Literatur (von Bülow 2000, 2004 und 2008) – haben die Absicht, die weitverbreiteten Marotten der Menschen auf überzogene und durchaus liebevolle Weise in den Szenarien darzustellen. Vielen Lesern wird dabei ein Spiegel vorgehalten, in dem sie sich selbst wiederfinden können. Diese kuriose Selbstentdeckung wird von den Beobachtern oftmals als äußerst witzig und erheiternd wahrgenommen.

Der Humor kann also eine hervorragende Ressource sein, um eine Situation mit etwas mehr Leichtigkeit erleben zu können und weiterführend geeignete Lösungsansätze für sich selbst zu finden.

Aber Witze können auch Ängste auslösen. Viele traumatisierte Menschen haben in ihrer Kindheit schlechte Erfahrungen mit den Themen Humor und Witze erzählen gemacht. Sie wurden damals von ihren Mitmenschen oftmals ausgelacht. In diesen Situationen wurden offensichtliche Gemeinheiten oder auch eine Art Sadismus mit einem vermeintlich lustigen Spiel maskiert.

Beim sogenannten **Triezen** handelt es

> „[…] sich dabei um Spiele von Erwachsenen mit Kindern, bei denen die Erwachsenen den Kindern ihre Unterlegenheit und Hilflosigkeit demonstrieren und sich so über die Kinder lustig machen. Kinder spüren das sofort und fangen fast reflexhaft an zu weinen. Dann reagieren die Erwachsenen mit einem fröhlichen Lachen und dem Spruch ;Musst doch nicht weinen, ist doch nur ein Spiel!'." (Wild 2012, S. 130)

Es gilt also sorgfältig zu unterscheiden zwischen einem gesunden und einem dysfunktionalen Humor.

4.5.2 Adaptiver und der maladaptiver Humor

Wenn Menschen in äußerst schwierige Lebenslagen geraten, beispielsweise mit dem plötzlichen Tod eines geliebten Freundes oder der Diagnose einer lebensbedrohlichen Erkrankung konfrontiert sind, kann die Äußerung einer humorvollen Betrachtungsweise vom nahen Umfeld als äußerst geschmacklos erlebt werden. Häufig wird dieses Verhalten in solchen Situationen als eine Art Empathieverweigerung angesehen und löst Ärger und Bestürzung bei den Beobachtern aus. Gerade wenn ein unangenehmer Vorfall noch sehr frisch ist, ist den meisten Menschen erst einmal nicht nach Lachen zumute. Hier empfehle ich jedem eine eindeutige Zurückhaltung mit der Äußerung von Witzen oder skurrilen Sichtweisen.

Ein Humor kann als gesund eingeschätzt werden, wenn er dem Einzelnen hilft, seine aktuellen Probleme zu bewältigen und somit besser mit seiner subjektiven Realität umgehen zu können.

„Destruktiv und dysfunktional ist Humor nur, wenn er zu einem pathologischen Verleugnen der Wirklichkeit verkommt, wenn der Urheber ihn dazu benutzt, um vor den Schwierigkeiten des Lebens wegzulaufen, statt sich mit seiner Hilfe einen Lösungsweg zu ebnen." (Robinson 2002, S. 40)

Falkenberg et al. (2013, S. 7) beschreiben das klinisch-psychologische Konzept von Martin (2003), das eine Unterscheidung zwischen den adaptiven und maladaptiven Humorstilen vornimmt:

„Zu den maladaptiven Humorstilen zählt Martin selbstentwertenden und aggressiven Humor, während selbstbestärkender und nicht-ausgrenzender Humor als adaptiv gesehen werden."

Beide kommunikativen Richtungen beeinflussen in unterschiedlicher Weise das Wohlbefinden des Menschen. Beim adaptiven Humor entsteht beim Zuhörer keine Angst oder gar eine Depression und er führt zur Wohlbefindenssteigerung beim Zuhörer. Der maladaptive Humor hingegen kann Sorgen und depressive Verstimmungen auslösen und zu psychiatrischen Symptomen führen.

Es ist also sehr viel Fingerspitzengefühl erforderlich, ob, wann und wo diverse witzig gemeinte Darbietungen auch erzählt werden können und von den Beobachtern als unterstützend wahrgenommen werden. Außerdem ist es natürlich kontraproduktiv für das Gegenüber, wenn ein gewisser Lachdruck von dem Erzähler der Witze ausgeht.

Wider den tierischen Ernst
Der Humor steht in einer engen Verbindung zum Spiel. Einen Witz zu erzählen beinhaltet oft nichts anderes, als innerlich mit kuriosen Ideen und

Vorstellungsweisen zu jonglieren und das Umfeld dadurch zum Lachen zu bringen.

„Als ‚Heilmittel' gegen ‚Ernsthaftigkeit im Endstadium' kann das Einnehmen einer spielerischen Haltung dienen, die es ermöglicht, verloren gegangene Freude, Lebendigkeit und Spaß wiederzuentdecken." (Falkenberg et al. 2013, S. 35)

Die meisten Kinder werden schon früh dazu erzogen, möglichst vernünftig zu sein und das Leben ernst zu nehmen sowie bloß keinen unnötigen Blödsinn zu machen. Nun darf jeder angehende Rentner sich selbst erlauben, diese weitverbreitete Auffassung einmal kritisch zu hinterfragen und für sich selbst eine neue, attraktivere Einstellung zu den Abläufen seines Daseins anzulegen. Wie wäre es beispielsweise für Sie, die Ernsthaftigkeit auszutauschen gegen eine gelassenere Perspektive, die dem Einzelnen einfach mehr **Leichtigkeit in sein Erleben** bringen wird? Oder, wenn die Ernsthaftigkeit sich wieder einmal Raum zu verschaffen sucht, auch damit humorvoll umzugehen?

Wild (2012, S. 250) schlägt in dieser Hinsicht eine konkrete Übung für die Betroffenen vor: Nach einem frustrierenden Tag sollte derjenige sich zu Hause vor einen Spiegel stellen und laut fluchen, jammern und schimpfen mit allen Grimassen und Gesten, die innerlich nun einmal zum Ausdruck kommen wollen. Diese Übung sollen die Betreffenden abends so lange machen, wie sie es irgendwie aushalten können. Vielleicht gelingt es dem Einzelnen dann, dieses Verhalten nach und nach von seiner komischen Seite her zu betrachten, sodass der persönliche Ärger in ein Lachen übergeht.

„Bedenkt man die eigene Endlichkeit und die Unendlichkeit des Jammerns, so ist es fast ein Witz, sich täglich dem Jammern zu widmen. Schluss mit der oft kontinuierlichen Jammer- und Elendzeit bei der Arbeit und zu Hause. Lachen macht frei!" (Wild 2012, S. 250).

Es folgen einige konkrete Freizeitbeschäftigungen, die die Entfaltung einer humorvollen Lebensausrichtung weiterhin stärken können.

Unterstützende Aktionen zur Erhöhung der persönlichen Humorfähigkeit

- Schmökern von Witzen, fröhlichen Erzählungen und heiteren Romanen.
- Anhören von lustigen Hörbüchern oder Radiosendungen.
- Fernsehfilme oder komische Videos – insbesondere Satiresendungen – mit Spaß bringenden Inhalten anschauen und gegebenenfalls auf DVD sammeln.
- Verschicken der Lieblingswitze an gute Freunde.
- Zeit mit Kleinkindern verbringen und genau beobachten, wie sie sich über so manche Entdeckungen und Kleinigkeiten oft einfach nur erfreuen können. Meine Tochter jauchzte manchmal vor Vergnügen, wenn sie bei einem Spaziergang eine Schnecke oder einen schönen Stein auf dem Boden entdeckte.
- Humorgruppen besuchen.
- Besuch von Operetten, Varieté, Zirkus oder amüsanten Komödien.
- Spiele mit Haustieren – eventuell draußen in der freien Natur.
- Gemeinschaftsspiele mit den nahen Angehörigen oder im Freundeskreis.
- Sportliche Aktivitäten aufsuchen, bei denen lustige Musik die Turnübungen stimmungsaufhellend begleitet, z. B. Zumba, Biodanza oder Aerobic.
- Tanz mit aufmunternden Liedern.
- Singen in einem Chor.
- Humortagebuch führen, in dem Sie die Situationen niederschreiben, über die Sie persönlich lachen konnten.
- Witzebuch erstellen, welches in Notsituationen ein willkommener Helfer sein kann.
- Lieblingswitze auswendig lernen und sich gegenseitig im Bekanntenkreis erzählen.
- Clown-Auftritte aufsuchen, sie können für eine kurze Zeit eine erfolgreiche Ablenkung bieten von den unangenehmen Tatsachen in Ihrem Leben.
- Begrüßungen von Freunden mit einem humorvollen Beitrag gestalten.
- Tageskalender mit witzigen Sprüchen erwerben.
- Bilder und Poster mit lustigen Inhalten in der Wohnung aufhängen.
- Postkarten mit witzigen Szenarien sammeln.

Abschließend weise ich noch einmal auf das Entwicklungsmodell hin, das in Abschn. 3.2 bereits näher erläutert wurde. Erikson empfiehlt die Integration der gelebten sowie der ungelebten Erfahrungen in der eigenen Biografie als eine wesentliche Grundvoraussetzung, um Frieden und Gelassenheit im Alter empfinden zu können. Schneider und Lindenberger (2012, S. 736) verweisen in dem Zusammenhang auf das Entwicklungsmodell von Peck (1956). Er differenzierte das achtstufige Entwicklungsmodell von Erik H. Erikson noch weiter aus und formulierte drei weitere Aufgaben, mit denen sich der ältere Mensch zunehmend auseinanderzusetzen hat:

1. Das Tolerieren der normalen altersbedingten körperlichen Veränderungsprozesse, ohne sich diesen Geschehnissen im übersteigerten Maße zu widmen.

2. Das Nachlassen der intensiven Beschäftigung mit der eigenen Berufstätigkeit hin zu einer Ausweitung und Vielfalt der eigenen Interessensgebiete.
3. Die Reduzierung einer starken Aufmerksamkeitsausrichtung auf die eigene Person hin zum Hinter-sich-Lassen der hohen Bedeutsamkeit von sich selbst.

Gerade wenn sich die Restlebenszeit eines Menschen dem Ende naht, ist es verstärkt empfehlenswert, die persönlichen Schwierigkeiten nicht allzu ernst zu nehmen oder sie zu sehr auf die Goldwaage zu legen. Der erweiterte und mitfühlende Blick auf die Mitmenschen, die sich in einer vergleichbar ähnlichen Lebenslage befinden, relativiert oftmals die eigene Erlebnisschwere des zu ertragenden persönlichen Schicksals. Wenn ein reifer Mensch gelegentlich nur begrenzt etwas an seinen ureigenen Lebensumständen ändern kann, so verfügt er dennoch über die Freiheit, die persönliche Sichtweise auf seine augenblickliche Situation zu beeinflussen. Gelingt es ihm, die Vorfälle mit etwas mehr Leichtigkeit und Humor zu betrachten, so ist ein großer Beitrag zum Erhalt der subjektiven Lebensqualität gelungen.

Die Leser haben in den vergangenen Kapiteln viel darüber erfahren, was jeder einzelne Berufsaussteiger tun kann, um für sich selbst ein erhöhtes Maß an Zufriedenheit im dritten Lebensabschnitt zu entwickeln. Der Eintritt in den Ruhestand beinhaltet jedoch auch eine große Veränderung für die bestehende Partnerschaft vieler Berufsaussteiger. Im letzten Kapitel dieses Buches widmen wir uns deshalb der **Neustrukturierung der wesentlichen Beziehungsthemen**, die auf ein Paar zukommen werden, das sich in diesem Wandlungsprozess des Berufsausstiegs befindet.

Literatur

Allmer, H. (1996). *Erholung und Gesundheit. Reihe Gesundheitspsychologie* (Bd. 7). Göttingen: Hogrefe.
Beck, A. T. (1967). *Depression: Clinical, experimental and theoretical aspects.* New York: Harper & Row.
Beck, A. T. (1987). Cognitive models of depression. *Journal of Cognitive Psychotherapy: An International Quarterly, 1,* 5–37.
Blonski, H. (Hrsg.). (1995). *Alte Menschen und ihre Ängste. Ursachen, Behandlung, praktische Hilfe. Reinhardts Gerontologische Reihe (Bd. 11).* München: Ernst Reinhardt Verlag.
Bohus, M., & Wolf-Arehult, M. (2013). *Interaktives Skilltraining für Borderline-Patienten.* Stuttgart: Schattauer.
Bonanno, G. A. (2012). *Die andere Seite der Trauer. Verlustschmerz und Trauma aus eigener Kraft überwinden.* Bielefeld: Aisthesis.

Bülow, V. von. (2000). *Das große Loriot Buch: Gesammelte Geschichten in Wort und Bild*. Zürich: Diogenes.
Bülow, V. von. (2004). *Loriots kleiner Ratgeber*. Zürich: Diogenes.
Bülow, V. von. (2008). *Gesammelte Bildergeschichten*. Zürich: Diogenes.
Chopich, E. J., & Paul, M. (2007). *Aussöhnung mit dem inneren Kind* (23. Aufl.). Berlin: Ullstein.
Cicirelli, V. G. (2003). Older adults' fear and acceptance of death: A transition model. *Ageing International, 28*, 66–81.
Csikszentmihalyi, M. (2010). *Flow Das Geheimnis des Glücks*. Stuttgart: Klett-Cotta.
Davison, G. C., & Neale, J. M. (2002). *Klinische Psychologie Lehrbuch*. Weinheim: Beltz.
Dimeo, F. C., Kubin, T., Krauth, K. A., Keller, M., & Walz, A. (2006). *Krebs und Sport*. Berlin: Weingärtner.
Ellis, A., & Ellis, D. J. (2012). *Rational-Emotive Verhaltenstherapie*. München: Ernst Reinhardt Verlag.
Falkenberg, I., McGhee, P., & Wild, B. (2013). *Humorfähigkeiten trainieren. Manual für die psychiatrisch-psychotherapeutische Praxis*. Stuttgart: Schattauer.
Fey, U. (2016). *Clowns für Menschen mit Demenz. Das Potenzial einer komischen Kunst*. Frankfurt a. M.: Mabuse-Verlag.
Flöttmann, H. B. (2011). *Angst Ursprung und Überwindung*. Stuttgart: Kohlhammer.
Franz, M. (2013). *Tabuthema Trauerarbeit*. München: Don Bosco Medien GmbH.
Freud, S. (1905). *Der Witz und seine Beziehung zum Unbewußten*. In: *Vorlesungen zur Einführung in die Psychoanalyse und Neue Folge. Psychologische Schriften* (Bd. IV). Frankfurt a. M.: S Fischer.
Gäng, P. (2002). *Buddhismus*. Frankfurt a. M.: Campus.
Gilmore, D. (2007). *Der Clown in uns. Humor und Kraft des Lachens*. München: Kösel-Verlag.
Hautzinger, M. (2000). *Depression im Alter*. Weinheim: Beltz.
Hautzinger, M. (2006). *Ratgeber Depression*. Göttingen: Hogrefe.
Heimann, H. (1990). *Anhedonie, Verlust der Lebensfreude*. Jena, Stuttgart: Gustav Fischer.
Heller, J. (2013). *Resilienz. 7 Schlüssel für mehr innere Stärke*. München: Gräfe & Unzer.
Hoffmann, N., & Hofmann, B. (2012). *Selbstfürsorge für Therapeuten und Berater*. Weinheim: Beltz.
Jacob, G., van Genderen, H., & Seebauer, L. (2011). *Andere Wege gehen*. Weinheim: Beltz.
Keil, A., & Scherf, H. (2016). *Das letzte Tabu. Über das Sterben reden und den Abschied leben lernen*. Freiburg im Breisgau: Herder.
Kindermann, L.-S., Leve, V., & Reddemann, L. (2013). *Imagination als heilsame Kraft im Alter*. Stuttgart: Klett-Cotta.
Kleinschmidt, C. (2010). *Jung alt werden*. Hamburg: Ellert & Richter Verlag.

Lanfranconi, P., & Markus, U. (2007). *Schöne Aussichten! Über Lebenskunst im hohen Alter*. Basel: Schwabe AG.
Lang, F. R., Martin, M., & Pinquart, M. (2012). *Entwicklungspsychologie – Erwachsenenalter*. Göttingen: Hogrefe.
Lutz, R. (1983). *Genuß und Genießen. Zur Psychologie des genußvollen Erlebens und Handelns*. Weinheim: Beltz.
Maercker, A., & Forstmeier, S. (2013). *Der Lebensrückblick in Therapie und Beratung*. Berlin: Springer.
Martin, R. A. (2003). Sense of humor. In S. J. Lopez & C. R. Snyder (Hrsg.), *Positive psychological assessment: A handbook of models and measures* (S. 313–326). Washington DC: American Psychological Association.
Meinolf, P. (2006). *Psychosoziale Beratung und Psychotherapie im Alter*. Göttingen: Vandenhoeck & Ruprecht.
Mietzel, G. (2012). *Entwicklung im Erwachsenenalter*. Göttingen: Hogrefe.
Müller, M., & Schnegg, M. (1998). *Unwiederbringlich – Vom Sinn der Trauer*. Freiburg: Herder.
Neff, K. (2015). *Selbstmitgefühl. Schritt für Schritt*. Freiburg: Arbor.
Nitsch, J. R. (1976). Die Eigenzustandsskala (EZ-SKALA) – Ein Verfahren zur hierarchisch-mehrdimensionalen Befindlichkeitsskalierung. In J. R. Nitsch, & I. Udris (Hrsg.), *Beanspruchung im Sport. Beiträge zur psychologischen Analyse sportlicher Leistungssituation* (S. 84–102). Bad Homburg: Limpert.
Peck, R. (1956). Psychological developments in the second half of life. In J. E. Anderson (Hrsg.), *Psychological aspects of aging* (S. 42–53). Washington DC: American Psychological Association.
Prekop, J. (1999). *Hättest du mich festgehalten … Grundlagen und Anwendungen der Festhalte-Therapie*. München: Mosaik bei Goldmann.
Radebold, H., & Radebold, H. (2009). *Älterwerden will gelernt sein*. Stuttgart: Klett-Cotta.
Riemann, F., & Kleespies, W. (2016). *Die Kunst des Alterns*. München: Ernst Reinhardt Verlag.
Robinson, V. M. (2002). *Praxishandbuch Therapeutischer Humor. Grundlagen und Anwendungen für Gesundheits- und Pflegeberufe*. Göttingen: Hans Huber.
Schäfer, U. (2001). *Depressionen im Erwachsenenalter*. Bern: Hans Huber.
Schmidbauer, W. (2003). *Altern ohne Angst. Ein psychologischer Begleiter*. Reinbek bei Hamburg: Rowohlt.
Schneider, H. D. (1987). Grundlagen für Rehabilitationserfolge im Alters- und Pflegeheim. In E. Lade (Hrsg.), *Handbuch der Gerontagogik (Teil G004)*. Obrigheim: Aktuelle Verlagsgruppe.
Schneider, G., & Heuft, G. (2012). Angst und Depressionen bei älteren Menschen. *Zeitschrift für psychosomatische Medizin und Psychotherapie, 58,* 336–356.
Schneider, W., & Lindenberger, U. (Hrsg.). (2012). *Entwicklungspsychologie*. Weinheim: Beltz.

Schnelzer, T. (2008). *Trauerpsychologie – Lehrbuch*. Düsseldorf: Fachverlag des deutschen Bestattungsgewerbes GmbH.
Specht-Tomann, M., & Tropper, D. (2013). *Wir nehmen jetzt Abschied*. Ostfildern: Patmos.
Stahl, S. (2015). *Das Kind in dir muss Heimat finden*. München: Kailash.
Steixner, R., Moser, B., Kemmler, G., Freudenthaler, H. H., Papousek, I., Deisenhammer, E. A., et al. (2015). Emotionale Kompetenz – der Einfluss von kognitiver Beeinträchtigung und Depression im Alter. *Zeitschrift für Neuropsychologie, 26*(2), 121–130.
Szabo, A., Ainsworth, S. E., & Danks, P. K. (2005). Experimental comparison of the psychological benefits of aerobic exercise, humor, and music. *Humor, 18*, 235–246.
Uhlig, T., & Schmucker, P. (1997). Die Angst des Menschen vor der Operation. Lübecker Frühjahrssymposium. *Anästhesiologie Intensivmedizin Notfallmedizin Schmerztherapie*, 307–364.
Wieland-Eckelmann, R., Allmer, H., Kallus, W., & Otto, J. H. (1994). *Erholungsforschung*. Weinheim: Beltz Psychologie Verlags Union.
Wild, B. (2012). *Humor in Psychiatrie und Psychotherapie. Neurobiologie – Methoden – Praxis*. Stuttgart: Schattauer.

5

Die Neuorganisation der Partnerschaft

Die einschneidenden Veränderungen, die auf viele Paare nach dem Berufsausstieg zukommen werden, sind das Thema des letzten Kapitels dieses Buches. Ziel ist es, die Partner für die damit verbundenen Herausforderungen zu sensibilisieren. Außerdem sollen die dargestellten Anregungen sowohl bei den Aushandlungsprozessen der persönlichen Klärungsanliegen als auch zur Qualitätssteigerung des partnerschaftlichen Miteinanders unterstützend wirken.

In diesem Zusammenhang werden Informationen zu den folgenden Fragen gegeben:

- Wie sehen die entwicklungsbedingten Aufgaben für viele Paare mit dem Eintritt in den Ruhestand aus?
- Welche typischen Anpassungsschwierigkeiten können dabei auftreten?
- Was ist hilfreich, um diese paardynamischen Wandlungsprozesse von beiden Partnern in eine positive Richtung lenken zu können?

Nachdem das letzte Kind das Elternhaus verlassen hat, beginnt für das Paar die **postfamiliale Phase**. Sie wird auch als die **Phase der nachelterlichen Gefährtenschaft** bezeichnet (Radebold und Radebold 2009, S. 244).

Wie bereits in Kap. 1 aufgezeigt wurde, nimmt leider die Anzahl der Scheidungen bei den Paaren, die länger als 20 Jahre zusammen sind, ab dem 50. Lebensjahr zu. So leben laut Statistischem Bundesamt „23 % der alleinstehenden Männer und 15 % der alleinstehenden Frauen über 60 in Scheidung" (Weusthoff und Hahlweg 2011, S. 100). Die Hauptgründe für

Scheidungen in dieser Altersgruppe sind Untreue und Uneinigkeit (Lang et al. 2012, S. 116).

Wie kommt es jedoch zu dieser erschreckenden Entwicklung bei vielen reiferen Ehepaaren? Was genau geschieht beim Renteneintritt häufig mit der bestehenden Paarbeziehung?

5.1 Die erhöhte Komplexität der Verhandlungsebenen in einem Paargespräch

Bedenkt man die Tatsache, dass jede tief greifende Veränderung im Leben eines Menschen auch vermehrte Entwicklungsaufgaben für das Individuum und seine dazugehörige Umwelt mit sich bringt, so wird verständlich, dass sich das Klärungspotenzial für die Paare nach dem Berufsausstieg ebenfalls enorm erhöhen wird. Zudem potenziert sich die Komplexität der Anpassungsleistung an eine neue Lebenssituation, da zwei unterschiedliche Menschen mit verschiedenen Interessen aufgefordert sind, sich neu miteinander abzustimmen.

Außerdem spielen die gesamten biografischen Vorerfahrungen der Beteiligten mit in die Auseinandersetzungsprozesse hinein:

- Welche sozialen Regeln hat jemand in seiner Herkunftsfamilie gelernt?
- Wie wurde bei den Großeltern früher der Umgang des Miteinanders gestaltet?
- Wie sehen die gelernten Vorstellungen über das Alter aus?
- Welches Selbstverständnis als Frau und als Mann vertreten die jeweiligen Partner?
- Welchen „eigenen" Kommunikationsstil bringen die Partner mit in die Lebensgemeinschaft ein?

Die Erfahrungswelten der inneren Kinder der beiden Partner spielen deshalb in diesen Neuorganisationsprozessen ebenfalls eine bedeutsame Rolle, denn die erlebten Situationen aus der Vergangenheit mit den darin enthaltenen unverarbeiteten Konflikten reinszenieren sich oftmals in den aktuellen Paardialogen. So finden Übertragungen und Gegenübertragungen zwischen den beiden Partnern statt, die den Klärungsverlauf manchmal hemmen können.

„Dabei ist das Unwissen um das innere Kind nicht nur der Grund für Konflikte in Paarbeziehungen. In vielen Konflikten kann man – wenn man die Zusammenhänge kennt – sehen, dass hier nicht Erwachsene mit einem guten Selbstbewusstsein einen Konflikt lösen, sondern innere Kinder miteinander kämpfen." (Stahl 2015, S. 16)

Aber nicht nur die früheren Selbsterfahrungen eines Menschen fließen in die aktuelle Verhandlung des neu zu organisierenden Miteinanders ein, auch die Zukunftserwartungen und Wünsche des Einzelnen verschaffen sich im Dialog zwischen den Partnern einen Raum. Alle diese Faktoren spielen eine wesentliche Rolle bei der Gestaltung der aktuellen Beziehungsthemen.

Insofern werden die beiden unterschiedlichen Menschen in dieser Umbruchphase aufgefordert sein, das Gestaltungspotenzial der individuellen Klärungsanliegen möglichst feinfühlig miteinander auszuhandeln.

Erschwerend kommt hinzu, dass die Anpassungsbereitschaft an ungünstige Konstellationen bei vielen reiferen Menschen zunehmend nachlässt. Die Anstrengungen der beruflichen Etablierung lassen zu diesem Zeitpunkt häufig nach, und die gemeinsamen Kinder haben das Elternhaus bereits verlassen, sodass die Notwendigkeit, als Paar zusammenzuhalten, bei vielen in dieser Lebensphase sinkt. Insofern wird eine Scheidung als Ausweg aus einer bestehenden Paarkrise schneller ins Auge gefasst als zu früheren Zeiten.

5.2 Die Entwicklungsaufgaben und möglichen Konfliktfelder in der nachberuflichen Partnerschaft

Viele Paare haben nur wenig Erfahrung in der Gestaltung einer zeitintensiven Zweierbeziehung. So prägten jahrzehntelang der Beruf und/oder die Kindererziehung als Hauptaugenmerk den Austausch zwischen den beiden Partnern. Oder sie konzentrierten sich sehr stark auf die Beziehungspflege mit den anderen nahen Angehörigen und Freunden. Auch die Verfolgung von Freizeitbeschäftigungen im Alleingang ohne den Partner beraubte das Paar manchmal um die Begegnungszeit zwischen den beiden.

Beim Berufsausstieg geht es insofern um die zentrale Aufgabe, die zunehmende Zeit zu zweit so zu gestalten, dass beide das Miteinander auch genießen können. Das Nebeneinander geht im besten Fall in ein harmonisches Miteinander über. Demzufolge besteht die Hauptaufgabe darin, ein

„**Neuaushandeln des Ehesystems als Zweierbeziehung**" im Guten hinzubekommen (Schneewind 1999, S. 98).

> „Die meisten Führungskräfte realisieren nicht, wie stark ihre Berufstätigkeit auch das Leben ihres Partners/ihrer Partnerin beeinflusst hat." (Quadbeck und Roth 2008, S. 135)

So glauben Vielbeschäftigte oftmals, dass ihr Gegenüber nur darauf hofft, dass sie nun endlich ihren Austritt ins Privatleben vollziehen werden, um dann voll und ganz für sie da sein zu können. Die Realität sieht jedoch oft anders aus. Auch das Gegenüber hat sich unabhängig vom anderen ein eigenes Leben mit ureigenen Interessensgebieten aufgebaut. Es kommt auch vor, dass sich der andere um seine persönlichen Lebensbereiche bedroht fühlt, wenn der vormals viel beschäftigte Partner in Rente geht.

Daneben führt der Berufsausstieg bei den Beschäftigten zu Problemen, weil sie bisher in ihrem Arbeitsleben sehr stark leistungs- und erfolgsorientiert gelebt haben. Der Arbeitsverlust beeinträchtigt dann vermehrt ihr Selbstwertgefühl.

> „Der Wegfall dieser für sein Selbstwerterleben wichtigen Bereiche kann zu einer schweren narzisstischen Kränkung, zu Depressionen und zu psychosomatischen Beschwerden führen, wodurch auch die Beziehung belastet wird." (Cierpka 2003, S. 219 f.)

Auch kann der Renteneintritt bei den Betreffenden zu einer Art „Torschlusspanik" führen. Es handelt sich hierbei um eine aufkommende

> „[…] Lebensgier, die einen dazu treibt, Versäumtes nachzuholen, Neues, noch nicht Erlebtes erleben zu wollen." (Riemann und Kleespies 2016, S. 61)

Die angestrebte Neuaufteilung der Hausarbeit und der anderweitigen Aufgaben kann ebenfalls zu Streitereien zwischen den Partnern führen. Die bisherige hauptverantwortliche Person kann das Mitwirken des anderen als störende Einmischung erleben, wobei die völlig andere Art der Herangehensweise des anderen möglicherweise mit Geringschätzung betrachtet wird.

Vieles, was vor dem Ruhestand eines Partners vielleicht gut eingespielt war, steht also mit diesem einschneidenden biografischen Schritt auf dem Prüfstand und will neu organisiert werden. Auch die Unterstützung des Lebensgefährten bei den gesundheitlichen Einschränkungen kommt auf die Partner im Ruhestand zu.

Angesichts des normalen altersbedingten Verfalls des Körpers wird das Paar zunehmend aufgefordert sein, sich sowohl mit dem eigenen Tod als auch dem Lebensende des Partners auseinandersetzen zu müssen. Daneben müssen beide auch lernen, die Verluste von vertrauten Mitmenschen gemeinsam zu betrauern.

> „Die Versöhnung mit diesem Schicksal (dem Näherkommen des Todes) ist vielleicht die größte psychische Leistung, die von uns gefordert wird. Altern wird dadurch ungemein erleichtert." (Vogt 2009, S. 140)

Neben den beglückenden Gestaltungsfreiräumen des Alters gibt es also auch Belastungsfaktoren, die auf eine Altersehe früher oder später zukommen werden.

So mancher Berufsaussteiger träumt vom harmonischen gemeinsamen Altwerden mit der sogenannten „zweiten Hälfte" und erwacht dann leider in einem sich fast täglich abspielenden Streit um so manche Banalitäten.

> „Er will endlich ausschlafen, sie macht morgens gern im Schlafzimmer Yoga. Sie hofft auf mehr Theaterbesuche, er sieht lieber fern. Er ist genervt, wenn sie ihn mit dem Staubsauger beim Zeitunglesen stört. Sie meckert, weil er die falsche Marmelade aus dem Supermarkt mitgebracht hat. Eigentlich nur Kleinigkeiten, die dem Alltag zu zweit aber schnell einen Grundton von Nörgelei und Unzufriedenheit geben." (Dignös 2015, S. 1)

In Kap. 1 wurden bereits einzelne unangenehme Veränderungen aufgeführt, die mit dem Eintritt in die nachberufliche Phase verbunden sein können. Vogt (2009, S. 132) führt weitere Belastungsfaktoren auf, die beim beruflichen Rückzug ins Privatleben auf die Paarbeziehung zukommen können:

- Die eingespielte Tagesstruktur fällt weg, und so manch einer wird mit dem Gefühl der Langweile im Ruhestand konfrontiert. Die Unterforderung kann zu Nörgeleien zwischen den Partnern führen.
- Da viele Rituale und Gewohnheiten durch die Veränderung der Zeitstruktur abhanden kommen, erleben manche Paare die Situation so, als ob sie keine Gemeinsamkeiten mehr haben.
- Wenn die Arbeit das Gesprächsthema Nummer eins in der Zweierbeziehung war, können den Partnern die Anknüpfungspunkte fehlen, um miteinander ins Gespräch zu kommen. Manche deuten die Situation dann so, als hätten sie sich nichts mehr zu erzählen.

- Beide Partner sind nun mehr als früher zu Hause. Die erhöhte Gegenwart des anderen kann dazu führen, dass sich einer der beiden oder beide eingeengt bzw. kontrolliert fühlen.
- Auch die ökonomischen Verhältnisse ändern sich mit dem Eintritt in den Ruhestand. Es kann in der Partnerschaft auch zu Streitigkeiten ums Geld kommen.

Außerdem führt Ahlers (2004, S. 125) die unterschiedlichen Vorstellungen über die Liebe auf, die manchmal noch bei traditionell strukturierten Partnerschaften bestehen:

„Liebe zeigt sich beim Mann als wohlverdienter Anspruch des pensionierten Patriarchen an seine Frau. Er möchte guten Sex, ein bisschen Mütterlichkeit und kompetente Haushaltsführung."

Die Frau wiederum hat ein anderes Verständnis von Liebe, und so kann es auch in dieser Hinsicht zu Dissonanzen zwischen den Partnern kommen.
Was ist nun für ein Paar grundlegend wichtig, um diese Herausforderungen positiv bewältigen zu können?
Alle Klärungsanliegen können über einen konstruktiven Dialog zwischen den Gesprächspartnern gelöst werden.
Quadbeck und Roth (2008, S. 136) empfehlen den Vielbeschäftigten, schon vor dem Berufsausstieg das Gespräch und die Abstimmung mit der Lebensgefährtin oder dem Lebensgefährten zu suchen. Sie schlagen konkrete Fragen vor, mit deren Hilfe jeder sich im Vorfeld auf diesen Dialog vorbereiten kann.

Vorbereitungsfragen für partnerschaftsbezogene Klärungsgespräche nach Quadbeck und Roth

Bevor jemand in den Dialog mit seiner Frau bzw. mit seinem Mann geht, kann es von großer Wichtigkeit für den Gesprächsverlauf sein, sich gedanklich erst einmal in das Gegenüber hineinzuversetzen:

- Wie ist der Berufsausstieg für meine Frau/meinen Mann?
- Welche im Grunde genommenen gemeinsamen Aufgaben hat bisher mein/e Partner/in übernommen?
- Wie sieht in dem Zusammenhang eine faire Arbeitsteilung aus?
- Welche konkreten Wünsche und Erwartungen habe ich an das Gegenüber?
- Gibt es gemeinsame Unternehmungen, Hobbys und Interessen, die ich mit ihr/ihm teilen möchte?
- Worüber würde sich die Partnerin/der Partner freuen?

Diese Abstimmungen verlaufen nicht immer harmonisch, denn es liegt in der Natur der Situation begründet, dass zwei unterschiedliche Menschen mit ihren jeweils auch verschiedenen Vorstellungen bei diesen Klärungsgesprächen aufeinandertreffen.

Nachfolgend schildere ich kurz den Klärungsprozess eines Paarkonflikts, in dem beide beim Berufsausstieg völlig abweichende Sehnsüchte mit ihrer Rentenzeit in Verbindung gebracht haben.

Fallbeispiel: Der Interessenskonflikt zwischen Caroline (65 Jahre) und Dieter (69 Jahre)
Das kinderlose Paar war bereits seit 17 Jahren verheiratet, als sie zu mir in die Paarberatung kamen. Caroline ist eine sehr unternehmungslustige Frau, die als Biologin in der Pharmaindustrie als Referentin tätig war. Ihr Berufsalltag beinhaltete, dass sie viel unterwegs war, um die Kundenkontakte zu den Ärzten und Heilpraktikern zu pflegen. Dieter ist ein eher häuslicher Mann. Er arbeitete als Staatsanwalt am ortsansässigen Gericht und befand sich schon seit drei Jahren in Rente, als der Interessenskonflikt begann.

Beide erlebten jahrzehntelang die Andersartigkeit des Partners als willkommene Bereicherung im eigenen Leben. Dieter betonte in unseren Gesprächen immer wieder: „Sie bringt mit ihren Erzählungen immer wieder eine gewisse Frische und Lebendigkeit in meinen eher ruhigen Alltag." Caroline schwärmte von der stillen Art, die Dieter für sie hatte: „Er ist der ruhige Pol in meinem Leben."

Als Caroline nun in den Ruhestand ging, kam es bei der Planung der Freizeitprojekte immer wieder zu einem Konflikt. Die Vorstellungen und Interessen der beiden entwickelten sich zunehmend in die entgegengesetzte Richtung. Caroline wollte sich einfach mehr Ruhe und Entspannung in der nachberuflichen Phase gönnen. Sie träumte von langen Spaziergängen, Wellness-Aufenthalten in schicken Hotels und einer Tendenz zum einfachen Dasein.

Dieter hingegen verspürte – was das Reisen anbetraf – einen starken Nachholbedarf. Seine Sehnsucht beinhaltete den Kauf eines komfortablen Wohnwagens, mit dem er zeitintensive Touren durch Europa machen wollte. Er wollte zusammen mit Caroline noch etwas Abenteuerliches erleben.

Immer wieder gab es langatmige Diskussionen zwischen den beiden Partnern. Wie sollte nun die Rentenzeit unter der Berücksichtigung der extrem unterschiedlichen Bedürfnisse von Dieter und Caroline gestaltet werden? Beide suchten nach einem akzeptablen Lösungsweg mit diesen kontroversen Vorlieben. Leider fanden sie kein zufriedenstellendes Ergebnis.

In der Paarberatung erkundeten wir dann gemeinsam alle Möglichkeiten, wie beide zu einer Realisierung ihrer jeweiligen Herzenswünsche kommen könnten, ohne dass sich einer von beiden zu sehr an den anderen anpassen musste. Wir entwickelten dann ein Kompromissmodell, welches wie folgt aussah:

Caroline liebte das Meer. Sie erklärte sich bereit, zweimal im Jahr eine Wohnwagentour mit Dieter an diverse schöne Strände zu machen, an denen beide auch lange Spaziergänge am Wasser erleben konnten. Alle weiteren Reisen in die Berge wollte Dieter dann alleine oder mit seinem besten Freund Manfred unternehmen. Nach einer längeren Reise versprach er Caroline mindestens drei Wochen bei ihr zu Hause zu bleiben. Beide nahmen sich dann vor, immer wieder einmal ein Wellness-Wochenende in ihrem Lieblingshotel im Nachbarort zu buchen. Nachdem beide ihre ureigenen Bedürfnisse im ausreichenden Maße in dem kreierten Mischmodell wiedergefunden hatten, konnte der Streit zwischen den beiden endlich beigelegt werden.

Die Zielsetzung für den partnerschaftlichen Aushandlungsprozess besteht in Folgendem:

> „Die Partner müssen lernen, ihre Bedürfnisse aufeinander abzustimmen und Freiräume innerhalb der Bandbreite des dyadischen Konstruktsystems wahrzunehmen." (Cierpka 2003, S. 220)

Somit können sich beide gegenseitig die Chance einräumen, ihre ureigenen Lebensträume – sowohl gemeinsam als auch jeder für sich alleine – noch zu verwirklichen. Mit viel Geduld und Fingerspitzengefühl sollte dabei ein stimmiges Maß an Nähe und Distanz für beide Seiten ausgelotet werden.

In langjährigen Partnerschaften werden normalerweise geschicktere Konfliktlösungsstrategien verwendet als in kürzer bestehenden. Das ist der große Vorteil, den die ältere Bevölkerung im Vergleich zu den Jungen hat

(Lang et al. 2012, S. 115). In mehreren Studien konnte belegt werden, „dass langjährige Paare von ihren wechselseitigen Erfahrungen in der Partnerschaft und ihren Kenntnissen voneinander profitieren (Lang et al. 2012, S. 115). So kann in der Rückschau der eine den anderen besser einschätzen:

> „Wie reagierten beide jeweils für sich und gegenseitig auf erlebte Veränderungen, Krankheiten und körperlich bedingte Einschränkungen, zum Beispiel mit verständnisvoller Unterstützung, mit Vorwürfen oder Rückzug?" (Radebold und Radebold 2015, S. 201 f.)

Ein konstruktives Konfliktverhalten gilt als ein wesentlicher Faktor, der glückliche Paare von unglücklichen unterscheidet. Bei den schwierigen Partnerschaften führt der Vorwurf eines Partners in der Regel dazu, dass der andere ebenfalls mit Vorhaltungen auf die Äußerungen des Gegenübers reagiert. Somit kommt es häufiger zu einer Eskalation des Konflikts (Lang et al. 2012, S. 113 f.). Glücklichere Paare hingegen wertschätzen auch im Konfliktfall den anderen stärker und schreiben sein negatives Verhalten mehr den ungünstigen Umständen als den negativen Charaktereigenschaften der jeweiligen Person zu.

Beispielsweise kommt die Ehefrau zu spät zu einer Verabredung. Glücklichere Ehepaare deuten dieses Missgeschick eher als eine Ausnahme: „Vielleicht hat sie den Zug verpasst oder ihr ist etwas anderes dazwischengekommen." Unglückliche Ehepartner hingegen interpretieren diese Verspätung als ein Verhalten, das in ihrer Charakterstruktur liegt: „Sie ist unzuverlässig, das erlebe ich ständig mit ihr" (Lang et al. 2012, S. 114). Ein Fehlverhalten des anderen kann also völlig unterschiedlich wahrgenommen und beurteilt werden, was sich wiederum mehr oder weniger stark auf die Stimmungslage zwischen den Partnern auswirkt.

Nach dem Berufsausstieg kann die Lebensgemeinschaft von den Beteiligten sehr unterschiedlich erlebt werden.

> „Die Partner hängen wieder mehr aneinander, sie blicken auf ein langes gemeinsames Leben zurück, sitzen im gleichen Boot, haben einen gemeinsamen Feind in Krankheit, Tod und bedrohlicher Umwelt. Das Paar bildet eine Schicksalsgemeinschaft. Die hohe gegenseitige Abhängigkeit kann einesteils beglückend sein, andernteils schafft sie erneute Probleme." (Willi 2004, S. 45)

Entscheidend für die Qualität der Partnerschaft ist immer die Art und Weise, wie diese beiden Menschen miteinander kommunizieren. Zur Verbesserung der zwischenmenschlichen Verständigung schlägt Moeller (1990) deshalb eine spezielle Form des partnerschaftlichen Dialogs vor.

5.2.1 Das Zwiegespräch für Paare

Zusammen mit seiner Partnerin Célia Maria Fatia hat der bekannte Psychotherapeut und Hochschullehrer die Selbsthilfemethode des Zwiegesprächs für Paare entwickelt. Bei dieser besonderen Form des Dialogs geht es um einen ungestörten regelmäßigen Austausch zwischen zwei Personen, der in einer klar definierten Struktur durchgeführt werden soll. An einem festgelegten Termin innerhalb der Woche treffen sich beide und tauschen sich in einem 90-minütigen Gespräch über das eigene Erleben aus. In Ich-Botschaften erzählt jeder abwechselnd davon, wie es ihm persönlich geht und welche Lebensthemen den Betreffenden gerade innerlich bewegen. Es wird dabei darauf geachtet, dass jeder in etwa gleich viel Zeit zum Reden bekommt und dass sich der andere im aktiven Zuhören übt. Wichtig bei diesen Unterredungen ist auch, dass der Zuhörer das Gegenüber in seinen Äußerungen nicht unterbricht. Auch werden keine Bewertungen, Ratschläge oder anderweitige abfällige Bemerkungen zu den Schilderungen des anderen gegeben. Ausgeschlossen sind ebenfalls „bohrende Fragen, Drängen (und) Kolonialisierungsversuche", wodurch ein grundlegender Respekt den Äußerungen des Gegenübers entgegengebracht wird (Moeller 2007, S. 121).

Ziel dieser besonderen Gesprächsform ist es, die Empathie füreinander zu fördern. Dadurch lässt sich das Mitgefühl für die Befindlichkeitslage des anderen und somit auch das Verständnis füreinander steigern. Auch in Konfliktsituationen kann diese Form des Austausches sehr entspannend und somit lösungsförderlich wirken.

Das Zwiegespräch kann regelmäßig zwischen zwei Ehepartnern eingerichtet werden, es eignet sich aber auch für Unterredungen zwischen einem Erwachsenen und einem Kind ab ca. 10 Jahren. Ebenfalls können Freunde, berufsbezogene Gesprächspartner oder auch andere nahestehende Wegbegleiter von der Durchführung der Zwiegespräche profitieren.

Die konstruktive Klärung von Meinungsverschiedenheiten ist eine wesentliche Voraussetzung für ein harmonisches Zusammenleben von zwei Partnern.

Im Folgenden werden einzelne Faktoren aufgelistet, die für eine erstrebenswerte **Konfliktkompetenz** bei einer Auseinandersetzung zwischen den Partnern von wesentlicher Bedeutung sind (Bödecker 2015, S. 112):

1. **Humor sowie Nachgiebigkeit:** Wer in einer angemessenen Weise eine Prise Humor in das Konfliktgeschehen mit einfließen lässt, der schafft damit die Voraussetzung, der Problembesprechung die potenzielle Dramatik zu nehmen. Auch kann ein gewisses Entgegenkommen beider Partner in manchen Situationen sinnvoll sein, solange die persönlichen Bedürfnisse des Einzelnen nicht allzu stark vernachlässigt werden.
2. **Einhaltung von Gesprächsregeln:** Wie Moeller (2007, S. 121) in seinem konzipierten Zwiegespräch bereits hervorgehoben hat, sind Ich-Botschaften in Konfliktgesprächen sehr empfehlenswert. Auch sollten sich die Gesprächsinhalte auf konkrete zu beanstandende Verhaltensweisen beziehen. Bestrafungen und Vorwürfe sind nicht förderlich, wenn die Auseinandersetzung in eine harmonische Richtung verlaufen soll.
3. **Liebevolle Gesten und Komplimente:** Auch das Ausdrücken von erfreulichen Rückmeldungen ist sehr wichtig, um ein ausgewogenes Verhältnis von positiven und negativen Interaktionen zwischen den Partnern herzustellen. Idealerweise sollte dieses Verhältnis bei 5 zu 1 liegen, die positiven Interaktionen zwischen den Partnern sollten also deutlich überwiegen (Bödecker 2015, S. 112).

Um Schwierigkeiten gemeinsam besser meistern zu können, ist die Kernkompetenz des **Einfühlungsvermögens in das Gegenüber** ebenfalls von fundamentaler Bedeutung. Außerdem ist das Mengenverhältnis von Geben und Nehmen sehr wichtig. So hängt das Glückserleben in einer Liebesbeziehung von diesem Austausch zwischen den beiden Menschen ab.

> „Der große Umsatz von Nehmen und Geben wird von einem Gefühl der Freude und der Fülle begleitet. Dieses Glück fällt einem nicht in den Schoß, es wird gemacht." (Hellinger 2002, S. 26)

Die Partner sind also aufgefordert, etwas dafür zu tun, damit sich die Paarbeziehung zu einem freudvollen Zusammenspiel gestaltet.

Die Harmonie in einer Partnerschaft lässt sich jedoch nicht auf eine respektvolle Art und Weise der Konfliktaustragung beschränken. Und: Ausgiebige Dialoge sind nicht für **jedes** Paar zur Stärkung des Miteinanders geeignet.

Gemeinsame Unternehmungen können ebenfalls das Zusammengehörigkeitsgefühl füreinander neu beleben.

„So kann ein interessanter Wochenendausflug oder eine spannende Urlaubsreise Partner versöhnen und wieder näherbringen." (Bethke-Brenken und Brenken 2010, S. 122)

Daneben können auch Alltagsprojekte – die beide zusammen machen – aufbauend für die Paardynamik sein. Es ist deshalb lohnenswert, zu zweit nach neuen, individuell sinnstiftenden Lebensinhalten Ausschau zu halten. Das gemeinsame Engagement in einem spannenden Vorhaben kann der Partnerschaft in der nachberuflichen Lebensphase wieder einen neuen Schwung geben.

Im Rückblick bilden auch die schönen gemeinsamen Aktivitäten später dann befriedigende Erinnerungen. Sie können behilflich bei der Verarbeitung belastender Themen des höheren Alters sein (Radebold und Radebold 2015, S. 202 f.).

5.2.2 Das gemeinsame Dritte – ein Nährboden für potenzielle gemeinsame Glückserfahrungen

Die hohe Bedeutung der persönlich auswählbaren Aufmerksamkeitsausrichtungen zur Steigerung des eigenen Wohlbefindens wurde bereits in Abschn. 3.1 zu den altersunabhängigen Glücksgefühlen näher aufgeführt. Wenn ein Paar ein gleiches Interessensgebiet teilt, so verbindet diese gemeinsame Blickrichtung auf etwas die beiden noch tiefer miteinander.

Beispielsweise kann ein gesellschaftliches Engagement in einer sozialen Einrichtung zwei Menschen themenorientiert wieder mehr miteinander ins Gespräch bringen. Oder ein Studium in einem spannenden Fachbereich – beispielsweise das Lernen einer Fremdsprache – fördert die Wachstums- und Kompetenzerfahrung der beiden. Auch die Aufzucht eines jungen Hundes kann eine Quelle für Freude bringende Gespräche sein. Oder das Singen in einem Chor, sportliche Aktivitäten oder anderweitige künstlerische Tätigkeiten – die Vielfalt der Möglichkeiten ist hierbei extrem groß.

Der zentrale Kerngedanke bei der Neuausrichtung der Freizeitprojekte in der Nacherwerbsphase besteht darin, gemeinsam zu schauen,

„[…] wohin unsere Sehnsucht und unsere Lust geht und uns dann auf das Tun selbst einzulassen, es zu genießen und die Freude an der daraus entstehenden neuen Gemeinsamkeit zu spüren." (Jellouschek 2008, S. 42)

Es geht also hierbei nicht mehr um einen zu erfüllenden Leistungsanspruch, sondern um eine genussvolle Hinwendung der eigenen Aufmerksamkeit auf Tätigkeiten, die beide als spannend und interessant erleben. In diesem Zusammenhang ist es – unter der positiven Berücksichtigung des Älterwerdens – zunehmend angeraten, mehr Pausen zu machen und die Aufgabe an sich mit mehr Langsamkeit durchzuführen. Diese innere Einstellungsänderung erhöht zusätzlich noch die Freude an den gemeinsamen Unternehmungen.

Auch können die folgenden Fragen wichtige Impulsgeber sein, um für die bestehende Partnerschaft das passende gemeinsame Dritte zu finden:

- Welche gemeinsamen Interessen zeichnen uns beide aus?
- Gibt es Hobbys, die im Laufe unserer letzten Jahre vielleicht eingeschlafen sind?
- Können wir wieder etwas neu beleben, das uns früher immer viel Freude bereitet hat?
- Besteht die Möglichkeit, etwas Unbekanntes erstmalig zu erkunden, was uns beide wieder mehr miteinander verbinden würde?
- Welche Aktivitäten wollten wir schon immer gemeinsam machen, zu denen wir früher nie die Zeit hatten?
- Studieren Sie zusammen Ihr unmittelbares Umfeld. Welche Initiativen gibt es vor Ort?
- Spricht uns vielleicht irgendein Artikel in der Zeitung an, in dem sich die Bereitschaft in uns beiden äußert, sich in diesem Projekt engagieren zu wollen?

In diesem Zusammenhang ist Folgendes wichtig: Gönnen Sie sich viel Raum und Zeit für die oben genannten Aushandlungsprozesse, damit es zu einem Gelingen der Neuausrichtung dieser Themenfelder kommt. Mit viel Geduld und Muße entstehen passgerechtere Lösungsideen als unter Hektik und Zeitdruck. Der Austritt aus dem Arbeitsleben setzt manchmal so viele Wandlungsprozesse in Ihrem bisherigen Leben in Gang, dass nur durch eine langsame Vorgehensweise eine Klärung möglich ist. Sortieren Sie also die Punkte nach ihrer Dringlichkeit:

1. Was ist besonders wichtig und sollte ohne Aufschub miteinander besprochen werden?
2. Was hat Zeit und kann durchaus zu einem späteren Zeitpunkt noch thematisiert werden?

5.2.3 Weitere Merkmale einer zufriedenstellenden Paarbeziehung

Abschließend werden noch die bisher vernachlässigten Kriterien noch aufgeführt, die ebenfalls für eine gelingende Partnerschaft von Belang sind. Sie können in Verbindung mit einer langjährigen Partnerschaft als weitere Orientierungshilfe dienen, um gemeinsam zu überlegen: In welchen dargestellten Punkten besteht für unsere Paarbeziehung noch die Möglichkeit einer Verbesserung?

> **Maßnahmen zur Unterstützung der Paarbeziehung**
> 1. Wir unterstützen uns gegenseitig sowohl in den alltäglichen Aufgaben als auch in den emotionalen Geschehnissen im Leben des Partners. Im konkreten Einzelfall bedeutet dies also: „Wir unterstützen den anderen, wenn es ihm schlecht geht. Wir versuchen den Stress des anderen zu begreifen und wenn möglich zu lindern." (Bethke-Brenken und Brenken 2010, S. 93)
> 2. Die sich gegenseitig zugefügten Enttäuschungen und Niederlagen verzeihen wir einander. Für ein beglückendes Zusammensein ist es manchmal wichtig, die längst vergangenen Verletzungen auch einmal zu übergehen oder zu vergessen. Nach einer erfolgten Versöhnung können sich beide dann wieder auf schöne gemeinsame Unternehmungen konzentrieren.
> 3. Autonome Lebensbereiche – auch ohne den jeweiligen Partner – gönnen wir uns gegenseitig. Die dadurch neu gewonnenen Eindrücke können die Zweierbeziehung zusätzlich beleben.

Dieses Kapitel verfolgt ausschließlich das Ziel, den Lesern erste unterstützende Anreize zu geben, damit diese bei der Neuausrichtung ihrer partnerschaftlichen Entwicklungsbereiche überlegter vorgehen können. Eine tiefer gehende Behandlung der aufgeführten Gesichtspunkte ist in Anbetracht der Begrenzung dieses Kapitels nicht möglich. Wenn sich Schwierigkeiten bei der Klärung der auszuhandelnden Themen abzeichnen sollten, gibt es auch hierfür mit Sicherheit gute Lösungswege.

In jeder Stadt befindet sich ein breites Angebot an **systemischen Paar- und Familienberatungen**, bei denen eine dritte Person bei der Moderation der bestehenden Paarkonflikte behilflich sein kann. Auch besteht für das Paar immer die Möglichkeit, sich in einer Buchhandlung entsprechende Ratgeber zu besorgen, in denen geeignete Lösungsstrategien vorgestellt werden. Das Studieren dieser Bücher kann Paaren weiterführende Impulse zum Umgang mit ihren aktuellen Lebensthemen aufzeigen.

Literatur

Ahlers, C. (2004). *Paartherapeutische Kommunikation im Alter: Kompensation von Arbeit und Liebe im Ruhestand*. Gießen: Psychosozial-Verlag.

Bethke-Brenken, I., & Brenken, G. (2010). *Aufbruch in den Ruhestand. Anleitung zum Gestalten und Genießen*. München: Ernst Reinhardt.

Bödecker, F. (2015). *Paarkonflikte bei Demenz. Vom Finden einer neuen Balance zum Finden einer neuen Basis*. Weinheim: Beltz.

Cierpka, M. (2003). *Handbuch der Familiendiagnostik*. Berlin: Springer.

Dignös, E. (2015). Paare im Ruhestand: Damit die Liebe nicht in Rente geht. Frankfurter neue Presse. Artikel vom 23.07.2015. http://www.fnp.de/ratgeber/familieundlebensart/Paare-im-Ruhestand-Damit-die-Liebe-nicht-in-Rente-geht;art289,1454881. Zugegriffen: 29. Mai. 2018.

Hellinger, B. (2002). *Zweierlei Glück. Konzept und Praxis der systemischen Psychotherapie*. München: Goldmann.

Jellouschek, H. (2008). *Wenn Paare älter werden. Die Liebe neu entdecken*. Freiburg im Breisgau: Herder.

Lang, F. R., Martin, M., & Pinquart, M. (2012). *Entwicklungspsychologie – Erwachsenenalter*. Göttingen: Hogrefe.

Moeller, M. L. (1990). *Die Liebe ist das Kind der Freiheit*. Reinbek bei Hamburg: Rowohlt.

Moeller, M. L. (2007). *Die Wahrheit beginnt zu zweit*. Reinbek bei Hamburg: Rowohlt.

Quadbeck, O. L., & Roth, W. L. (2008). *Das „Empty-Desk-Syndrom". Die Leere nach der Pensionierung: Wie Führungskräfte nach Beendigung der Erwerbsarbeit ihre psychischen Probleme bewältigen*. Lengerich: Pabst Science Publishers.

Radebold, H., & Radebold, H. (2009). *Älterwerden will gelernt sein*. Stuttgart: Klett-Cotta.

Radebold, H., & Radebold, H. (2015). *Zufrieden älterwerden. Entwicklungsaufgaben für das Alter (verstehen lernen)*. Gießen: Psychosozial-Verlag.

Riemann, F., & Kleespies, W. (2016). *Die Kunst des Alterns*. München: Ernst Reinhardt Verlag.

Schneewind, K. A. (1999). *Familienpsychologie*. Stuttgart: Kohlhammer.

Stahl, S. (2015). *Das Kind in dir muss Heimat finden*. München: Kailash.

Vogt, M. (2009). *Beziehungskrise Ruhestand. Paarberatung für ältere Menschen*. Freiburg im Breisgau: Lambertus-Verlag.

Weusthoff, S., & Hahlweg, K. (2011). Verhaltenstherapeutische Paartherapie im Alter. *Psychotherapie im Alter, 8*, 99–109.

Willi, J. (2004). *Die Zweierbeziehung. Spannungsursachen, Störungsmuster, Klärungsprozesse, Lösungsmodelle*. Reinbek bei Hamburg: Rowohlt Taschenbuch.

6

Schlusswort

Am Ende des Verfassens dieses Buches habe ich mich immer wieder gefragt: Was möchte ich den Lesern bilanzierend zu den komplexen Herausforderungen der nachberuflichen Lebensphase noch mitgeben? Ein Gedanke kristallisierte sich in mir als besonders hervorhebenswert heraus: **Das Leben ist zerbrechlich!**

Gerade im fortgeschrittenen Erwachsenenalter kann beispielsweise das Erleiden eines Herzinfarkts die ganze vorherige Lebensweise grundlegend infrage stellen. So kann beispielsweise bei größeren Schäden an den infarktbetroffenen Arterien auch nach dem akuten Herzinfarkt weiterhin die Gefahr im Raum stehen, in Kürze an einem plötzlichen Herztod zu sterben. Das Leben wird danach anders wahrgenommen als zuvor. Bisher nie da gewesene Ängste können bei den Betreffenden zum Vorschein kommen. Die vormalige Selbstsicherheit ist so für viele Betroffene nicht mehr durchgehend erlebbar. Vor allem kann so eine Erschütterung des eigenen Lebens jederzeit jeden von uns treffen! Müssen erst derart einschneidende Schicksalsschläge einen Menschen treffen, um der Gestaltung des eigenen Lebens eine Zunahme an Bewusstheit und Wachsamkeit angedeihen zu lassen?

Ich wünsche allen Berufsaussteigern, dass sie innerlich über ein gutes Gespür für ihre höchst persönlichen Bedürfnisse und Sehnsüchte verfügen, sodass sie mit einer gewissen Weisheit und Weitsicht ihre unmittelbare Zukunft ausrichten werden.

Setzen Sie sich noch einmal beim Berufsausstieg für Sie passgerechte lebensbejahende Ziele für Ihren letzten Lebensabschnitt. Jeder Mensch trägt die Wahrheit in sich selbst, wie sein ureigenes Leben bestenfalls aussehen kann.

Die sich häufenden Verlusterfahrungen im reiferen Erwachsenenalter sind oft sehr schmerzhaft, aber sie gehören unweigerlich zu dieser Lebensphase dazu. Umso mehr steht jeder einzelne in der Verantwortung, seine Aufmerksamkeit immer wieder auch auf Freude bringende Geschehnisse zu lenken. Diese schönen Erfahrungen können einen wirkungsvollen Ausgleich zu den schwierigen Zeiten des Lebens ermöglichen.

Meines Erachtens nach zählen am Ende eines menschlichen Lebens die schönen Erinnerungen, die eine Quelle der Dankbarkeit für die Betreffenden sein können. Ein würdevoller Blick auf die herausragenden Situationen des eigenen Lebens kann dabei behilflich sein, die letzte Zeit des Erdendaseins in gewisser Weise gelassener erleben zu können.

In diesem Sinne hoffe ich für Sie, dass Sie die nachberufliche Phase zu einer der besten Zeiten Ihres Lebens gestalten werden.

GPSR Compliance

The European Union's (EU) General Product Safety Regulation (GPSR) is a set of rules that requires consumer products to be safe and our obligations to ensure this.

If you have any concerns about our products, you can contact us on

ProductSafety@springernature.com

In case Publisher is established outside the EU, the EU authorized representative is:

Springer Nature Customer Service Center GmbH
Europaplatz 3
69115 Heidelberg, Germany

www.ingramcontent.com/pod-product-compliance
Lightning Source LLC
LaVergne TN
LVHW022039260326
834688LV00061B/970